U0003600

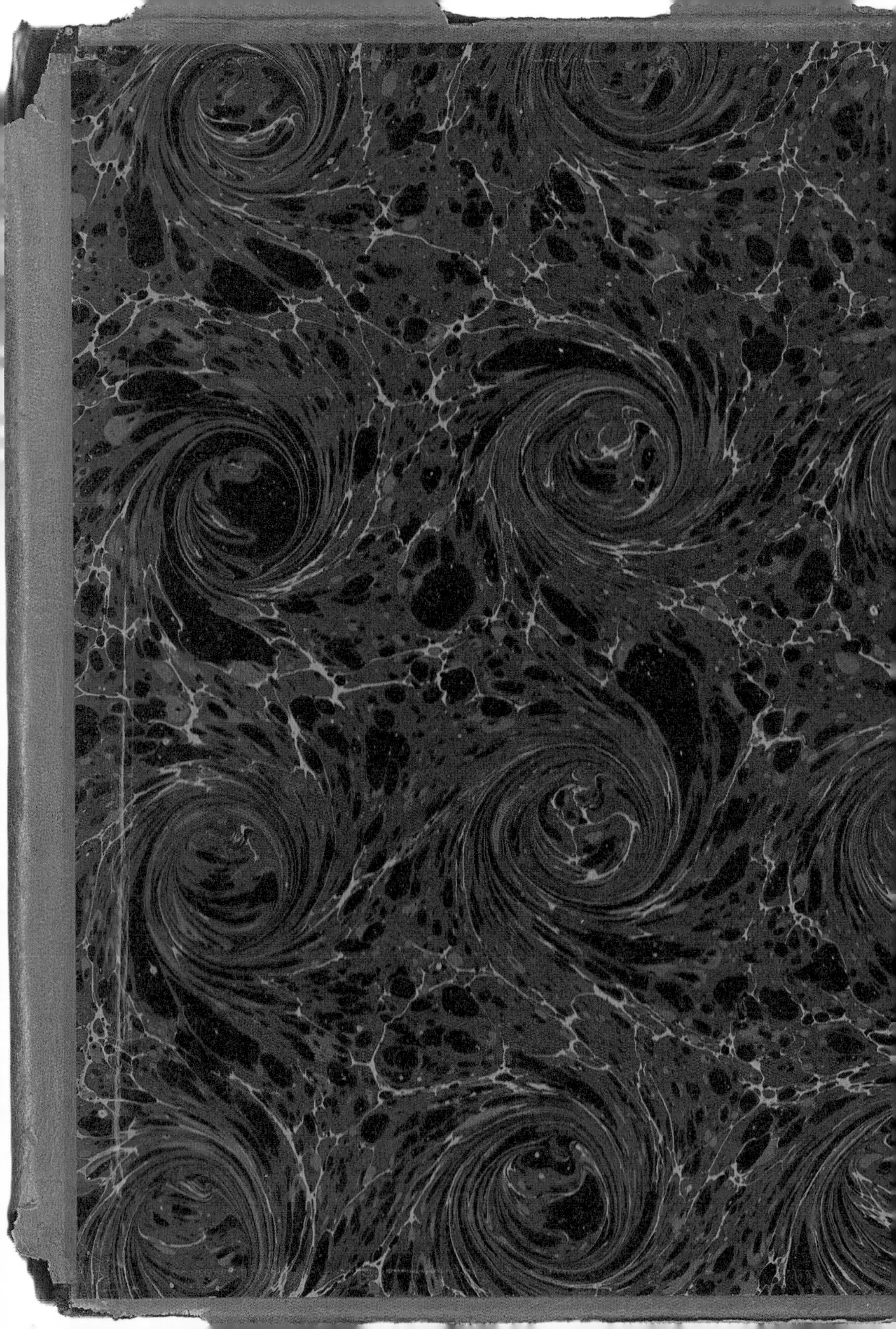

好創意！文化才是王道

150則成功溝通直達人心的創意思考術

萊恩・休斯 Rian Hughes 著

顏和正 譯

belle vue 03

好創意！文化才是王道

150則成功溝通直達人心的創意思考術

作　　者　萊恩・休斯（Rian Hughes）
譯　　者　顏和正
主　　編　曹　慧
美術設計　三人制創
行銷企畫　蔡緯蓉
社　　長　郭重興
發行人兼出版總監　曾大福
總 編 輯　曹　慧
編輯出版　奇光出版
E-mail: lumieres@bookrep.com.tw

發　　行　遠足文化事業股份有限公司
http://www.sinobooks.com.tw
23141新北市新店區民權路108-4號8樓
客服專線　0800-221029 傳真：(02) 86671065
郵撥帳號　19504465
戶　　名　遠足文化事業股份有限公司
法律顧問　華洋法律事務所 蘇文生律師
印　　製　成陽印刷股份有限公司
初版一刷　2014年4月
初版二刷　2016年3月3日
定　　價　500元

國家圖書館出版品預行編目資料

好創意！文化才是王道：150則成功溝通直達人心的創意思考術 / 萊恩.休斯(Rian Hughes)著；顏和正譯. -- 初版. -- 新北市：奇光出版：遠足文化發行, 2014.04
面；　公分
譯自：Cult-ure : ideas can be dangerous
ISBN 978-986-89809-5-2(平裝)

1.文化傳播　2.大眾傳播　3.數位媒體　4.創造性思考

541.34　　103004482

START HERE

由此開始

C S
When all else fails...
read the instructions
Jim

C o n t e n t s

Part 9 Arts｜藝術

Part 10 Identities｜身分認同

Part 11 Prescriptions｜處方

Part 12 Coda｜結語

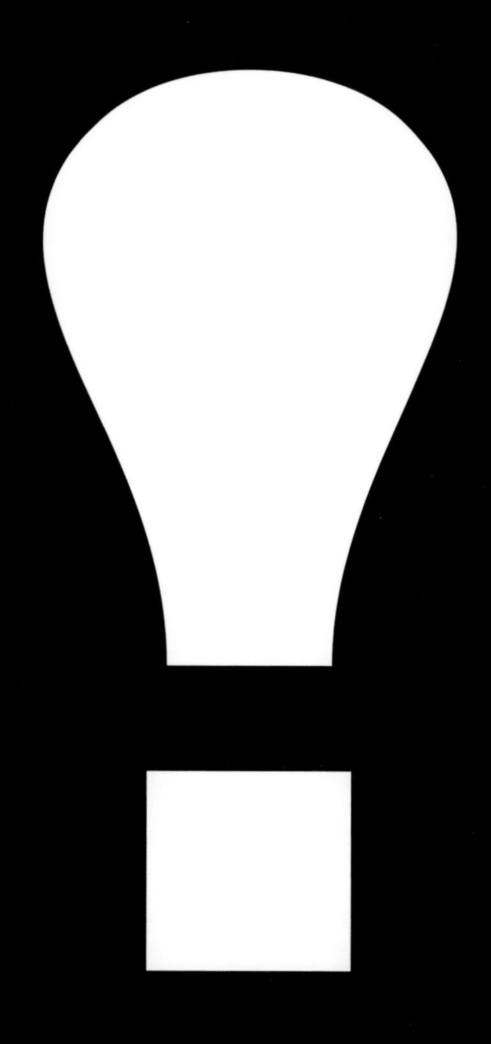

文化是什麼？

「文化大概就是我們會做而猴子不會做的事。」── 英國拉格蘭爵士（Lord Raglan）

文化是你生活當地所形成的現實共識；是你穿的衣服和吃的食物，是你聽的音樂、讀的書和看的電影，也是你的價值觀、想法、信仰和偏見。

跟眼睛顏色和種族不同，文化並非與生俱來、強加在你身上的遺傳事件，而是可以**選擇的知識立場。**

而跟你屬於哪個種族不同的是，文化每天都處在流動的狀態。你的文化不是你父母的文化，也不會是你子女的文化。

這裡的文化跟那裡的文化不同。現在的文化也與當時的文化有異。

文化會演進──文化觀念尤其能快速傳播，有些觀念則會萎縮或消失。有些文化面向稍縱即逝，只是暫時現象，有些意涵則被小心翼翼地滋養著，即便歷經幾個世代，仍能屹立不搖保持不變。

今日的文化有個強大的新載體──**網路**，使得觀念傳播比以前更遠更快。這個全新的傳遞系統獨一無二，儘管政府試圖規範，網路基本上是個不受管制、民主且**雙向**的平台──人人只要有相機和鍵盤，就能對全世界發言。

「我們即將擁有全新的全球對話。」──《維基百科》創辦人威爾斯（Jimmy Wales）

所以，我們到底在對彼此說些什麼呢？

我們彼此分享了哪些想法和觀念？
這些想法觀念又造成了什麼效應？

我們認為自己是誰？我們想要成為怎樣的人？

這些問題在**文化**中清楚表達出來……也是本書想要回答的根本問題。

觀念／點子／想法／創意在文化中萌芽茁壯。

CULT
-URE

前言或後語

本書最好以傳統方式閱讀：從第一頁開始，讀到最後。

每頁都能當成一個獨立概念來讀，也可以根據當頁下方三個註腳，延伸閱讀相關主題的討論。*

我們不會告訴人，不騙你。

選擇你自己的冒險吧。

▸ 164 這就是本書的地圖
▸ 166 這是郵戳標籤
▸ 18 這是觀念／點子／想法／創意

* 對於其他概念（例如，「書本」、「閱讀」），請參考你之前受過在地文化規範調節過的人生經驗。本書將會討論其中部分觀念。

本書使用說明

VIGYÁZAT!
ANGER!
מוקשים
ΚΙΝΔΥΝΟΣ!
위험

DANGER!
CUIDADO
危險

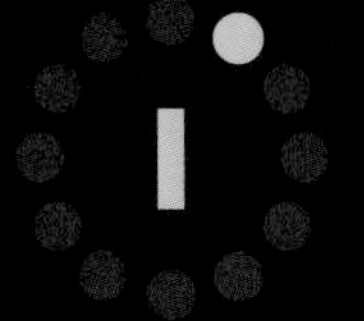

Ideas | 觀念／點子／想法／創意

1-1 這是觀念／點子／想法／創意

或者更準確來說，這是代表觀念／點子／想法／創意的象徵。

幾乎每件事都代表某些事。事實上，我們很難找到有什麼自然或人造的東西，不代表其他東西——現在或過去都不曾對某地某人在某個時間起過某種象徵作用。

如果你找得到這些罕見東西，它只代表一個東西，就僅僅一個東西而已——它自己。

I-2 這是觀念／點子／想法／創意嗎？

在這樣的脈絡下，現代省電燈泡的樣子，也可以是觀念／點子／想法／創意的象徵嗎？

或者，燈泡看來得像是一般造型、「越像燈泡」越好呢？

我們今天使用許多共同象徵符號，都是參考過時或古董造型：

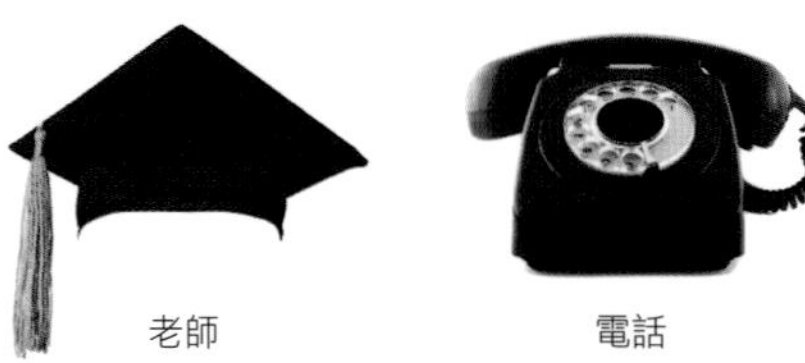

老師　電話

當象徵符號的樣子變得太陌生，符號與意義之間的關聯就會斷裂──此時就需要新的象徵符號。

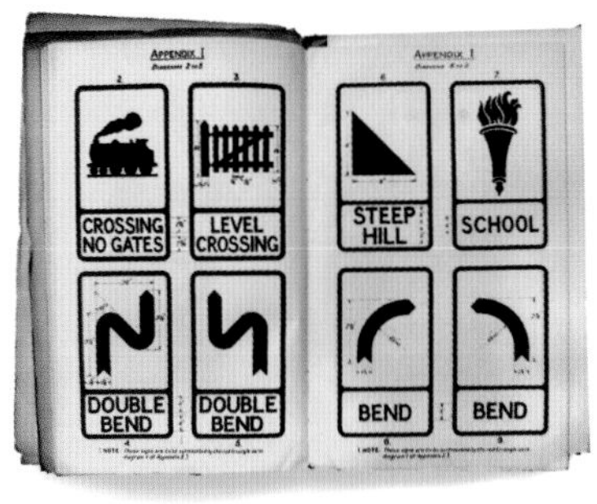

無柵欄平交道　有柵欄平交道　陡坡　學校
連續雙彎道　連續雙彎道　彎道　彎道

唯一例外是，一旦象徵符號被廣泛應用，關聯又這麼強烈，就算符號與意義間的關聯看似獨斷強制，仍能夠成立。*

美容院

當然，替每個需要有象徵符號的新東西，創造出全新的象徵符號，不切實際。但要是創造出一套基本簡單的象徵符號，用不同方式加以改變組合，就能代表所有你想要表達的觀念或東西，會不會比較好？

一組超級象徵符號（meta-symbol）？

這組符號必須簡單、容易描繪且很好辨識……

▸334 觀念的領袖
▸36　新興象形文字
▸48　什麼形塑了點子？

＊中古時期的理髮師也施行放血療法。紅白色帶分別象徵血液和乾淨紗布。

I-3 如何賦予符號象徵意義？

右頁中那串簡單好畫的圖形，不論是單獨或放在一起，都是代表人類可發出的聲音。

重新排列這組象徵符號，就能代表任何觀念／點子／想法／創意。

但書：有些觀念／點子／想法／創意可能比其他更容易找到象徵符號。意外造成的複雜化、簡化或不當溝通，都可能因此發生。

象徵符號各國不同。請根據當地文化脈絡調整。

字母代表的是象徵事物的象徵符號——這個圖像概念描述的是口語概念（說話），而口語概念則描繪了一種心理意涵或狀態。

鉛字印刷術的發明，揭開了書寫文字普及化與民主化的序幕，而經文字編碼的想法和點子，則開始在國際上流傳。

「『印刷術是』語言的工業化。」——英國設計師班恩斯（Phil Baines）

書寫文字把對話轉變成自彈自唱的獨角戲。書寫文字有其權威性和存在感，不會改變意念。透過書寫文字，過世的人可以跟我們說話，遙遠的東西變得近在咫尺。

文字的力量。

「給我26個鉛字軍人，我就能征服世界。」—— 美國發明家富蘭克林（Benjamin Franklin）

‣ 24 文字的興起
‣ 38 風格化你的象徵符號
‣ 32 符號及其象徵意涵

abcdefghijklm
nopqrstuvwxyz
ABCDEFGHIJK
LMNOPQRSTU
VWXYZ
1234567890
!?@#$£%&*().,

I-4
文字的興起

書寫文字把在它之前出現的口述語言加以編纂。跟口述語言一樣，書寫文字也不斷演進，試圖反映人類豐富的想法。

沒有文字形容的想法，不是受到壓抑就是很難溝通——這就是為何我們不斷根據需要，發明新字彙，並扭曲和改變其他文字的意義。

「語言是種病毒。」——美國小說家柏洛茲（William Burroughs）

就像病毒一樣，語言的特徵在不同文化或是孤立地區中，會出現不同演變，染上地方色彩，最後發展到外人無法理解的程度。

跟新物種一樣，它們也會發展到互不相容的地步。

就像組成 DNA 那四個化學字母的冗長組合——鳥嘌呤（guanine）、腺嘌呤（adenine）、胸腺嘧啶（thymine）、胞嘧啶（cytosine），這四個基因字母組成基因編碼一樣，不同的字母組合也構成了文字編碼，而文字又構成等同於語法（syntactical）原子的——句子。字母內部和本身沒什麼意義，如何排列組合才重要。

意義，就跟生命一樣，要到了原子階段才會出現。

▸26 姿勢就是語言
▸214 美麗心靈
▸22 如何賦予符號象徵意義

Gatc

I-5 姿勢就是語言

右頁圖像是「牛大便」（bullshit）的手勢：一手食指與小指向上伸出，模仿牛「角」的樣子，另一隻手則交替握拳和五指全部張開的動作。

試試看── 這樣表達非常強烈。

在書寫與口述文字出現之前，就有了「呼喚」和「姿勢」；發出聲音和肢體語言，在動物國度中處處可見。

手勢是種視覺而非聽覺的人類語言，傳達方式不光透過手，也可以透過臉部及身體。模仿有時比口述語言更像，更直接描繪出要講的主題；這種做法很有用，因此手勢仍可大幅增強日常生活的對話。即便當講話對象明顯並不存在時，像是當你被放鴿子的時候，這額外的姿勢語言仍舊能溝通意義。

「姿勢理論」認為某種形式的手語比口述語言更早出現。人們從手語轉移到口語溝通，可能是為了空出雙手做別的事。在遠距或無法看見彼此的地形中，口語也能運作自如。

如果你有手機，口語的運作距離可以更遠。

手勢已經如此根深蒂固於我們的溝通方式，我們很難不利用它── 即便有些情境我們看不到對話者也一樣，例如打電話時。

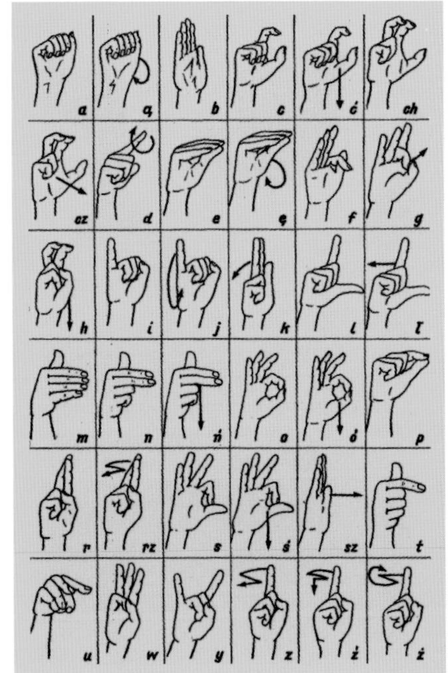

上圖：波蘭手語字母。跟書寫文字一樣，手語也有在地語言和方言。

▸28 語言出現前的圖形記號
▸64 修正錯誤
▸52 這看起來像是相機嗎？

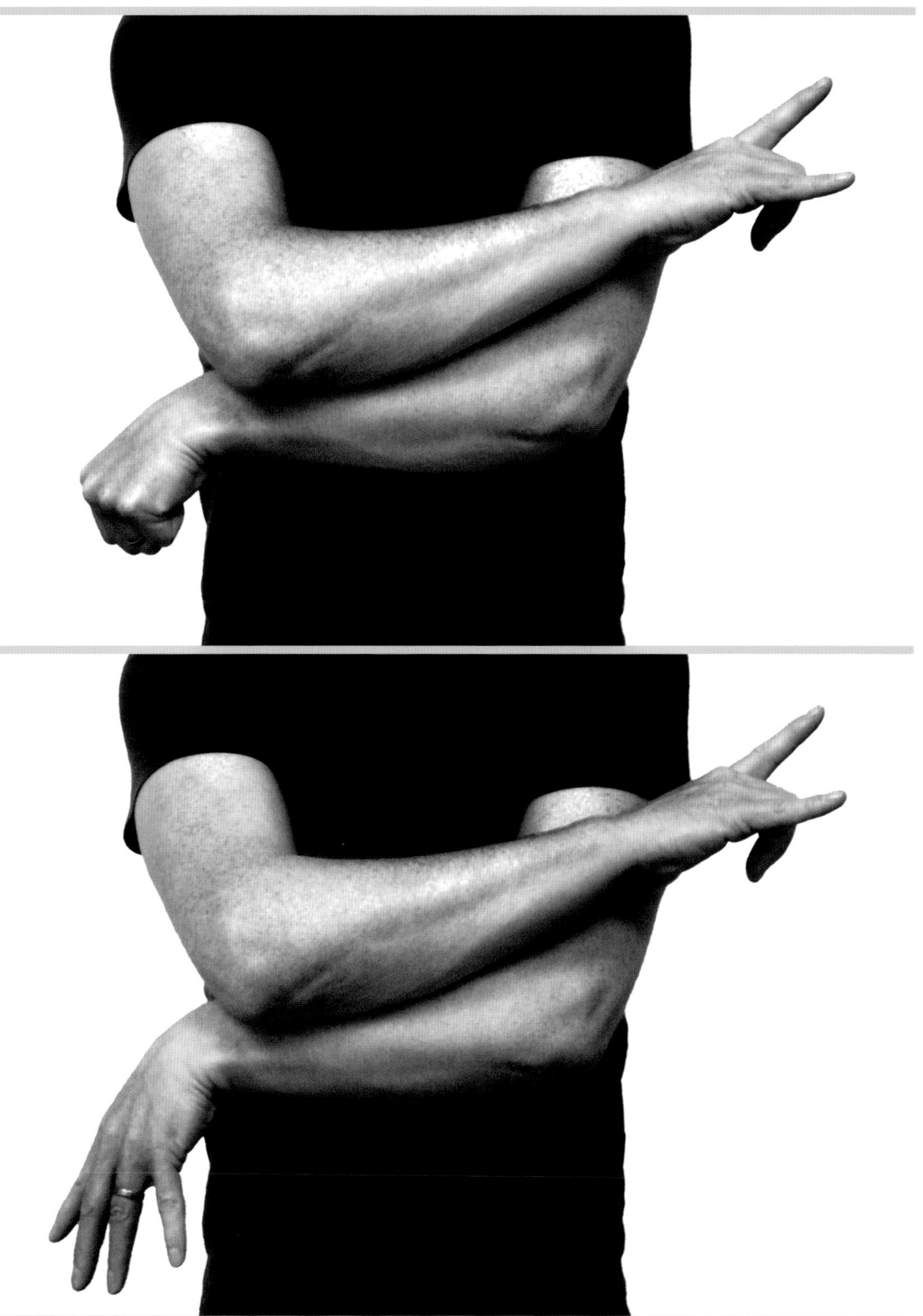

……繼續重複

I-6 語言出現前的圖形記號

今日的人類是「人」（Homo）這個物種僅存的一支，也是主導這個星球的物種。我們以某種方式成功清除了自己跟最接近親戚間的認知落差；就像一顆大行星，我們的重力清空了周邊空間。

但這並非向來如此。尼安德塔人（Neandertals）與智人（Homo Sapiens）共存了約一萬年，有時甚至生活在很接近的地區。在人相學上有關係的這兩種人，都有共同的生活習性，甚至會相互聯姻。

他們也共享一個文化嗎？

複雜的文化和穿梭其中的觀念，現在已經變成獨特的人類現象。受到語言調節的那個語言，最先以口述語言方式出現。

口述語言是威力強大的工具，最早讓更為複雜的社會互動網絡得以形成。

「口述語言是最早出現的科技，人類得以藉此擺脫環境限制，用新方式來掌握環境。」──加拿大媒體理論家麥克魯漢（Marshall MaLuhan）

如同呼叫和姿勢出現在正式語言之前，書寫文字的創新先驅，則是抽象或富象徵意義的記號。

為了製作出右頁的古老剪影塗鴉，人們使用以搗碎蔬菜做出的塗料，從口中吐到張開的手掌上塗抹壓印而成。

藝術家的簽名。

藝術史就是文化考古史。

▸244 神話認同
▸26　姿勢就是語言
▸24　文字的興起

右頁：阿根廷聖塔克魯茲（Santa Cruz）「手之洞穴」（Cuea de las Manos）的壁畫。

I-7 外部化

人造或人為改變的環境，是現在環繞我們身邊的熟悉環境。

地球上現在僅存極少的「原始」環境。土地不是被購買、分割，就是被徵收。

但並非一向都是如此。

我們周遭可見的人造結構僅屬於我們而已。就像任何紀錄，這個結構可被閱讀和詮釋──是寫在大地上的故事。

每個創造行為的實體紀錄，不論是藝術品還是被開墾的田野，都可視為代表某個想法和觀念。

將想法點子外部化，讓我們更清楚看到它的實際樣貌。

把某個事物外部化，就是把它落實在實體世界中。興建它，製造它，說出它，開墾它。

然後就可以來體驗它──看它，摸它，聽它，走在它旁邊。一旦外部化而擁有實體外形，它就變成輸入體系（input system）的一部分，也是過去原始環境的一部分。

我們甚至可以之後再回頭看它──外在實體讓它保存在某種共享的「工作記憶」中，在很長一段時期，我們都能隨意去開發或重新思考它。

因此在永無止盡的反饋循環中，外部化的觀念會發展下去，變成新觀念的原始素材──只要有個觀念在世界上作用，這個流程就會發生。

……主觀〉客觀〉主觀〉客觀……

「存在先於本質。」──法國哲學家沙特（Jean-Paul Sartre）

「本質先於存在。」──波斯哲學家阿維契那（Avicenna）

我們不斷創造出我們用以跟自我交談的新語言。

▸50 創意發想
▸62 心電感應
▸334 觀念的領袖

I-8 符號及其象徵意涵

X=X。代表一個觀念的象徵符號，可能是種模仿、複製，或是圖形。

能夠理解 X 不必然是 X，是個重大的觀念突破。

在全新、不具代表性（non-representational）的象徵關係中，我們可以獨斷地將聲音和形狀賦予意義。它們甚至能用文法來架構，以表達更複雜抽象的觀念。

複雜講究的語言出現。

大量利用這種非代表性做法，雖然有用，卻也有缺點：訊息傳送者與接收者都必須了解訊息中的密碼。第一次使用時，這種經過編碼的非代表性關係，並非立即明顯可懂，因此需要學習。大多來說，它們獨斷的本質意謂著文化外來者無從理解那些說不同語言的人。

當一個東西可能成為另一個東西的潛在象徵時，意義僅能在可分享的文化脈絡中有效傳遞。

在某個文化中，象徵符號的無所不在與熟稔度，意謂著其獨斷本質並非總是明顯可見。孤立索居的部落可能會意外發現另個山谷的人們，竟然說著截然不同且聽不懂的語言。

文化中有許多獨斷面向，對那些在其中長大的人來說，是那麼自然又不證自明。

在符號與象徵之間，直接因果關係一旦切斷，代表連結一旦斷裂，可能會帶來意外的副作用。而在習慣獨斷關係的文化中，講求因果關係的理性思維影響力可能太可靠。

有時候，脫離本土的認知前提，以外人角度來重新檢視自己文化，是值得做的事。

▸ 34 圖形世界語
▸ 322 三種虛構類型
▸ 244 神話認同

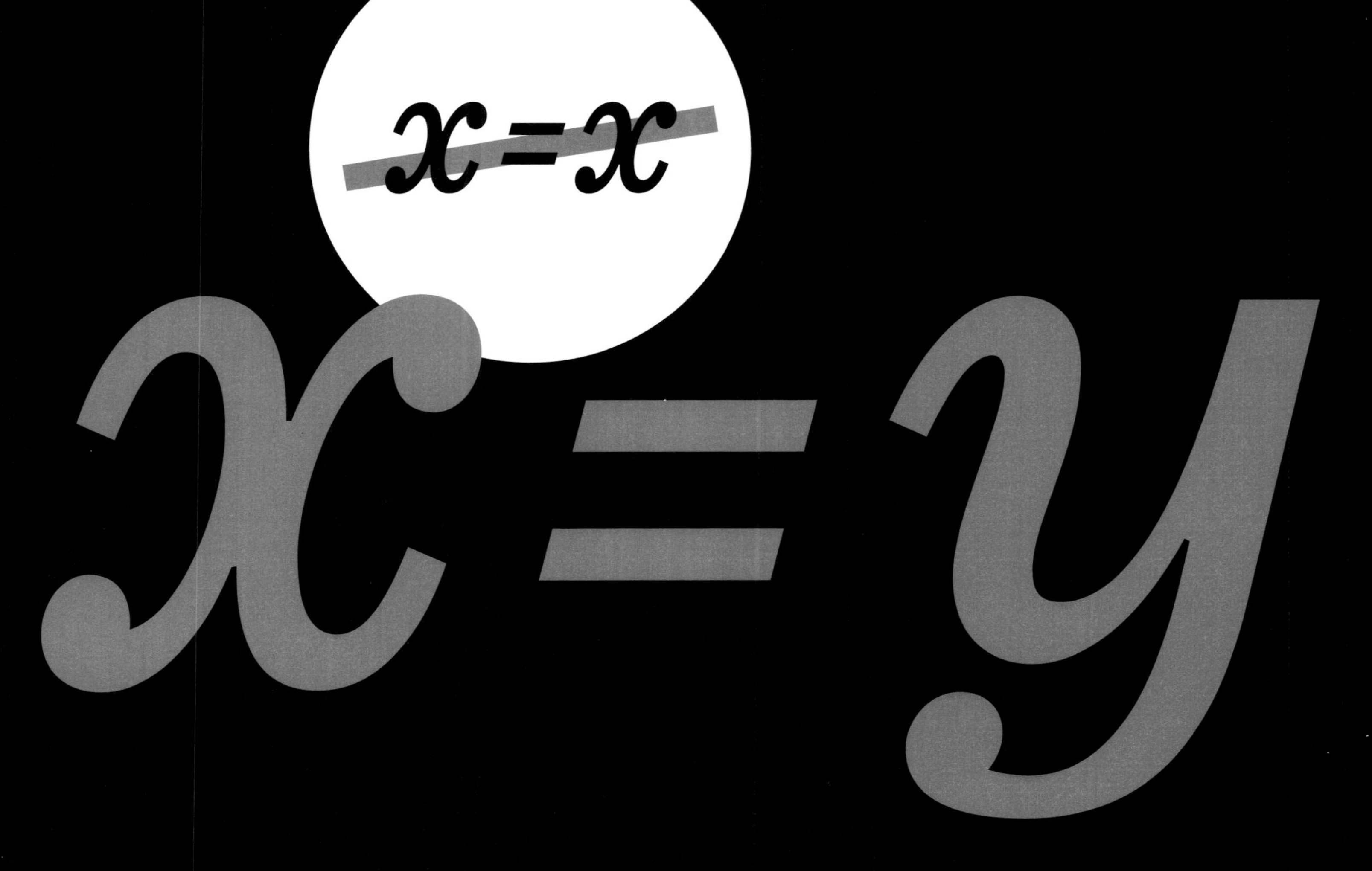
x = x
x = y

I-9 圖形世界語

書寫文字的演變，是從較為細膩逼真的象形圖像，逐漸變成系統化的抽象象徵。這個改變是出於功能需求。

跟正式雕刻或被照亮的碑文不同，任何有用的日常書寫體系都必須可以**快速簡便使用**。

早期字母只有大寫而已——我們現在所知的小寫字母，是為了用鵝毛筆在草紙或羊皮紙上書寫，才發展出來的字體。簡訊語言（Txt spk）更是最近才出現的速寫發明。

這個「格式轉換瓶頸」——將原始經驗做必要的轉換，以符合某種特定媒介有限的正式化能力，例如書寫——其實是**頻寬**問題。

在網路上，這種趨勢正出現逆轉現象。隨著頻寬限制逐漸消失，我們正在重新回歸圖形豐富的環境。在這種環境中，符號再度變得更像其在真實世界所象徵的標的物。

現在的網站普遍都有聲音和動畫。讓人浸淫其中的線上環境，例如《魔獸世界》（World of Warcraft）與《第二人生》（Second Life），提供虛擬 3D 空間，社群活動與商業交易就在其中發生。傳播媒體開始越來越接近真實世界。

當實體和虛擬世界的實際介面，不知不覺中融入日常生活時，也許這些象徵將會跟啟發它們的事實合而為一。在這個「放大的事實」中，真實物體可依虛擬的象徵價值來運作，世界將會再度充滿能直接反映實體的媒介物。

我們從遠離逼真象形描繪，演進到抽象編碼的文字表述，然後又再度回歸圖形。

請按這裡大聲聽內容：

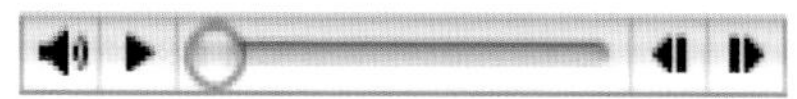

請按這裡觀看電影版：

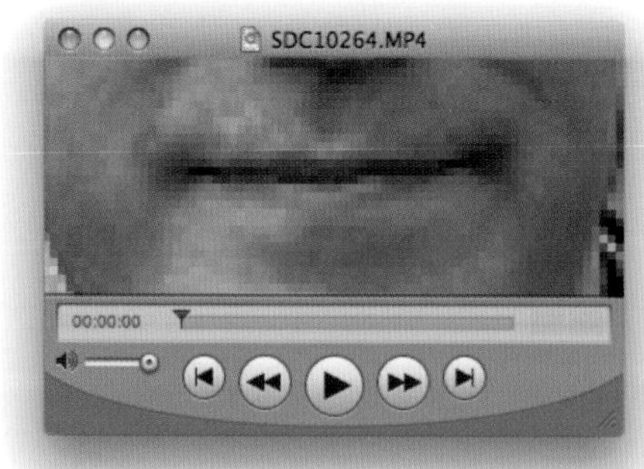

▸ 216 造物者的簽名
▸ 70 瓶頸守門員
▸ 56 口述傳統

西元前 3000 年的埃及人

西元前 1500 年的閃族人

西元前 1000 年的腓尼基人

西元前 600 年的希臘人

西元 113 年的羅馬人

1984 年的加州人

1991 年的加州人

1997 年的加州人

1999 年的加州人

2002 年的加州人

1-10 新興象形文字

不像英國工程師布魯內爾（Isambard Kingdom Brunel）面臨鐵、鋼、木頭等建築材料的工程限制，或是身為現代建築師強加給自己的意識形態限制，在數位國度中，型態本身完全不受到現實考量的限制。

型態不再被所用材料或製造中的機械構造所主導。

在數位國度中，不再是型態追隨功能；而是型態闡述功能。

功能就是溝通，也是一種象徵型態，闡釋內容的意涵。

水桶、油漆罐、鉛筆和其他圖像，都忙著追隨轉盤式電話與教授的學士帽，從實體空間轉進到概念空間。

▸38 風格化你的象徵符號
▸216 造物者的簽名
▸258 主題變奏

Photoshop 工具箱
上次你用真正的這些東西，是多久以前的事了：套索
L 形裁剪
石膏
橡皮圖章
橡皮擦
手指
鋼筆
箭頭
紙
手
箭頭
棒子
刀子
鉛筆
刷子
油漆罐
手
吸量管
放大鏡
Ps
T
未貼上標籤的東西，就是「自己本身」──
直接代表功能，而非透過類比來加以說明。

I-II 風格化你的象徵符號

字母的風格樣式，會進一步加深文字的意義。

左圖這個英文字型叫做 **Ministry**。這種字型粗細大小共有 7 種，從細體到**粗體**，另外還有*斜體*。這個樣式依據 1933 年英國首度使用的道路標誌的原始設計，清楚傳達資訊，偏向英式的正式調調，即便對不熟悉背後歷史的讀者來說，也會有這種感覺。

Dukane 字體則是將在紐約公共圖書館發現的古老縮微膠片底片，重新數位化後的樣貌。原始素材中被刮侵蝕的字體——也就是其「頹廢的簽名標記」——也在複製過程中被強調與保存下來，完美呈現出這種不完美。

字型可以強化內容的清晰度，或是對內容做出評論，甚至與內容矛盾。用途最多的字體幾乎讓你無從察覺，設計初衷即是如此。

字體強化了訊息。

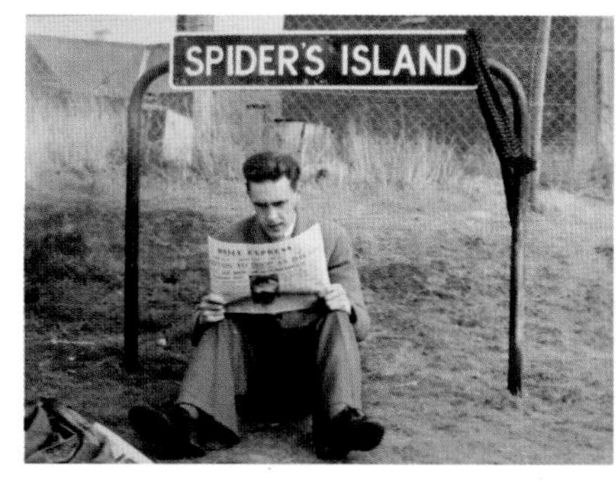

字體代表了萬事萬物。

會寫字的人都設計過一種字體：自己的字跡。

根據普世模式來看，個人表達還有空間，可以讓你用「自己的音調」來發言。

如果說字母是書寫語言的分子物理學，那麼字彙就是化學，句子就是生物學。

▸40 我的朋友
▸22 如何賦予符號象徵意義
▸258 主題變奏

Hate

FILMOTYPE ZANZIBAR

formality

HEATWAVE

LOVE

PAYLOAD

Women

FREEHAND 591

strength

MOTTER FEMINA

PEACE

BATTERY PARK

ELEGANCE

OUTLANDER

Neutrality?

HELVETICA REGULAR

I-12 我的朋友[1]

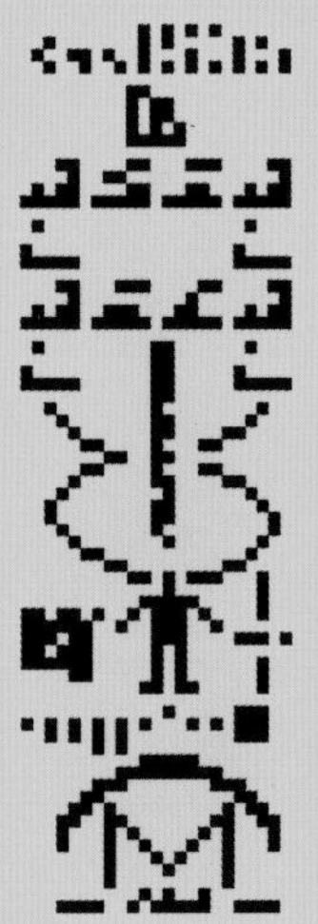

如果說語言是眾人共享的一組密碼，讓團體成員得以在內部彼此溝通，那麼這套系統不論有意無意，總會把這個團體之外的人排除在外。

如果你不會說法文，那麼法文就是一組密碼，只有那些學過當地規則的人才明白。

本書也藏有密碼。

左邊的阿雷西波訊息（Arecibo message），是 1974 年從阿雷西波無線電波望遠鏡，針對宇宙中球狀星團 M13 星系發射出去的訊息。這個訊息由美國天文學家德拉克（Frank Drake）和薩根（Carl Sagan）及其他人共同編寫，目的是要讓外太空生物可以讀懂，因為我們跟這種生物並沒有什麼共享的文化。

雖說世界上不會有共同的文化語言，不過有個普世的自然語言是我們應該都能懂的──數學。當 1679 個 0 與 1 的半質數串，以 73 列 63 行的格狀排列，一個影像就會出現。你能讀得出來嗎？*

有些密碼僅能被一個特定部落或次文化理解可能是意外，但有些則是刻意要排除外人，例如帕拉利（Palare）[2] 或倫敦佬押韻俚語（cockney rhyming slang）[3]。

「我，亞歷士，還有我那三個損友──彼得、喬治和丁姆，我們坐在科洛瓦牛奶吧，試著下定主意，看看今晚有啥搞頭。」──安東尼．柏吉斯（Anthony Burgess），《發條橘子》[4]

還有許多古老的語言尚未解讀出來，因為我們並沒有羅塞塔石碑[5]，也沒有解碼輪盤，可以提供解答。

能凸顯這個狀況的案例之一，就是費托斯圓盤（Phaistos Disc）。這片用黏土烘烤而成的圓盤，出現在米諾安銅器時代（Minoan Bronze Age）的中晚期。兩側布滿呈螺旋狀排列的印刻符號，意義至今無解，成為考古學上最知名的未解謎團之一。

從凱薩大帝的法典，到二次大戰時德軍使用的恩尼格碼密碼（Enigma codes），再到現代的數位編碼方式，甚至是街頭的幫派手語，有些語言的設計就是刻意只讓我們選擇溝通的對象能讀懂而已。

1 譯注：Me old china，東倫敦幫派分子用的俚語，意指「我的朋友」。
2 譯注：1960 年代英國男同志圈中盛行的俚語。
3 譯注：源自倫敦東區的押韻俚語，外人不易聽懂。
4 譯注：在《發條橘子》（*A Clockwork Orange*）小說中，青少年主角用受到俄羅斯文影響的一種英文俚語，例如朋友不是 friend，而是 droog，因此不易看懂。
5 譯注：羅塞塔石碑（Rosetta Stone），是古埃及時代留下的大理石石碑，刻有同一段內容的三種不同語言版本，使得近代考古學家得以對照各語言版本解讀出失傳千年的埃及象形文。

▸204 結構性直覺
▸200 模式認知
▸34 圖形世界語

＊解答在第 230 頁。

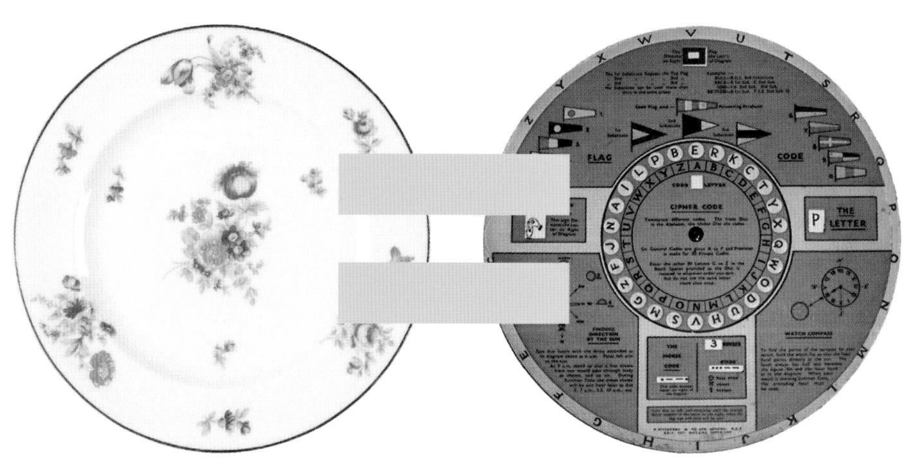

左下圖：費托斯圓盤的正面，
收藏於希臘克里特島伊拉克利翁考古博物館。

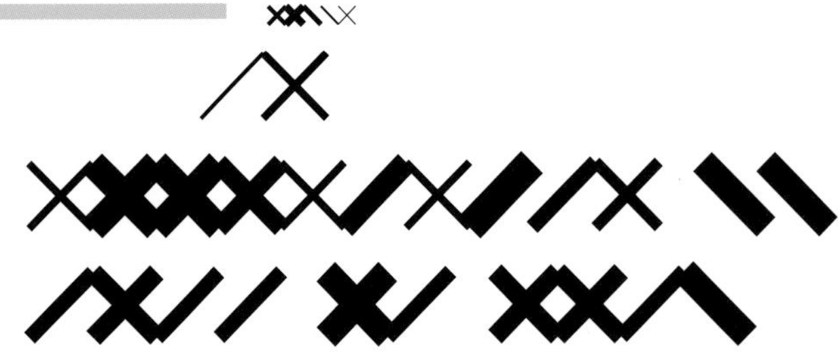

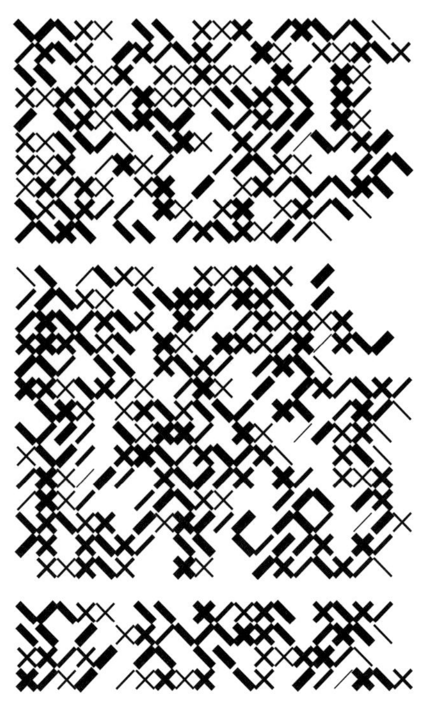

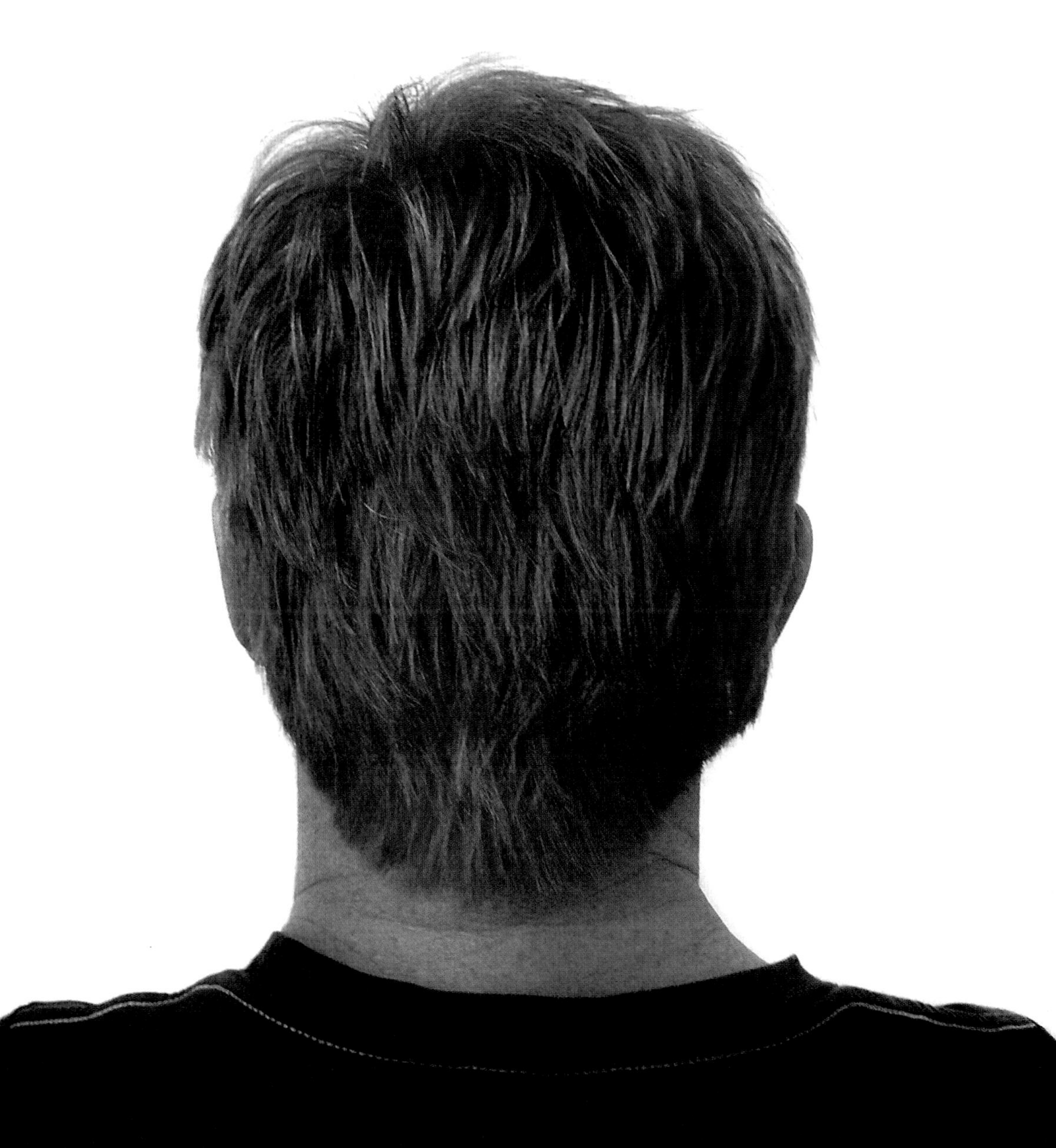

I-14

內容是暴君

請大聲重複隨便一個字。

很快地，這個字就會失去原先的意思，變成不過只是一個聲音而已——彷彿這是來自陌生文化中一個聽不懂的字。

剝奪掉一個字的意思，回歸抽象的本質，其基本形式就會顯露出來；這個字就這麼赤裸裸地站在你面前，不再有任何文化交付的功能。

沒有了意義內涵之後，這個字**聽起來不過就像個聲音而已**。

有時候，形式是否反而比內容更令人好奇呢？

或者，形式本身也有內容？

欣賞聲音的美感價值並加以創作，那就是音樂。

基本上，音樂關乎的是內在自我反射、而非代表性的結構，如節奏、**曲調**、正規作曲。

有時就算沒有交疊錯落的歌詞或是其他的標示意義，音樂也會被認定具有某種代表意涵。但即便如此，音樂的抽象本質仍可蘊含一股強大的情感力量。

奇怪的是，雖然政治人物會藉由誇耀支持藝術來合理化政策，但藝術本身卻相信自己必須政治化後才能變得有價值。

然而從歷史上來看，所有藝術中，唯有音樂最能安於抽象，最能自在地為了自己去探索自我參照結構的內在價值。

事實就是如此。

「休—哆—休—比—喔—比」——莎拉・沃恩（Sarah Vaughan）

「路易—喔—啦—啦—啦」——貝蒂・卡特（Betty Carter）

「啾—啾—哇，啾—啾—哇，休比—嘟—哇」——派瑞・科摩（Perry Como）

▸272 最大的框架
▸114 這本書被設計過
▸268 流行偶像崇拜

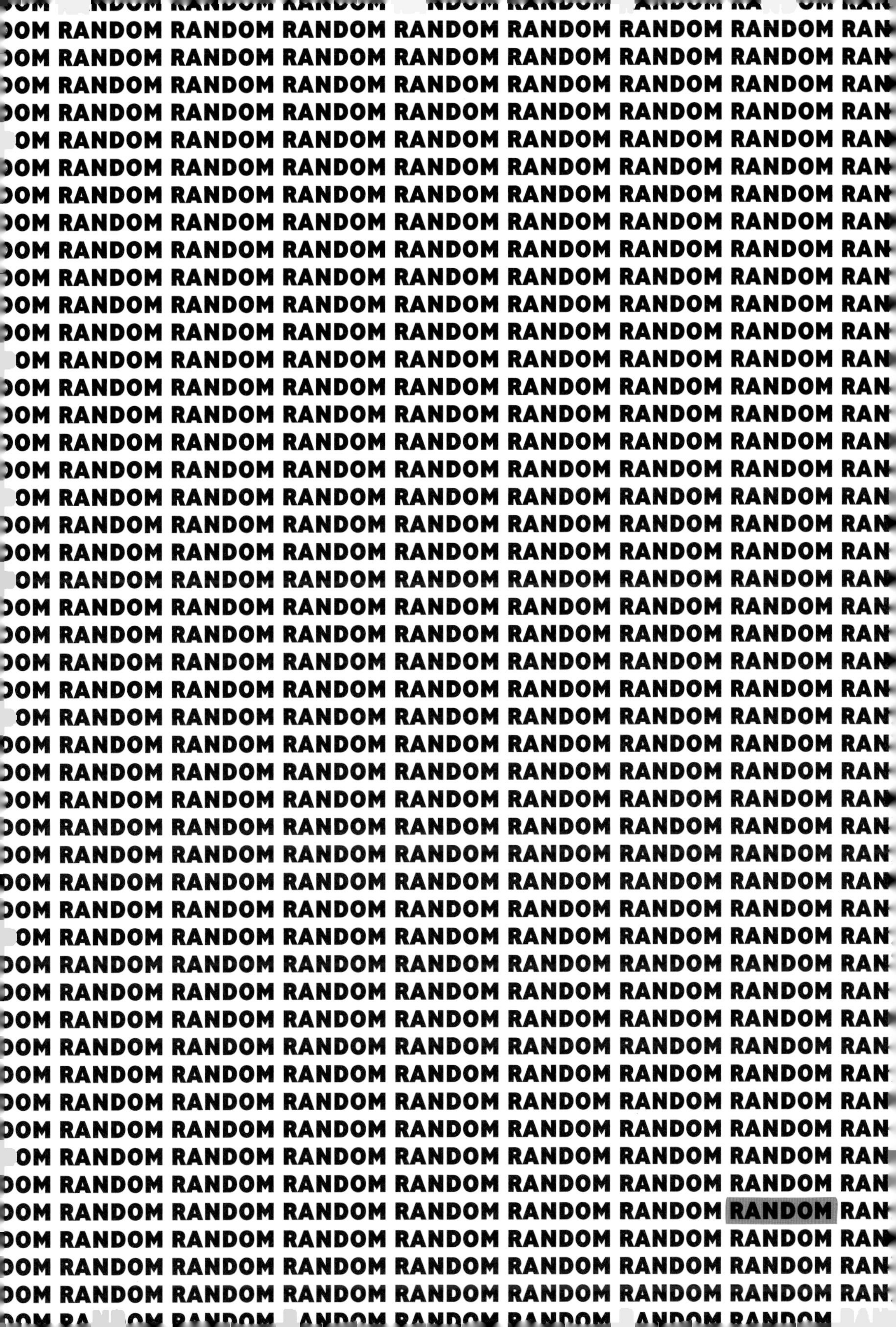

DOM RANDOM RANDOM RANDOM RANDOM RANDOM RANDOM RANDOM RAN
DOM RANDOM RANDOM RANDOM RANDOM RANDOM RANDOM RANDOM RAN
DOM RANDOM RANDOM RANDOM RANDOM RANDOM RANDOM RANDOM RAN
DOM RANDOM RANDOM RANDOM RANDOM RANDOM RANDOM RANDOM RAN
DOM RANDOM RANDOM RANDOM RANDOM RANDOM RANDOM RANDOM RAN
DOM RANDOM RANDOM RANDOM RANDOM RANDOM RANDOM RANDOM RAN
DOM RANDOM RANDOM RANDOM RANDOM RANDOM RANDOM RANDOM RAN
DOM RANDOM RANDOM RANDOM RANDOM RANDOM RANDOM RANDOM RAN
DOM RANDOM RANDOM RANDOM RANDOM RANDOM RANDOM RANDOM RAN
DOM RANDOM RANDOM RANDOM RANDOM RANDOM RANDOM RANDOM RAN
DOM RANDOM RANDOM RANDOM RANDOM RANDOM RANDOM RANDOM RAN
DOM RANDOM RANDOM RANDOM RANDOM RANDOM RANDOM RANDOM RAN
DOM RANDOM RANDOM RANDOM RANDOM RANDOM RANDOM RANDOM RAN
DOM RANDOM RANDOM RANDOM RANDOM RANDOM RANDOM RANDOM RAN
DOM RANDOM RANDOM RANDOM RANDOM RANDOM RANDOM RANDOM RAN
DOM RANDOM RANDOM RANDOM RANDOM RANDOM RANDOM RANDOM RAN
DOM RANDOM RANDOM RANDOM RANDOM RANDOM RANDOM RANDOM RAN
DOM RANDOM RANDOM RANDOM RANDOM RANDOM RANDOM RANDOM RAN
DOM RANDOM RANDOM RANDOM RANDOM RANDOM RANDOM RANDOM RAN
DOM RANDOM RANDOM RANDOM RANDOM RANDOM RANDOM RANDOM RAN
DOM RANDOM RANDOM RANDOM RANDOM RANDOM RANDOM RANDOM RAN
DOM RANDOM RANDOM RANDOM RANDOM RANDOM RANDOM RANDOM RAN
DOM RANDOM RANDOM RANDOM RANDOM RANDOM RANDOM RANDOM RAN
DOM RANDOM RANDOM RANDOM RANDOM RANDOM RANDOM RANDOM RAN
DOM RANDOM RANDOM RANDOM RANDOM RANDOM RANDOM RANDOM RAN
DOM RANDOM RANDOM RANDOM RANDOM RANDOM RANDOM RANDOM RAN
DOM RANDOM RANDOM RANDOM RANDOM RANDOM RANDOM RANDOM RAN
DOM RANDOM RANDOM RANDOM RANDOM RANDOM RANDOM RANDOM RAN
DOM RANDOM RANDOM RANDOM RANDOM RANDOM RANDOM RANDOM RAN
DOM RANDOM RANDOM RANDOM RANDOM RANDOM RANDOM RANDOM RAN
DOM RANDOM RANDOM RANDOM RANDOM RANDOM RANDOM RANDOM RAN
DOM RANDOM RANDOM RANDOM RANDOM RANDOM RANDOM RANDOM RAN
DOM RANDOM RANDOM RANDOM RANDOM RANDOM RANDOM RANDOM RAN
DOM RANDOM RANDOM RANDOM RANDOM RANDOM RANDOM RANDOM RAN
DOM RANDOM RANDOM RANDOM RANDOM RANDOM RANDOM RANDOM RAN
DOM RANDOM RANDOM RANDOM RANDOM RANDOM RANDOM RANDOM RAN
DOM RANDOM RANDOM RANDOM RANDOM RANDOM RANDOM RANDOM RAN
DOM RANDOM RANDOM RANDOM RANDOM RANDOM RANDOM RANDOM RAN
DOM RANDOM RANDOM RANDOM RANDOM RANDOM RANDOM RANDOM RAN
DOM RANDOM RANDOM RANDOM RANDOM RANDOM RANDOM RANDOM RAN
DOM RANDOM RANDOM RANDOM RANDOM RANDOM RANDOM RANDOM RAN
DOM RANDOM RANDOM RANDOM RANDOM RANDOM RANDOM RANDOM RAN
DOM RANDOM RANDOM RANDOM RANDOM RANDOM RANDOM RANDOM RAN
DOM RANDOM RANDOM RANDOM RANDOM RANDOM RANDOM RANDOM RAN
DOM RANDOM RANDOM RANDOM RANDOM RANDOM RANDOM RANDOM RAN
DOM RANDOM RANDOM RANDOM RANDOM RANDOM RANDOM RANDOM RAN
DOM RANDOM RANDOM RANDOM RANDOM RANDOM RANDOM RANDOM RAN

I-15

當自由只是口號

一旦訊息脫離創造出它的文化脈絡時，很容易失去意義；其本質（is-ness）會重申自己的存在。

還存留下來的是一種能喚起我們對「另一種意義」的記憶氛圍：一種外來的光彩。

那被賦予的口號，就像是毫無內容的時尚宣言。

▸174 商品崇拜
▸176 熱愛外星人
▸42 [illegible]

FREEDOM TO D

IAK BEST!!

DOM

FREEDOM OF SPEECE

N, FREEDOM FROM

OM FROM NANT.

AR FOR

上圖：攝自香港街頭路人身上的 T 恤。

1-16 什麼形塑了觀念／點子／想法／創意？

因為新奇事物有時難以吸收，因此碰到新觀念／點子／想法／創意時，一開始我們總是傾向視其為舊有熟悉觀念／點子／想法／創意的變化或延伸發展。

以舊瓶新酒方式來包裝新點子，讓我們有了摸透其功能和意義的頭緒。

一個觀念／點子／想法／創意總是要在之後找到自己的自然形式時，真實面貌才能變得清楚。在那之前，我們都是靠類比方式來運作。而在未來，總有許多過去可指引我們方向。

型態樣貌改變太快，原先認知到跟應有功能之間的象徵連結，可能就會消失不見。

早期的汽車（從馬車、手推車而來）跟各種馬車很類似。而我們今日所理解的汽車樣子是慢慢演變而來，發展出自己的語言，最後也變成一種象徵符號。

以前偉福禮車（Waverley）的車頂夠高，仕女戴著帽子都能坐進去。現在，女人幾乎可以躺平在亮眼的紅色法拉利跑車裡。

有些點子想法還在等待成熟的時機，例如電動車，不論是偉福禮車還是辛克萊（Sinclair）C5 電動車，上面都隨便開了插座。

我們把過去的象徵符號，當成指示未來方向的路標。

因為我們能看到去過的地方，看不到要去的地方，所以某些太平洋島嶼部落的傳統，相信我們面對的是過去，背對的是未來。

「我們從後照鏡觀看現在；向後退邁向未來。」──加拿大媒體理論家麥克魯漢

▸52 相機看起來像這樣嗎？
▸50 創意發想
▸18 這是觀念／點子／想法／創意嗎？

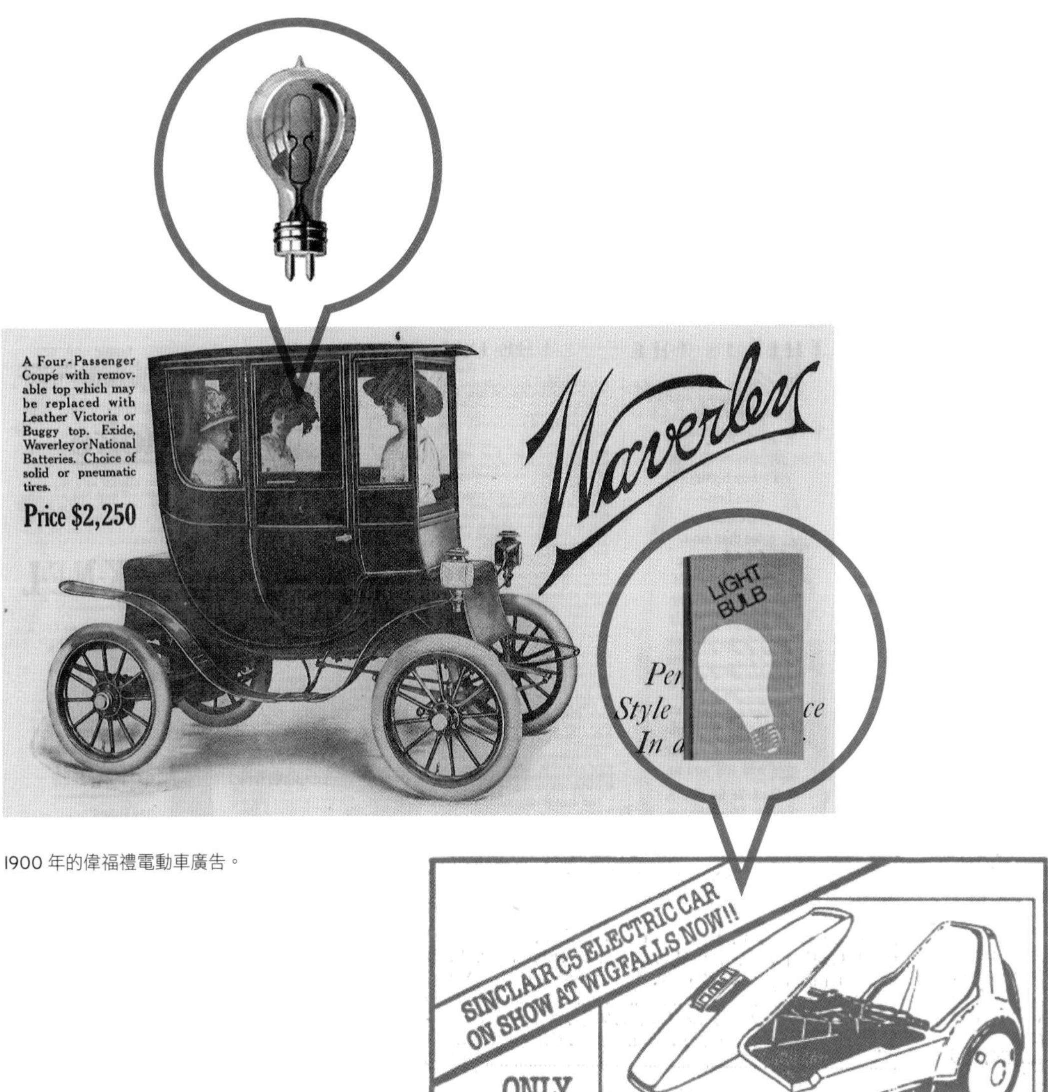

A Four-Passenger Coupé with removable top which may be replaced with Leather Victoria or Buggy top. Exide, Waverley or National Batteries. Choice of solid or pneumatic tires.
Price $2,250
Waverley
LIGHT BULB
SINCLAIR C5 ELECTRIC CAR
ON SHOW AT WIGFALLS NOW!!
ONLY
£399·99
WIGFALLS

1900 年的偉福禮電動車廣告。

1985 年的辛克萊 C5 電動車廣告。

I-17 創意發想

你需要多少處理效能——換句話說，你需要多靈光才能有新點子呢？

網路上的連結數量，已經接近人類大腦中的連結數目（看你如何計算）。很巧的是，這個數字也很接近現存於地球的人口數字。假設真如某些人所主張的，才智就是**從複雜湧現出的特質**（emergent property of complexity），那麼有趣的事情就要發生。

「你看的出來這到底是什麼嗎？」——澳洲歌手哈里斯（Rolf Harris）

一如「1-7 外部化」所提到的例子，主觀〉客觀〉主觀〉這個持續不斷反饋循環的理論建構，是為了找到一個想法全然內化的對照想法——大腦的每個神經元、每個部分，都會輪流跟彼此對話。如果說意識是自然湧現的特質，它其實就是所有神經互動的總和——而我們意識到自己「擁有」的想法就是最適合的點子，能在一片相互競爭的點子汪洋中浮上水面。

當這些想法隨著時間推移逐漸成形，一個接一個保存在記憶中，一種自我內化的感受就會開始浮現並逐漸演變。

你的想法點子好嗎？

更精確的說，大腦的功能並非僅是複雜的產物而已，而是連結的結果。大腦的所有連結產生了一種內在回應的反饋迴路，就像音樂家說的，回饋就是為了讓你「知道自己正在做些什麼」所需要的東西。

想法可視為意識的基本單位。你就是自己所知道的一切。

特定想法慢慢主導全局的過程，不僅發生在個人的內在意識中，也出現於外在世界，發生在大腦之外人與人的連結中——也就是文化。

在一群由各自獨立卻緊密連結的個人組成的團體中，即便缺少中央統籌協調，仍會自發性出現自然一致的行為。這種自然行為又稱為「群體行動」或「誘導行動」，我們可以在鳥群身上看到這種熟悉行為，在許多類型的人類行為中也顯而易見。新手駕駛被教導要「跟著車流走」，彷彿車流就是實體，而不是其他駕駛的群體組合，但其他駕駛也許也正「跟著車流走」。

大家共享觀念想法，某種意義上，意識也為眾人所共享。沒有人掌控全局，因為制定決策已經變成「分配運算」的過程：

想法點子主導全局。

▸104 文化基因世界
▸332 秩序、秩序
▸30 外部化

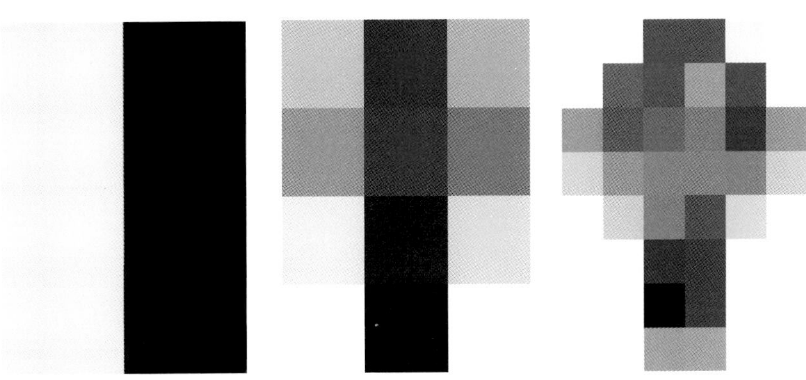

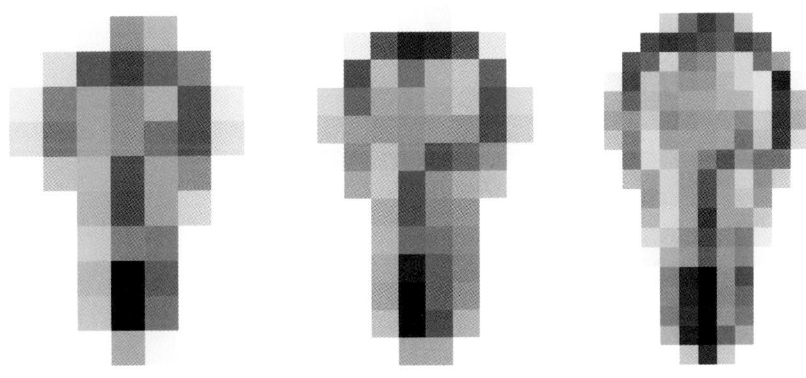

I-18

相機看起來像這樣嗎？

不論規模大小，看起來本質一致的「實體」，其實都是由許多更小、相似的單位所組成，不管是一個文化、一群飛鳥、一群暴民、一個人體、一個人類大腦、一個細胞、或一個分子都一樣。這些單位彼此緊密連結，親密地跳著一支回饋之舞，只是規模大小不同而已。

不論是一月大減價期間還是擅自用私刑折磨別人時，暴民的行為強有力地說明了團體行動可以如何吞沒個人意志力，觀念想法如何能主導全局。

「群體行動」也讓受到誘導的團體易受到外界力量推擠，引領到某個方向，不論這股力量是在團體之外、扮演「牧羊人」角色的個人，還是具高度感染力的觀念想法。

觀念想法形塑了文化。

在世俗民主中，廣為流傳的文化習俗，包括大家共享的價值觀、道德準則、社會結構和態度等等，都是從構成這個文化的人群在自由交換想法之間，自然演進而來。一個鬆散的共識逐漸浮現，然後因為各種回饋、討論、抗議、立法、辯論、八卦和世代改變，這個共識隨之改變、調適，並重新定義。

同儕組成的陪審團。

文化可以定義為一個團體擁有的觀念總和，不論這個團體是一個民族、企業或社交圈。事實上，現在界定一個團體會員身分的標準，早已變成共享一組共同觀念，這個標準已經超越地理疆界或國籍。

「網路導致各種不同全新社群團體的出現……就只是因為我們被地理歷史不可思議地鉗制住太久了。」──PayPal 創辦人席爾（Peter Andreas Thiel）

在這個被新興全球串聯所形塑而成的全新文化環境中，你賴以運作的既有世界觀可能早已過時。你是否仍在用陳舊過時的腦袋？這可能會讓你門戶大開，被危險新穎的觀念想法所感染。

你在倒退邁向未來嗎？

該是讓自我升級的時候了。

▸312 文化基因疫苗
▸114 這本書被設計過
▸318 開示我

2 Communications | 傳播溝通

COMMUNICATIONS
Find The Hidden City

2-1 口述傳統

人類無法心電感應，沒有能力直接在大腦間傳遞想法觀念。因此，人類需要利用更間接的溝通方式。

將觀念從一個人腦中傳遞到另一個人腦中時，就需要有傳播媒介——一個**傳遞機制**。可能是口語、手勢或書面文字。也可能拍成電影，記錄下來，或是重新製作。

本書就是一個傳遞機制。

在書寫文字出現之前，就已經有了口語——聲音。我們的故事和歷史，都是經由世代相傳的**口述傳統**而流傳下來。

這個口述故事可能部分是事實，部分是說者的詮釋，都曾協助我們架構並詮釋事實。有時也甚至被誤認是事實。

讓我來告訴你一個故事……

▸62 心電感應
▸104 文化基因世界
▸26 姿勢就是語言

2-2 你懂我的意思嗎？

「不論是書面文字或口語文字，在我的思考機制中，似乎都沒扮演什麼角色。」──愛因斯坦

唯有當我們要表達想法觀念時，文字才會派上用場。

口語文字一直在演進，試圖精確傳達出複雜豐富的想法觀念。

為了有效溝通，一個想法或點子，在從這個大腦旅行到另一個大腦的旅途中，都得經歷數次的格式重新設定。

「在第二階段，我們都必須很辛苦地尋找傳統文字或其他信號。」── 愛因斯坦

就像所有重新製作的方式，這也同樣可能招致扭曲、雜音、錯誤詮釋的風險。

文字可能有所不足：那些沒有文字可對應表達的想法點子，不是壓抑在潛意識中，就是面臨某種程度的溝通困難。

當想法轉換成語言，可能會出現扭曲或不精確的狀況；同樣的，當接收者將語言重新轉換成對這個觀念的理解時，也可能出現同樣狀況。

我知道你以為明白我說什麼，但你聽到的並非我的意思。

如果新出現的句子或字彙──新造字（neologism）──馬上就可立即應用，或是能代表一個亟需表達方式的觀念，或者就像小寫字體可以讓溝通變得更快速簡單，那麼這個新造字很快就成為普羅大眾的字彙。

IMHO[7]，語言就是這麼演化而來的。

7 譯注：in my humble opinion，「恕我直言」的網路用語。

▸60 從信號到雜音
▸88 複製、複製、再複製
▸38 風格化你的象徵符號

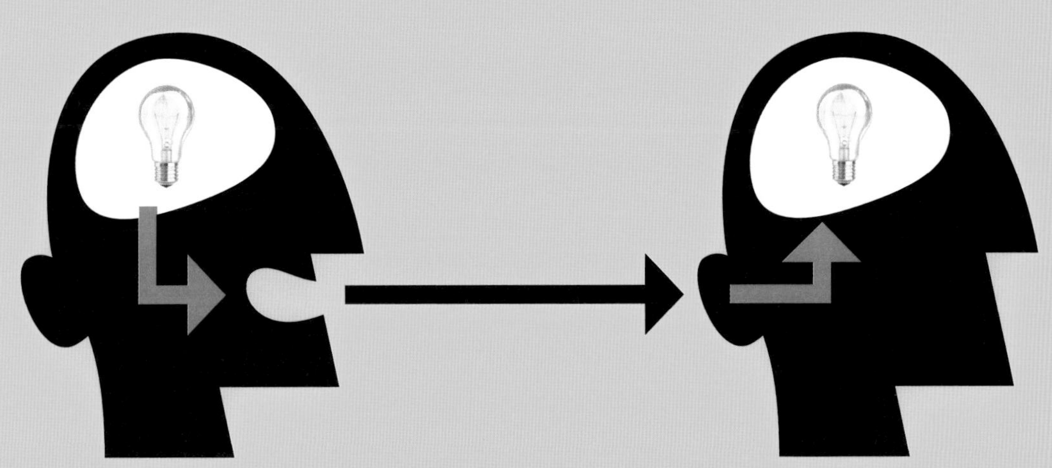

= 格式轉換

2-3 從信號到雜音

觀眾甲：
「我認為是『乳酪製造商倍受眷顧。』」
葛雷格禮太太：
「啊哈，乳酪製造商有何特別之處呢？」
葛雷格里：
「很明顯地，你不該光從字面來看；這裡指的是所有乳製品的製造商。」
——英國喜劇團體蒙提．派森（Monty Python）的劇作《布萊恩的一生》（*The Life of Brian*）

▸62 心電感應
▸334 觀念的領袖
▸94 訊號退化

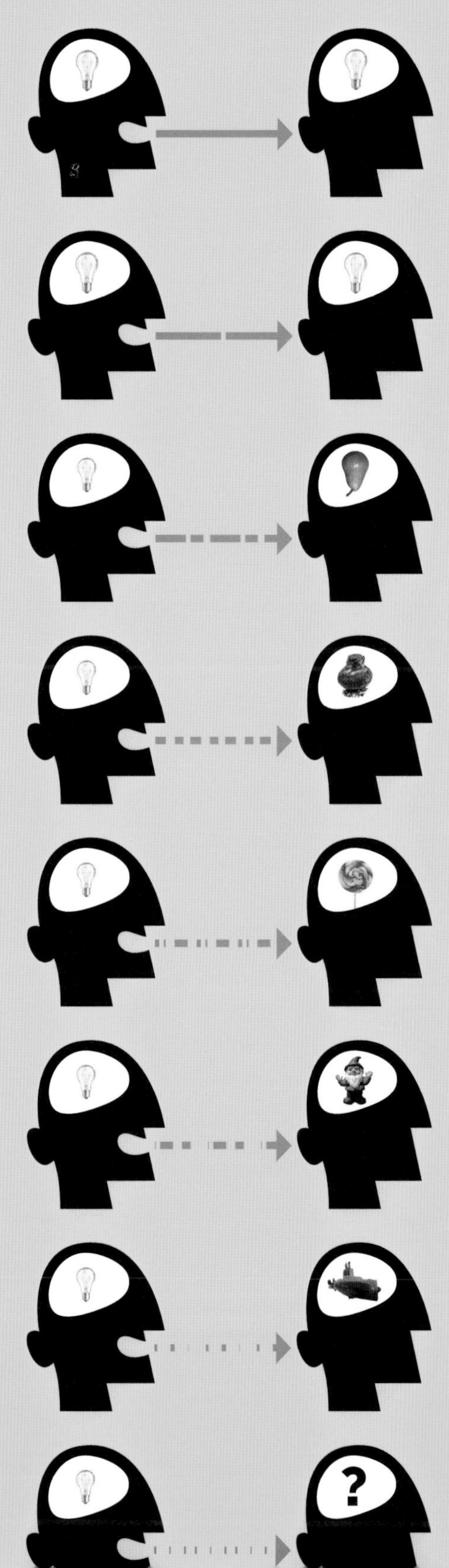

2-4 心電感應

不經由任何媒介、腦對腦的直接溝通，是否就能精確傳遞想法而不會扭曲呢？能夠直接獲得他人的想法，又會是什麼樣子？

每個人其實就像個孤立島嶼般，我們內在的思考過程大多從未跟外界溝通過。

你能替我守密嗎？

心電感應可能會讓我們的自我私密感開始瓦解，因為我們滲透入他人的心智中。我們可能會發現很難再去區別，究竟我的界線到哪裡，而你的界線又從哪開始。

我們會覺得自己的生命是以私密低調的姿態存在著，絕大部分原因是因為我們存活其中的身體，具有不可侵犯性。我們僅能透過感官感受來貼近他人，僅能利用翻譯與重新詮釋的技巧，來突破肉體的局限。

然而，這個監牢可以打破。這個身體已被科技放大，而這個趨勢還會持續下去。

「到了 2030 年代，我們智能中非生物的比例將會占絕大部分。」──美國作家暨未來學家庫茲韋爾（Ray Kurzweil）

如果大腦可以繪製，心智可以編碼並下載，庫茲韋爾相信人性將能超越受限的生理條件。

不過，我們所想像的不見得就是這種數位永生。若是變成數位實體，我們就可能受制於現在數位音樂和藝術世界熟悉的所有操縱手段：只要利用可能會遺失資料的演算法則，我們就可以被編輯、強化、複製、破壞或壓縮。還會被非法下載、重新混音、與其他實體「搗爛絞碎在一起」、重新被想像、販售、贈與、偷竊、反向分析和解體。

我們會被駭客入侵並綁架。

在獲得這種永生的同時，我們的認同也因此從根本被重新改造。我們是否會無可避免地失去自我，變成廣大整體（或者說是超級主宰）中不具個體色彩的一部分呢？

「我不會被催促、歸檔、蓋上圖章、做出索引、簡報說明、聽取會報、或加以編碼！我的生命是我自己的！」──英國電視影集《囚犯》（The Prisoner）第六集

躲在感官的防火牆後面，我們可能會覺得自己受到保護，免於這樣的操縱──但自從語言發明之後，能夠避開格式轉換障礙的觀念，一直綁架了我們的心智。

請記得鎖好大腦的後門。

▸58 你懂我的意思嗎？
▸48 什麼形塑了觀念／點子／想法／創意？
▸98 延伸自己

2-5
錯誤修正

資料傳遞可能會受限於嘈雜的媒介而被破壞，大自然和人類都設計出錯誤修正機制來規避這種無可避免的訊號退化。

大多數數位密碼都內含錯誤修正的技術。商品條碼利用所謂的「檢查碼」，通常這是條碼中的最後一個數字，是由資料中的其他數字透過演算法而計算出來。CD 播放器、高速數據機、深層空間探勘和手機都使用類似技術，以避免意外的資料遺失和扭曲。

同樣的，DNA 也含有生物性的錯誤修正機制，在任意的突變與轉錄錯誤對基因造成嚴重的功能損害前，就能先解決這些問題。

錯誤修正運算法試圖從訊息中仍存在的部分，重新架構遺失的部分──但也只能在某種限度內。每種錯誤修正方式都有臨界點，一旦超過界線，就缺乏足夠資訊來進行精確的資訊重建工作。

在社交情境中，像是在背景雜音蓋過一切的擁擠房間裡，錯誤修正可以從其他地方找到線索，好比解讀唇語或肢體語言。

社會線索有特定的文化意涵，有可能不被普遍理解。他／她也許喜歡你，也許並不。

這個額外一層的資訊，甚至可以協助我們對這些事件進行更細膩的詮釋解讀，即便當「雜音」只處在最低水平時。

在這種情況下，我們可以從一個信號擷取出更多訊息，遠超過信號發送者原先想要傳達的訊息，也就是所謂的信號增強。

▸66 資料重建
▸334 觀念的領袖
▸24 文字的興起

7 59606 06689 6

2-6 資料重建

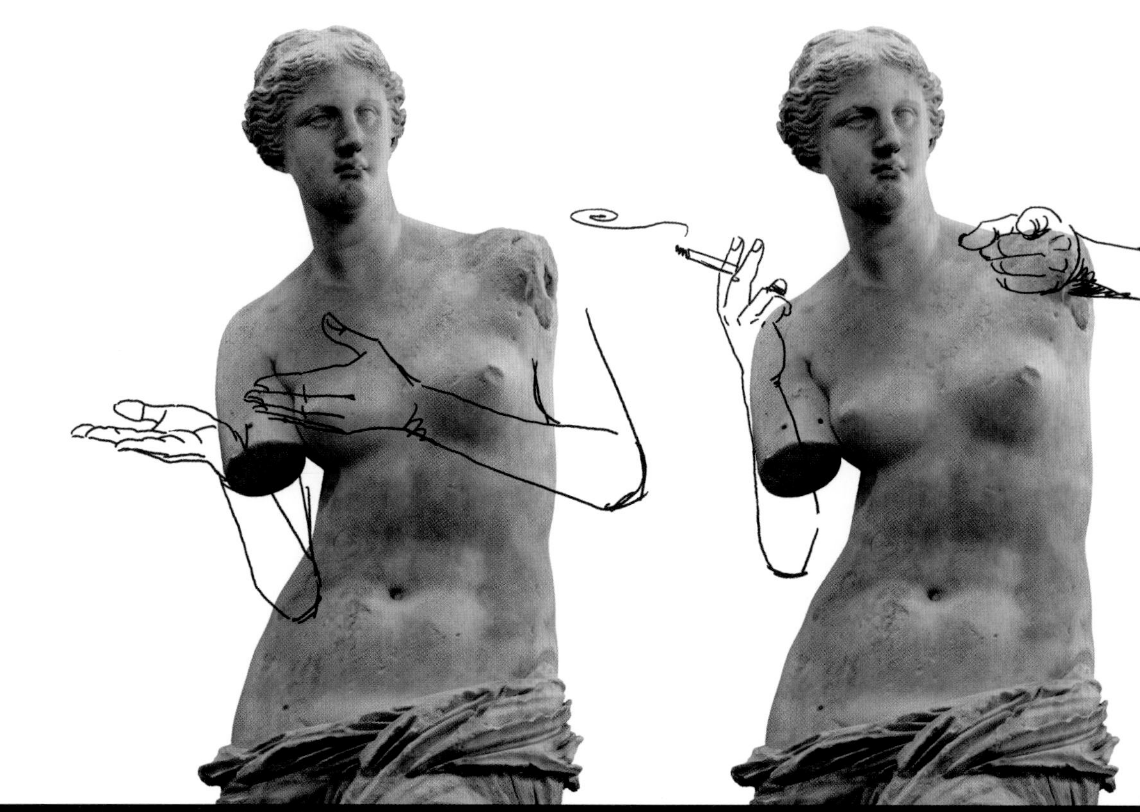

理論上的推斷 A—D。

▸64 錯誤修正
▸94 訊號退化
▸256 藝術？耶！

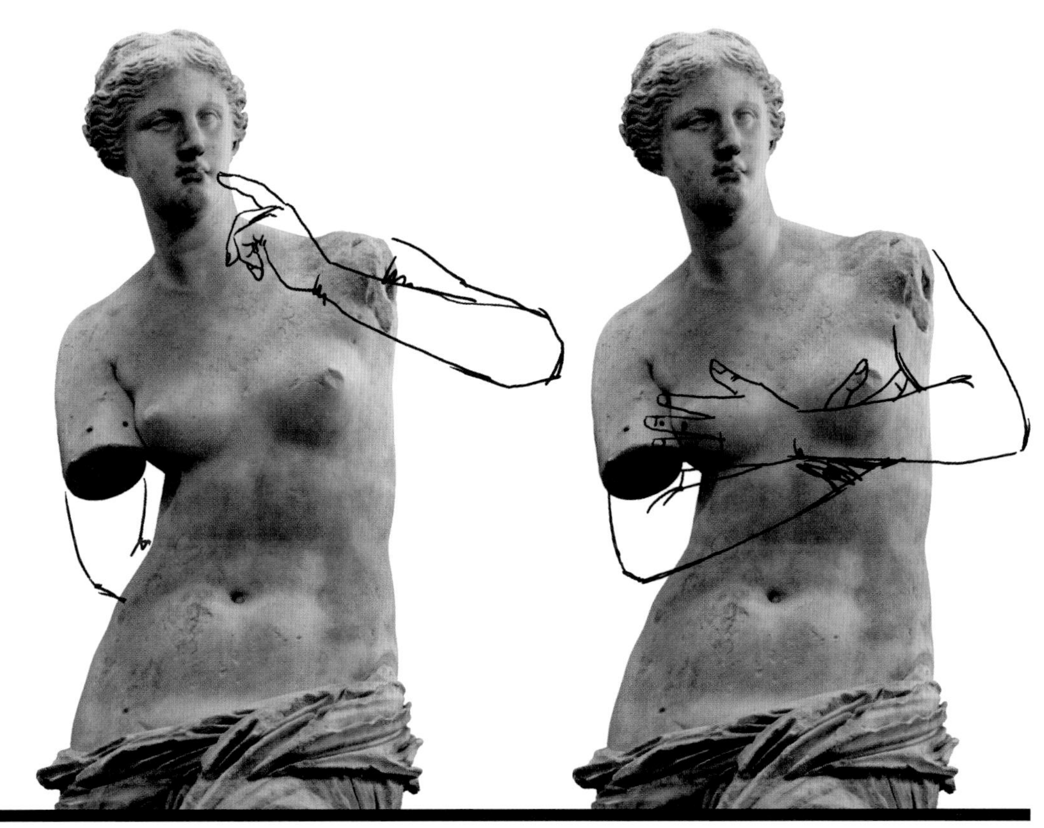

2-7 時光雜訊

隨著時光流轉，背景脈絡會跟著改變，我們會受到嚴重阻礙，無法正確解讀某一訊息的原始意義。我們的參考架構跟原先的毫無相似之處，根本毫無用處。

「一幅畫從未完成過。」——畢卡索

因此，即便保存最完好的訊息，被人們接收到的意義仍可能改變。

人類特別迷戀禮儀——這是種社交互動的成文規範，以一種結構高度完整方式在同儕間建立社會資本的壓力。在人際關係非常正式有距離、或是得透過中間媒介安排的文化中，禮儀活得最好。

你知道，他就是你認識的那個人。

在特定文化脈絡的架構之外，有些社會規範可能會顯得反直覺，甚至荒謬。

隨著時光流轉，遊戲規則也會改變。我們全都是時光旅人，以一年 365 1/4 天、一天 24 小時、一小時 60 分鐘這個精確的速度，穩定朝向未來前進。

▸70 瓶頸守門員
▸180 地點的時間價值
▸162 文化是張地圖

沿虛線折起來

訪客都應該有名片。一位紳士應將名片輕鬆放在方便拿取的口袋中；但是女士可以用名片盒。無論要拜訪多少位家庭成員，你只需要遞上一張名片。當傭人不在，夫人親自在門口接待你時，這時當然不必使用名片。如果你拜訪的友人剛好有訪客，你只需要送上一張名片；但如果他們都不在家，你就應該各留一張名片。

有時候僅是遞上一張名片，就是單純禮貌性的拜訪。當一個人抵達人生地不熟的城市時，他應該對計畫拜訪的人送上名片，並說明他的落腳處。否則的話，可能會有一段時間，沒人知道他來到這個城市。如果你的同行中有個陌生人來到城中，即便你不認識他，你也應該拜訪他。

一張名片可能是為了拜訪的目的。可以放在信封中，或是親自交給對方。如果是後者的狀況，若是交給拜訪家庭的女主人時，名片一角應該折起來。如果你想讓對方知道你要拜訪家庭全部或幾位成員，就把名片從中間折起來。若是對方家中有其他訪客，也要給每位訪客各留下一張名片。

為了回訪對方親自拜訪而將名片留在信封中，意謂著彼此的拜訪可以告一段落。如果你沒有這樣的意圖，就不應該把名片放在信封中。

單身與已婚男士的名片應該要小張（約3公分×8公分大小）。已婚人士的名片大小，中型比大型要來得更有品味。簡單的燙金字體，沒有花邊比較好。不論是什麼印刷字型，也不論字體大小，都很常見。年輕男士的名字前面可以省略不用「先生」這個尊稱。

取材自《社交禮儀與家庭文化規則》（Rules of Etiquette & Home Culture），1882年

2-8 瓶頸守門員

媒體就是人跟周遭生活圈之外的溝通媒介。傳統上，媒體的掌控權總是集中在一小撮菁英份子手中——這群菁英份子扮演起守門人的角色。

廣播電視公司是監控電視內容的守門員，出版社則是印刷文字的守門員。神職人員是上帝的守門員，而保鏢則是夜店俱樂部的守門員。執政黨是政策的守門員，社會菁英則是上流社會的守門員。

如果想要掌握什麼東西，你就得跟那個領域的守門員打交道。一旦卡位後，守門員很難被忽視——無論他們選擇要或不要，都身處權力地位。更貼切來說，因為人們需要完成守門員背後的目標，因此提升並鞏固了守門員的地位。有權無責，然後是效率不彰、任用親信、賄賂與腐敗，往往接二連三跟著出現。

任何階級分層的社會，能發展出的權力管道都很有限，而限制權力管道無可避免會導致社會的層層分化。

但這一切都在改變中。一般人負擔得起且無所不在的上網管道，將發表權交到人人手上，發表意見、新聞、音樂、點子、藝術，以及任何可以簡約成 0 與 1[8] 的東西。不論男女老少、貧民顯貴，也不論婆羅門或賤民階級[9]，大家都在同一個遊戲場上。你所需要的就是時間和付出努力。

資訊超級公路避開社會的階層架構，開創一條新路。

想要找結婚對象，還是來一場盲目約會？你都可以找到這樣的網站。想寫部落格？請加入這個網站。想要創業嗎？（多數）網路公司都在蓬勃發展中。想要獲取資訊、聽取多元的觀點嗎？網路上有太多資訊，你甚至可能需要另一種類型的守門員，不過這一次，守門員是由你自己指定——也就是替你過濾一切資訊的編輯。

全新的獲取資訊管道的可能性，讓創造力一發不可收拾。個人或組織鬆散的團體，可以花上數萬個人均小時的時間，不為別的，只為了創造所帶來的滿足感，或是為了打造所謂的「社會貨幣」。這種使用者自行創造內容，然後水平分享的現象，稱為網路 2.0。

當然，那些高高在上、對自己身為文化仲裁者這個特權地位已習以為常的守門員，不必然會視這新興自由是件好事。

仁慈待人的必要性，跟你掌握的權力成反比。

8 譯注：數位資訊就是零與一構成的內容。
9 譯注：Untouchable，在印度的種姓制度中，婆羅門是最高階的宗教祭司，賤民則位居社會最底層。

▸68 時光雜訊
▸34 圖形世界語
▸334 觀念的領袖

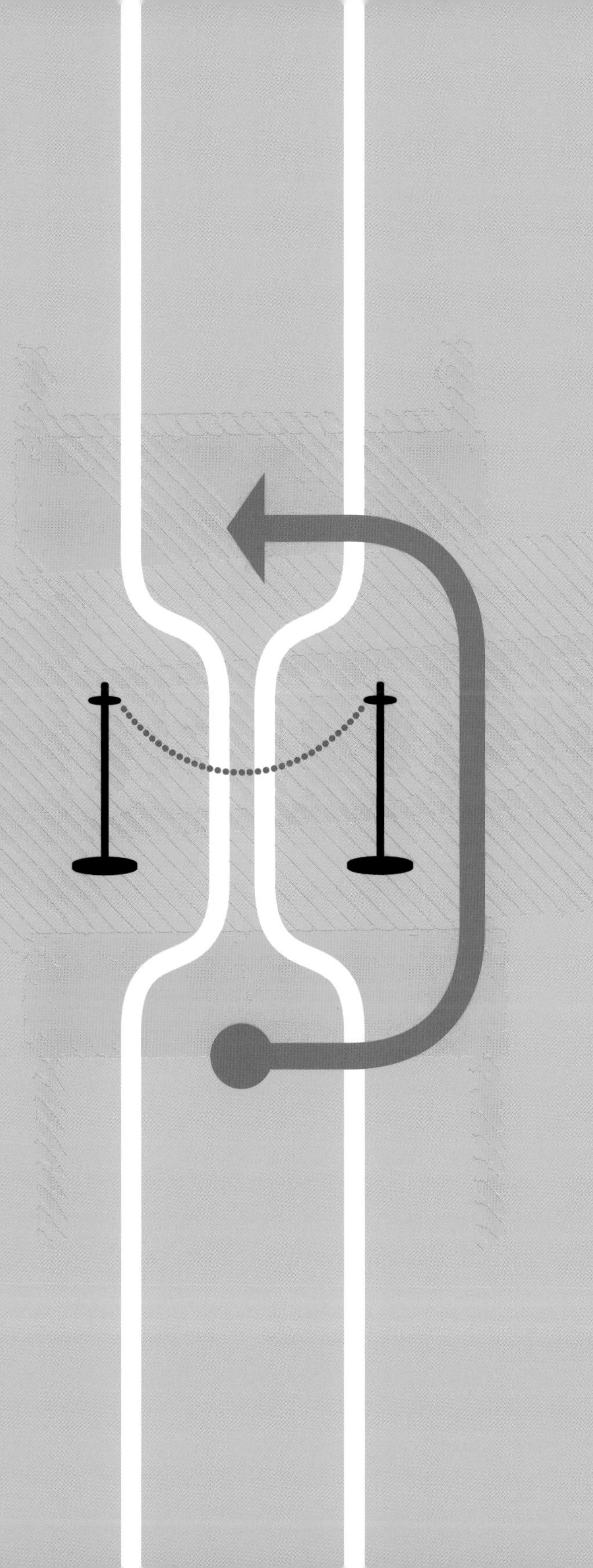

2-9 居中調節的媒體：唱片人生

在唱片出現之前，有點自尊心的音樂場所不是有現場樂隊，就是有點唱機。

那時，DJ（disc jockey）這個角色尚未發明。

1953 年的巴黎：在阿哥哥威士忌酒吧，24 歲的瑞琴・齊貝柏（Régine Zylberberg）將兩個唱盤放在一起，好能不中斷地播放音樂。這個創新之舉揭示了現代迪斯可（discothèque）的誕生。（她還教溫莎公爵該如何搖擺。）

大眾不必聽現場樂隊表演，或是在點唱機上自行選擇歌曲，反而去聽由他人選擇事先錄製好的音樂，是個新奇概念。

今天我們接觸到的一切，都是事先錄製好再播放出來。我們體驗到的東西，只有一小部分是真正的現場演出。然而，生活其實就是現場演出，而在科技允許東西被複製之前，現場演出也是生活發生的唯一之道。

假若我們在媒體上看到的多數東西皆非現場演出，這些內容肯定經過剪輯：會根據我們的價值觀而過濾篩選，會為了方便而重新詮釋呈現。**我們都活在唱片人生中，而 DJ 是掌局者。**

我們挑選選擇者的方式，就像挑報紙一樣，反映出我們的品味、興趣和偏見。

媒體騎師（media jockey，姑且稱為 MJ）將是自治的軟體經理人，會根據過去的選擇來尋找生命素材。當我們把選擇權交到可信賴的人手裡，等於是允許他們在某種程度上掌控我們。我們的視野在某個方向縮小了，但在另個方向又延展開來。

雖然科技提供我們太多選擇，我們卻更容易避免接觸到新潮事物，真是自相矛盾。

誰在你的播放清單上呢？

▸276 跳舞的政治
▸76 收到訊息了嗎？
▸74 內容氾濫

thwap

2-10 內容氾濫

「活在電子資訊時代的效應之一，就是我們習慣活在資訊超載的狀態中。永遠都有更多超出我們所能處理的資訊。」──加拿大媒體理論家麥克魯漢

我們全都變成資訊管理人，決定哪些是我們可以和不可忽略的資訊。

為了解決不協調的雜音問題，被資訊氾濫所苦的觀眾，往往傾向分割成規模更小的專家利益團體，團體內成員共享非常類似的價值觀。當然，這並無法擔保大家能和諧共處──即便一點點意見不合，都會創造出新的分裂團體。最後，我們可能會發現自己身處在只有一人的分裂團體中──團體成員就是我們自己。

我們的文化不再由地理位置，也就是我們所處的「村落」所界定，而是由我們選擇哪些志同道合的人所組成的「地球村」身分而決定。隔開「超國家社群」成員的是距離，而非彼此間的差異。

文化不再只是地域上的作用而已。

孤立社群會發展出獨特的文化，在這個團體中看似「正常」的觀念，未必能符合更大社會的準則。「地球村」中雖然資訊氾濫，一般文化基因具備的正常化制約力量卻未必存在；的確，資訊氾濫可能反而會造成反效果。

在數十億的網民中，你總是可以找到跟你看法相同的人。每種利益總會有人照顧到，不論其有多模糊或極端。

在當今的電子世界，我們仍然可能隸屬於一個孤立的社群。只不過此時，這個社群成員因共享的世界觀而綁在一起，而非因為偏遠山谷地理位置被困在一起。

在這個充斥過多資訊的世界，還有哪個商品是罕見稀有的呢？一個東西除了本身具備的功能或藝術價值外，還得很稀少才有金錢價值。在什麼都氾濫的世界，最稀有的商品就是你的時間。

對爭取你注意的東西，現在就開始收費吧。

▸72 居中調節的媒體：唱片人生
▸180 地點的時間價值
▸332 秩序、秩序

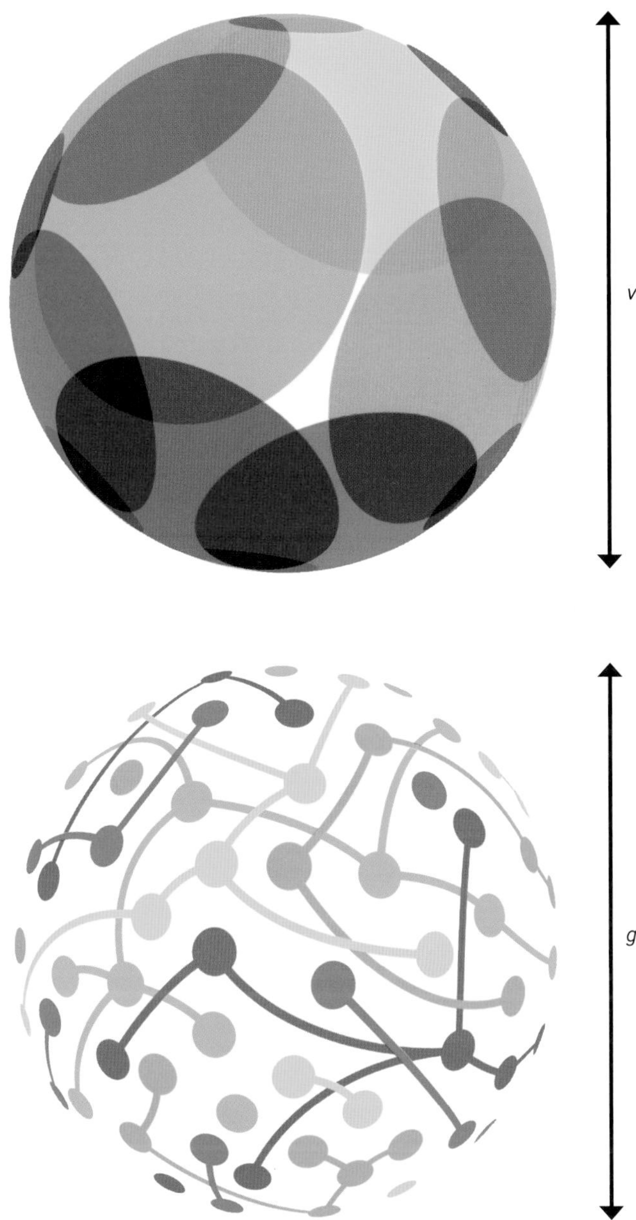

你的世界的大小：
v= 村落
g= 地球村

2-11

收到訊息了嗎？

為求清楚和容易理解，訊息往往有必要簡化，但要從一堆複雜資訊中挖掘出訊息的本質，這樣做卻往往會導致過度簡化的問題。

我們閱讀自己熟稔的主題的文章，都會希望這篇文章要有前後一致的架構，從開頭到中間，再到結尾，起承轉合都要兼顧。這意謂著若干卡卡的細節往往會在原先的文章中修掉。

這個流程等於是在口述傳統中明顯可見的演進過程。就像石頭不斷被河水沖刷，故事在反覆傳述的過程中，也會被擦亮發光；旁枝末節會侵蝕殆盡，直到能流傳下來的東西只剩下基本特徵為止。

這些基本特徵往往支持了故事想要給人的教訓或「訊息」。如果取材自真實事件，從事件中流傳下來或成為故事主軸的所有細節，都是說書者或記者覺得有用的細節；至於那些會讓故事更顯逼真、但跟「訊息」傳播毫無關聯的元素，則會隨著時間逐漸萎縮與消失。

寫日記的人對這個流程都不會陌生。當一開始坐下提筆寫日記時，我們總是得努力回想並精確重新描述當天發生的事，但其實心裡都很清楚，記述過程總是會精簡與遺漏某些細節，可能是像上述流程一樣刻意這麼做，或者並非故意，單純只是因為記憶跳針而已。寫日記的人都很清楚，日記不過就是一本約略事件紀錄簿。

然而，經過數週或多年後重新閱讀日記，這些紀錄卻充滿早已遺忘的諸多細節——因此，由於這是現在留存下來的最完整紀錄，所以能夠超越逐漸消失的記憶，而在此同時，那些記憶也早已跳過寫日記者筆下的文字，變成一種主觀意念。

為了將複雜議題簡化到一句簡潔明瞭、朗朗上口的口號，類似的過程也會出現。只要是能被簡化成一片旗幟、一首歌謠或一句吶喊時，就能對外強力溝通。但是，因為其中的細節與微妙處都已移除，才讓它具備強大的說服力。

編輯過的重點是我們能記得的一切。

▸82 文化即記憶
▸56 口述傳統
▸112 資訊內容

SIMPLIFY
SIMPLIFY
SIMPLIFY

2-12 比真的東西還棒

我們全都活在自己的生命電影裡。

在這個世界，真實經驗在跟媒體傳達的體驗比較之後，顯得相形失色。

影響人生的這麼許多真知灼見，有多少你是經由書本、電影或電視取得，而非真實體驗呢？

「我們僅是按讀過書中的字字珠璣而生活，日子就在這樣的氛圍中流逝……」
──英國龐克樂團 Ultravox

許多觀眾參加現場演出後仍會在電視上收看節目的播出，就為了想看到特寫鏡頭、剪輯過的節目精華、評論、螢幕上的統計數字。跟緩慢演進、無法預測、未經剪輯的真實生活相比，剪輯過的經驗將精華集中在一起，更為豐富，有時甚至比真相還更真實。

直接進入核心吧。

現在，我們究竟是偏好調節過的經驗，經過重新詮釋才讓我們體驗呢？還是我們那被電腦擴大的視野，讓親眼目睹事件發生的機會反而比透過攝影鏡頭看見來得更罕見呢？

電影人使用的自由浮動攝影機，可以辦到人類做不到的動作，這個事實說明了我們早已全面熟悉這種非參與式的活動。我們坐在車子引擎蓋上觀看主角演出，把鏡頭聚焦到橋下，透過鑰匙孔來窺看，或是以無實體的型態翱翔在城市上空。

這種旁觀者的偷窺傳統是如此為世人接納，以致當演員承認攝影機的存在，打破那「第四道牆」，直接盯著鏡頭看，因此也直接盯著我們看的時候，反而顯得很奇怪。承認觀眾──也就是你──的存在，跨出我們為自己設定好的傳統之外，這個傳統就是所謂的遊戲規則。

相反的，拍照、拍攝影片、用其他方式記錄事件的行為，讓我們跟事件切割開來。在自己與世界之間安插了一台攝影機，世界很弔詭地將我們跟事情發生的當下隔離開來，卻又將那個時刻保存下來。我們現在清楚看自己正在旁觀事情的發生，我們將事情記錄下來，自己卻不參與。

現實崩壞等於是一個特殊視覺效果，因此這個切割也讓我們遠離了事件背後的情感背景。只消移動一下，就可能避免事情發生當下的不舒服感，讓我們躲開實際參與事件對身心的超載負荷，因為這些都是第一手去體驗生命，也就是真正處在事件當下而必然會發生的結果。

▸72 居中調節的媒體：唱片人生
▸86 歷史才剛開始記錄下來
▸98 延伸自己

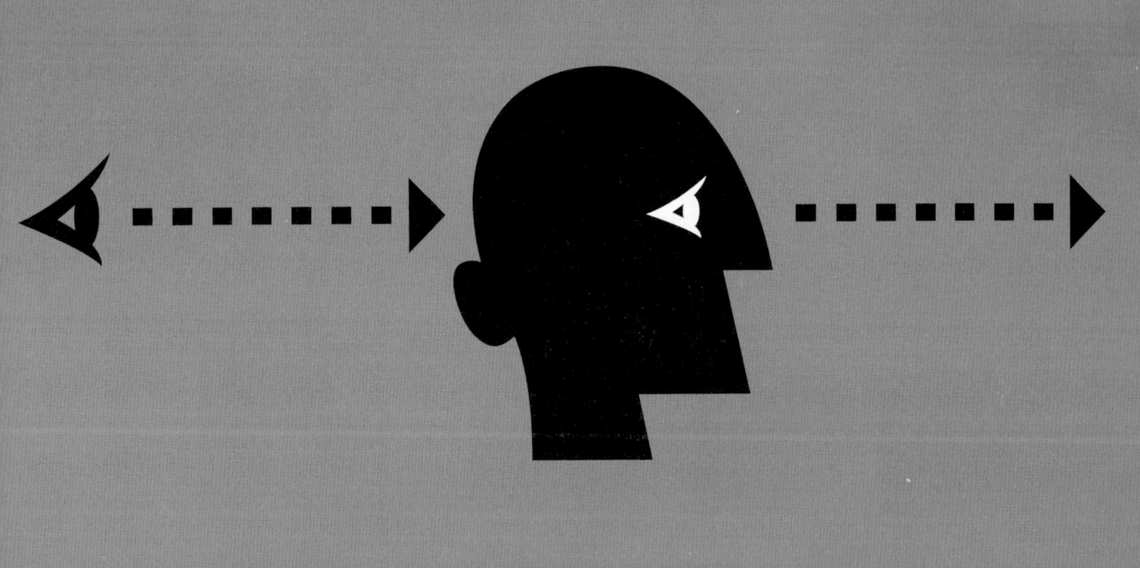

3 • Media | 媒體

3-1 文化即記憶

文化可以扮演外部記憶的角色，是大腦之外的備份紀錄。

語言、藝術、歌謠及其他外表具像化並保存觀念想法的方式，讓文化得以延續下去；我們可以參考先人的經驗和記憶。文化發展的時間可以超越一個人的生命，創新並不會隨著創造者的離開而凋零。

我們可以為了未來世代下載我們的經驗。

文化最終會發展成許多體制，讓觀念制度化，好推廣並保存這些觀念。這些體制會設計成正式架構，好讓自己比個人更長壽，讓這些觀念不受干擾地流傳千年，引導新世代將觀念代代相傳。每個世代都不過只是民族文化這個政治體的短暫過客。

雖說這些體制的力量可能大到驚人，但也不可避免必須有突變能力，否則就會全面崩潰。許多自遠古時代保留下來的紀念碑，都是早已被遺忘體制的遺跡，它們的文化基因連續性早已斷裂。這些體制僅有實體外殼存留下來，原先運作的目的早已模糊無法辨識，重建也得靠訓練有素的專家來臆測推敲。

新觀念會替代舊觀念；紀念碑變成是擦掉重寫的文化手稿。

記憶是我們生命故事的脈絡。從記憶中，我們得以回溯重建一個故事，我們在這個故事中扮演起英雄，擔綱主要角色── 即便我們在裡面不過是跑跑龍套而已。

隨著時光流逝，我們對過去事件的記憶也會被重新詮釋── 它們會從特定記憶的重新拼湊組合中，萃取到只剩下根本的象徵本質。

在更廣大的文化範疇中，也會出現類似的過程── 文化會從特定事件轉變為意義，從代表性轉變成象徵性：這就是創造神話的過程。

事後諸葛的好處就是讓歷史事件變得更有意義。當我們回顧過去，故事就會娓娓道來。

由於我們擁有回首往事的好處，因此懷舊仍能發揮作用；我們覺得很自在，因為我們了解其中的敘事過程，也知道故事的結局。我們把自己嵌入親身體驗的生活中，生活中鮮活的瑣碎細節不斷衝擊著我們；我們如此貼近事件本身，使得我們根本無法察覺事件真正的樣貌。

▸244 神話認同
▸316 你會學到教訓
▸30 外部化

3-2 記號比記錄更早出現

在機械式記錄與複製方式出現之前，有所謂的重新呈現。

戲劇、舞蹈、音樂——這些是現場演出。繪畫、寫作、雕刻——則是人為的作品呈現。

重新呈現基本上就是透過心靈媒介而非機器來重新創作。原創的東西需要被研究、內化，然後再外部化。重新創作的東西忠於原創的程度或高或低，端視技巧或意圖——總之就是被重新詮釋了。

相對而言，機械式的復刻不需要人類處理。光靠科技就能辦到：機器能接受指令但不懂聆聽，能觀看但無法觀察，能記錄但無法詮釋。機器也不會對誰特別禮遇。

在前科技世界中，並沒有直接複製的方法——沒有電影、錄音或攝影，當時資訊必得透過記號來編碼，然後才被肩負重製任務的表演者重新解碼。

例如，任何代表演說、音樂記號的東西，都跟字母一樣，都代表了聲音。機械化的重新呈現是種過渡形態：受到傑括織布機（Jacquard loom）利用打卡方式的啟發，早期自動演奏的鋼琴並非代表真正的錄音方式，而是將重新呈現記錄下來的方式。

因為表現必須符合一個記號有所局限的資訊框架——另一種格式對話的瓶頸，意謂著這種做法跟語言一樣，都得考慮到編碼媒介的能力和局限，這甚至會形塑重新呈現的樣子。

在機械複製方式出現前，一件東西是由記號、而非落實方式來界定；那是一種正式、卻缺乏絕對表達能力的結構。任何意義的表達，取決於表演者和工具的能力與範圍。

機械式記錄方式讓聽眾或觀眾可以直接接觸到創作者的意圖。不僅如此，因為數位科技避開了用記號來記錄的瓶頸，數位科技本身也變成有自我存在意義的工具——原始的表演可以整個從頭開始，一段接一段，人工整理微調到更好，甚至重新組合。而記錄這個行為也可以變成一種「表演」。

▸86 歷史才剛開始記錄下來
▸22 如何賦予符號象徵意義
▸94 訊號退化

右頁：自動鋼琴打孔卡。

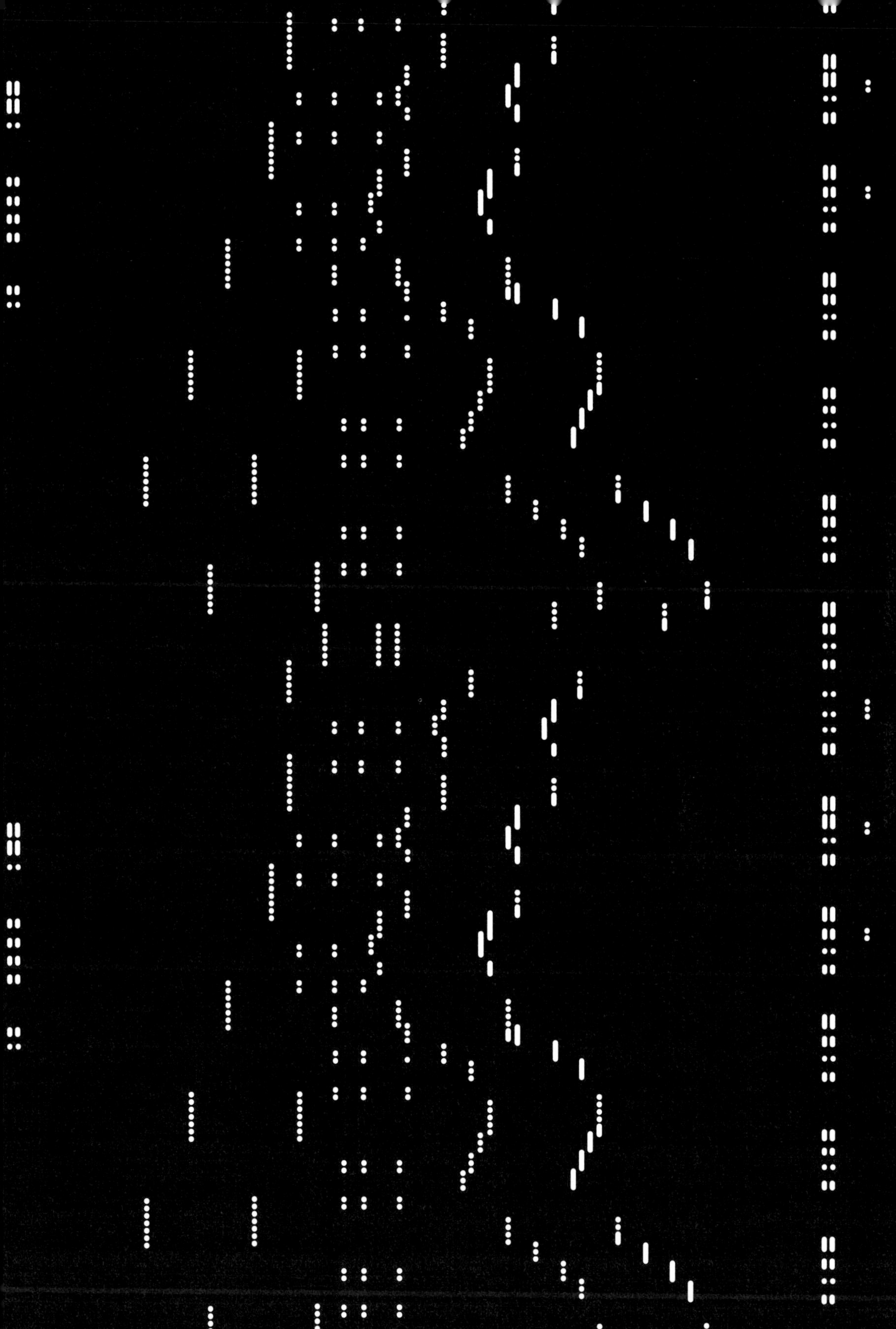

3-3

歷史才剛開始記錄下來

你可能擁有幾張祖母的老照片，也許還有一兩張曾祖母在照相館拍的大頭照，但除此之外，在回溯過往的路上，只剩下出生、結婚和死亡證書，這些證明生命曾經存在的基本骨幹，是唯一留存下來的路標。

跟一般狀況不同的例外，是貴族、國王和皇后、特權人士與名人這些左右撼動歷史的人物。

電影、錄音及靜態攝影，這些我們熟悉的記錄方法，全都是過去一百年間，人類發明的科技。直到近期，這些東西才變得更便宜，人人都能擁有，不僅普及各地，也變得很民主。

現在，「市井小民」生活中的私密細節經常記錄與保留下來，詳盡程度令人心靈痲痹。歷史不再只是有錢人或大人物的故事，過去只有這些人夠重要，因此他們的征戰故事會刻印在石碑上，或是會有個人油畫像。

從宏觀的歷史進展來看，**歷史才剛開始而已。個人紀錄，數位年代第一年。**

從此開始，每個人生活中的平凡細節都可以保存下來。相片、往返的電子郵件、部落格文章、家庭視訊影帶，一直持續生產，引爆了大規模的數位雪崩。伴隨而來的還有國家力量的擴張，國家可以透過安全監視器、財務與法務交易，以及其他電腦化且可相互參照的豐富資料，來記錄人們的生活。

現在，每個人光禿禿的骨頭上都長出有個性的血肉。我們正處在歷史紀錄普及到人人的時代開端。

你的曾曾曾孫子，將會清楚知道你今年夏天做了什麼事。

▸ 82 文化即記憶
▸ 78 比真的東西還棒
▸ 90 請下載我

上圖：這個有如「藍色大理石」的照片，是 1972 年 12 月 7 日，「阿波羅 17 號」太空人在去月球的路上，
從距離地球 29000 公里遠的外太空拍攝到的地球。

3-4 複製，複製，再複製

「只有觀念才能傳遞到如此遠的地方。」——德國現代主義建築大師密斯．凡德羅（Mies van de Rohe）

便宜可負擔的複製造成資訊的傳播，是工業化文化的標誌。

手工物件具備僅此一個的本質，雖說這是創造金錢價值的必要條件，例如美術作品，但當要推廣其文化價值時，這種特性反而成為負擔。

能透過對話而不斷複製的觀念／點子／想法／創意，可以流傳八方，比你能射擊的距離還更遠。

可透過書寫文字而不斷複製的觀念／點子／想法／創意，可以流傳八方，比對話還更遠。

能透過印刷書冊而不斷複製的觀念／點子／想法／創意，可以流傳八方，比書寫文字還更遠。

一個觀念／點子／想法／創意一旦脫離了實體型態，經由數位化變成純粹的資訊時，每個複製品完美到跟「原始版本」無法區別，那麼這個觀念／點子／想法／創意也能流傳八方，比許多書還要遠。

然而，在人類歷史開始時，我們全都受限於僅此一個版本的限制。

但是在未來，這個也會改變。

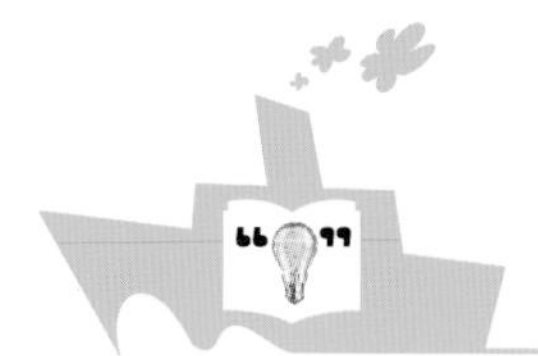

▸94 訊號退化
▸170 你能解決多少次的問題？
▸150 框架及其終結處

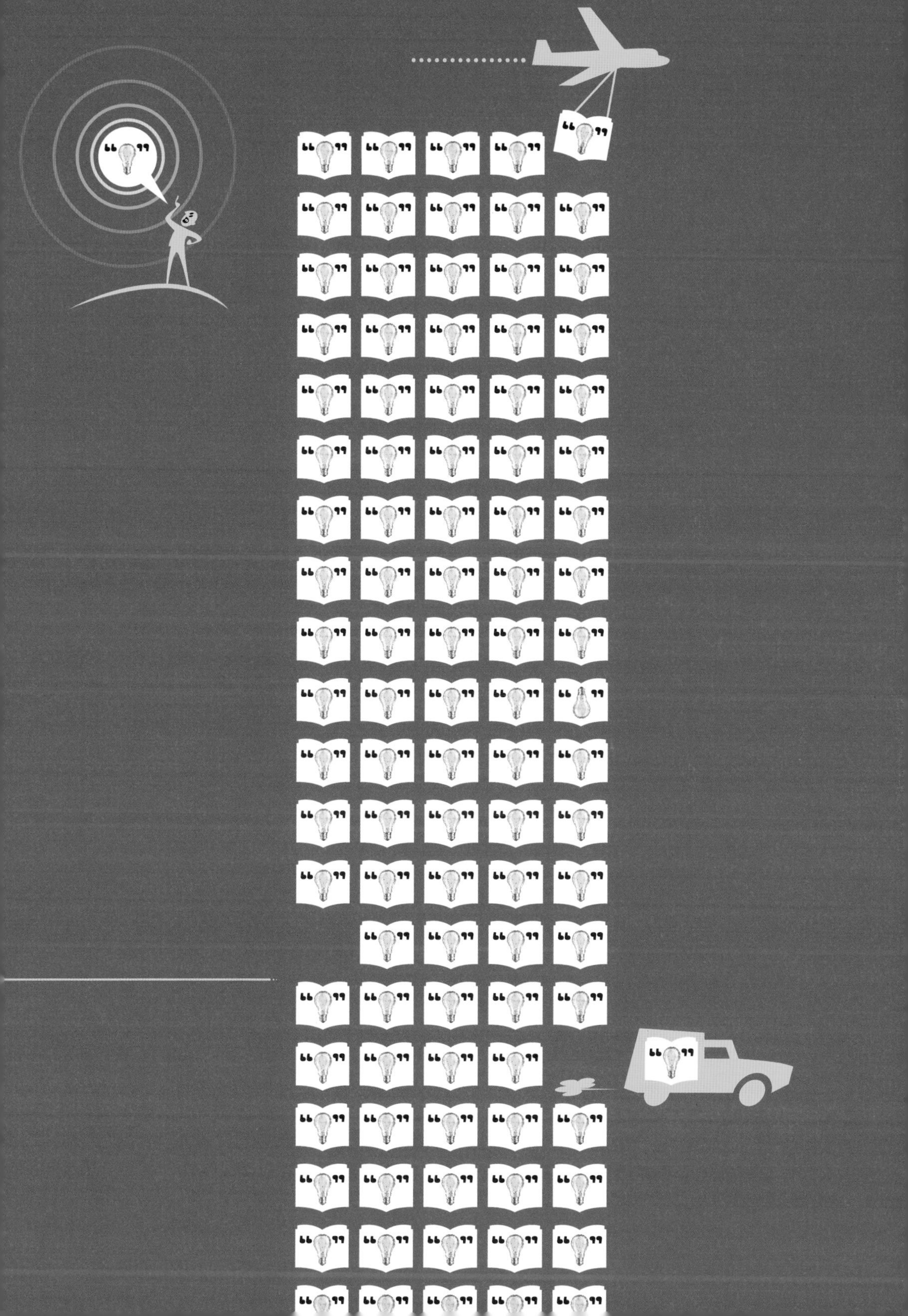

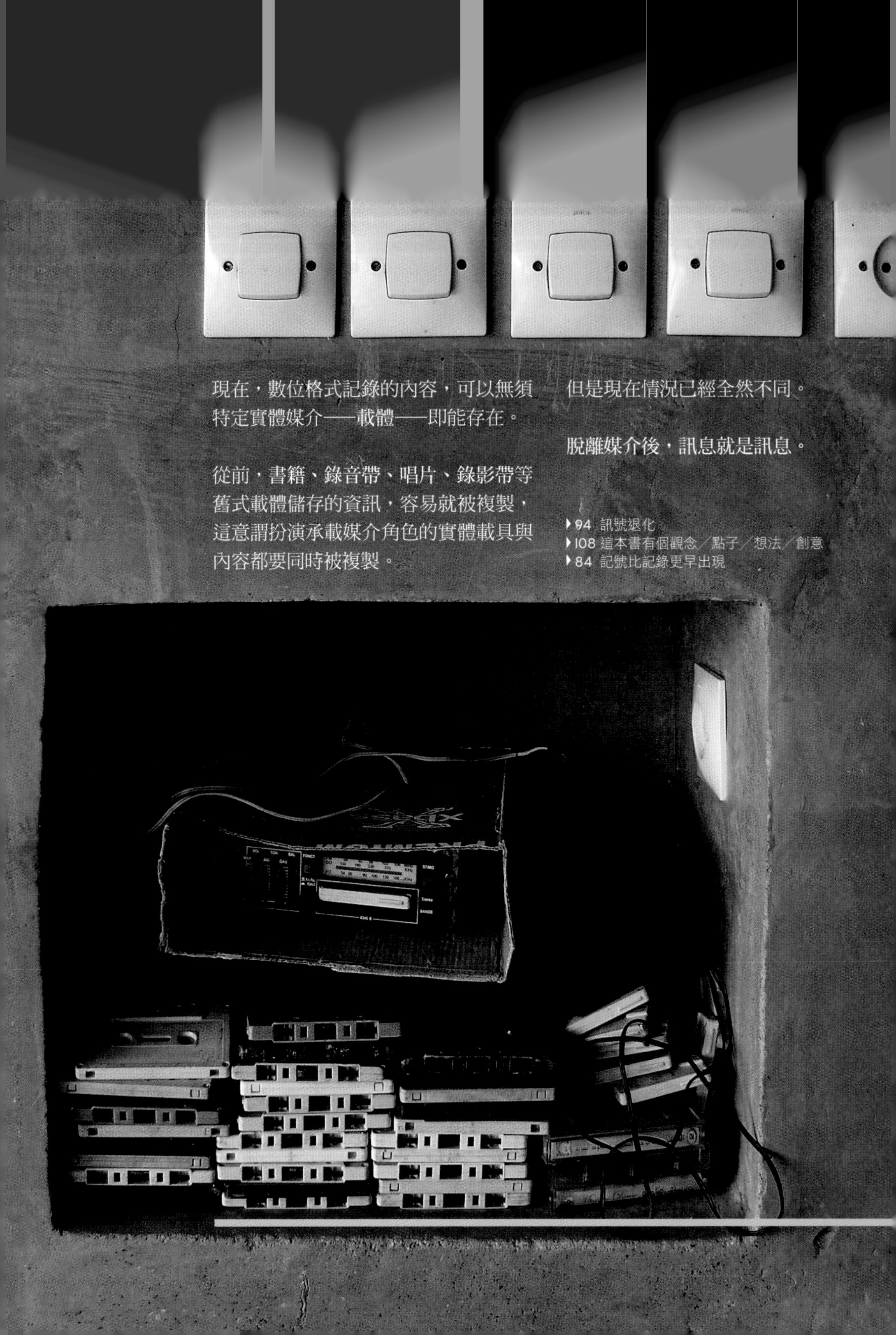

現在，數位格式記錄的內容，可以無須特定實體媒介——載體——即能存在。

從前，書籍、錄音帶、唱片、錄影帶等舊式載體儲存的資訊，容易就被複製，這意謂扮演承載媒介角色的實體載具與內容都要同時被複製。

但是現在情況已經全然不同。

脫離媒介後，訊息就是訊息。

▸94 訊號退化
▸108 這本書有個觀念／點子／想法／創意
▸84 記號比記錄更早出現

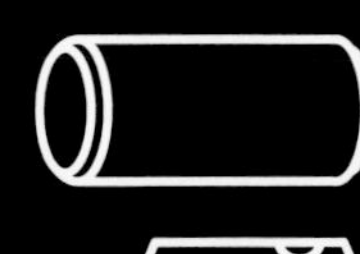

RIP

RIP

RIP

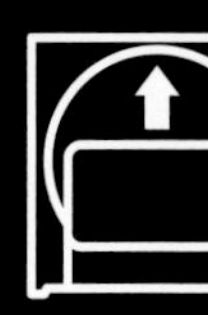

RIP

RIP

RIP

RIP

RIP

RIP

RIP

3-6 匯流整合

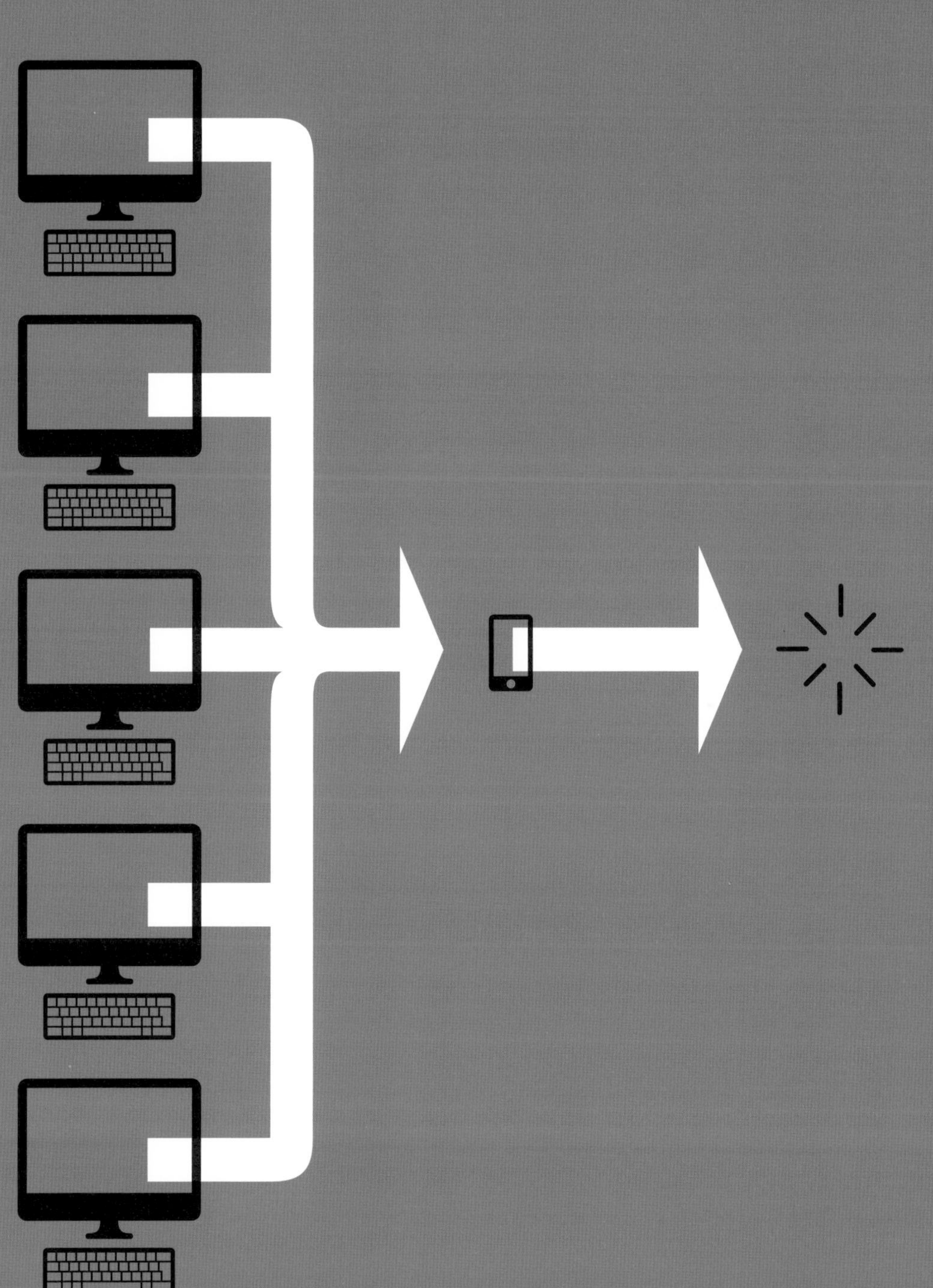

3-7 訊號退化

CD 跳針、錄音帶刮傷發出嘶嘶聲、黑膠唱片出現裂痕、jpeg 檔看起來模糊不清、影片膠卷刮傷。

上圖：BBC 視訊網頁故障中。

每種媒介壞掉的方法各自不同── 這就是它們的「訊號退化」。

即便是口語相傳這種非機械式的複製方式，也會出現信號退化的危機── 就像記憶中的奇幻時刻會隨時間變化，口語相傳講述的東西也會逐漸趨向有意義，而慢慢遠離實際發生的事實，因為意義才是賦予故事力量的本質，也會讓故事變得更難忘。

因為複製並不完美，細節因此流失，我們逐漸朝象徵主義發展。

專家可以在一段敘事的推演過程中看到這種趨勢，正如同攝影專家能在加洗出的相片中，發現清晰度和細節都不見了。

現在，在數位國度中，每個複製都是完美的。除非我們應用的是「會失去細節」的資料壓縮技術，要不然每份複製品都是完整的原件復刻。不再有實體的退化狀況── 而且，對數位技術創作出來的作品而言，根本就沒有僅此一件的原件。

▸56 口述傳統
▸88 複製，複製，再複製
▸200 模式認知

3-8 相似度高的複製品

SEE IF YOU CAN COPY THIS PICTU

試試看你能不能用簡單線條將這張圖複製到另一頁。

▸94 訊號退化
▸46 當自由只是口號
▸84 記號比記錄更早出現

N TO THIS PAGE, USING THE LINES AS A GUIDE.

3-9 延伸自己

雖說我們行動自如，卻是從固定觀點來觀看這個世界。

不論去到多遠，你都無法脫離自己的所在處。

我們彷彿是坐在扶手椅上的旅人，坐在大腦內的中控室，從眼睛視窗望出去。要從他人的眼睛看出去，利用他人的耳朵來聆聽，直接看穿別人的想法，是不可能的。

然而，儘管我們受限於自身軀體的框架中，這個軀體卻是可以延展的。當我們開車時，我們心智的內在「地圖」會延展擴大，將整輛車，也就是我們心智延展出去的實際軀體也納入其中。我們會說「我被撞到了！」，而非「我的車被撞到了！」。

「……工具……最終扭轉了局勢，戰勝了使用者。我們可以用這點來定義「人類」源頭，在人類的演化過程中，這些工具變成我們身體和大腦主要的選擇來源。這個診斷說明人類具有創造象徵符號（Homo Symbolicus）的本能。」──美國人類學家狄肯（Terrence Deacon）

事實上，我們使用的任何工具，都會整合到自我的心智地圖中。每個工具都是能延展我們軀體的技術，因此也能擴大我們可以直接發揮影響力的範圍。

「輪子是雙腳的延伸，書本是雙眼的延伸……」── 加拿大媒體理論家麥克魯漢

透過科技，我們會有彷彿自己身處遠方的印象，這叫做「視訊式存在」（telepresence）。感官的延伸是否會根本改變我們對自我的感受呢？

想像一下，假如我們能夠在網路上，經常透過許多攝影機所構成的複合眼睛來看這世界，或是透過任何在遠方的麥克風來傳遞聲音，或是利用裝在登陸車上的紅外線眼睛來凝視火星，或者利用深度外太空探勘，漂浮在太陽系外層的氣體巨型星上，聆聽高能量伽瑪射線如同呼叫狗口哨的傾弱聲音，那會是怎樣的光景？

假設這樣的經驗變成標準，我們不再需要帶著自己的軀體真正前往哪個地方時，那麼我們最後會將軀體停泊在哪裡呢？

「我們變成我們凝望的東西。我們創造出工具，然後這些工具也變成了我們。」──加拿大媒體理論家麥克魯漢

▶82 文化即記憶
▶88 複製，複製，再複製
▶62 心電感應

3-10
文化基因

文化基因是可傳遞的資訊單位；透過模仿、教育或教條化，這些基因從一個人身上傳到另一人身上，可說是「可自我複製的傳播單位」。

「文化基因由什麼構成？它們由資訊構成，可經由任何實體媒介傳遞。那麼文字又是由什麼構成的呢？」──美國哲學家丹奈特（Dan Dennett）

文化基因一詞由英國演化生物學家道金斯（Richard Dawkins）提出，他以基因如何擴散到一群人身上做為類比，以此來解釋在文化中，觀念如何演進發展。就跟生物基因一樣，文化基因的演進，一樣會經歷自然篩選、突變、遺傳、競爭等過程。有些會滅絕；有些則會擴散遠播。

「趨勢、熱潮、旋律、科技、宗教」──這些都可以視為文化基因。

百分之百都是實體的生物基因，只能將資訊從上一代垂直傳給下一代。這種傳遞因基因所在的實際載體──人體──的位置，而受到限制。

文化基因則可水平傳播，也可以透過網路這種載具，跨越更遠的距離。跟生物基因不同，文化基因可以經由任何具備記錄與遞傳象徵訊息的媒介來傳播：語言、姿勢、藝術、書寫文字、電影、音樂、流行時尚都是。

基本上，文化是由文化基因所組成，而非生物基因。

網路提供了一個獨特嶄新且威力強大的傳遞機制。透過網路，資訊以及相關的熱潮、網路詐騙、其他病毒現象，都能在極短時間內就傳遞給數百萬人。

文化基因具有感染性。

現代醫學進步，有效讓人類脫離物競天擇的壓力。事實上，《迷因機器》（*The Meme Machine*）作者蘇珊．布萊克摩（Susan Blackmore）斷定文化基因的複製，已經幾乎全面超過速度像冰河一般緩慢的生物基因複製。

很重要的是，文化基因跟生物基因不同，就算會傷害宿體的基本生存，它們甚至還能繁衍增生。

▸102 文化基因字謎
▸62 心電感應
▸56 口述傳統

1988 年，第一個網路病毒愚弄了我們。病毒本身當時尚不存在，但訊息傳播的方式卻跟病毒傳染一樣。類似這樣電子郵件惡作劇會發生突變，因為其中的元素可被添加、刪減或客製化：的確，我們可以利用像是樹木演進圖的圖表，記錄一路出現的修正及隨之而來的適者生存的演化結果。

主題：真的很難纏的病毒

區域：一般地區（1）

我剛發現了可能是全世界目前最糟糕的電腦病毒。我才剛結束整夜在電子布告欄（BBS）上聊天與檔案搜尋，關掉了 Telix 3 通訊軟體並試圖執行 pkxarc 來打開我剛下載的軟體檔案。接下來我就看到硬碟在到處搜尋，很明顯地在不同區塊隨機讀寫。幸好我喝了夠烈的咖啡，硬碟最近也有備份。一切回復正常，然後我回到 BBS，下載了另一個檔案。當我執行 ddir 檔來列出指令清單時，我的硬碟再度當掉。我試著跑防毒軟體 Procomm Plus TD，還有 PC Talk 3。每次結果都一樣。有個東西在作怪，所以我接上測試儀器及不同的數據機（我在本地一家電腦通訊公司擔任研發工作，所以家中有個實驗室可用）。在硬碟毀掉又一小時後，我發現了我覺得是目前世上最糟糕的電腦病毒。這個病毒會從所有波特率 2400 與更高的數據機都有的次載體中將自己傳播出去。次載體的用途，僅是為了修正唯獨記憶體（ROM）和暫存區，並無其他功能。病毒在數據機內部暫存區之一中，設定了一組位元模式，看來似乎毀掉了我的 USR 上其他的檔案暫存區。被這個病毒「感染」到的數據機，會將這個病毒傳給另外也有次載體的數據機（我猜波特率在 300 到 1200 的數據機，應該會免疫）。然後，這個病毒會將自己貼到所有進入的二元資料，感染主機的硬碟。剷除這個病毒的唯一方式，是手動重新設定全部的數據機，但我尚未發現能讓數據機對抗病毒的疫苗。不過，在次載體建立過濾防火牆是可能的。我正在播打一台 1200 波特率的數據機，好輸入這個訊息，並對另外兩個版的版主（名字不公開）提出建議。我不知道這個病毒從何而來，但我確信這是來自某個跟我一樣，都是任職於電腦電訊行業的人的傑作。也許現在最好的方法，便是只用波特率 1200 數據機，直到我們找到解法之前。

麥克・羅陳爾（Mike RoChenle）

3-11

文化基因字謎

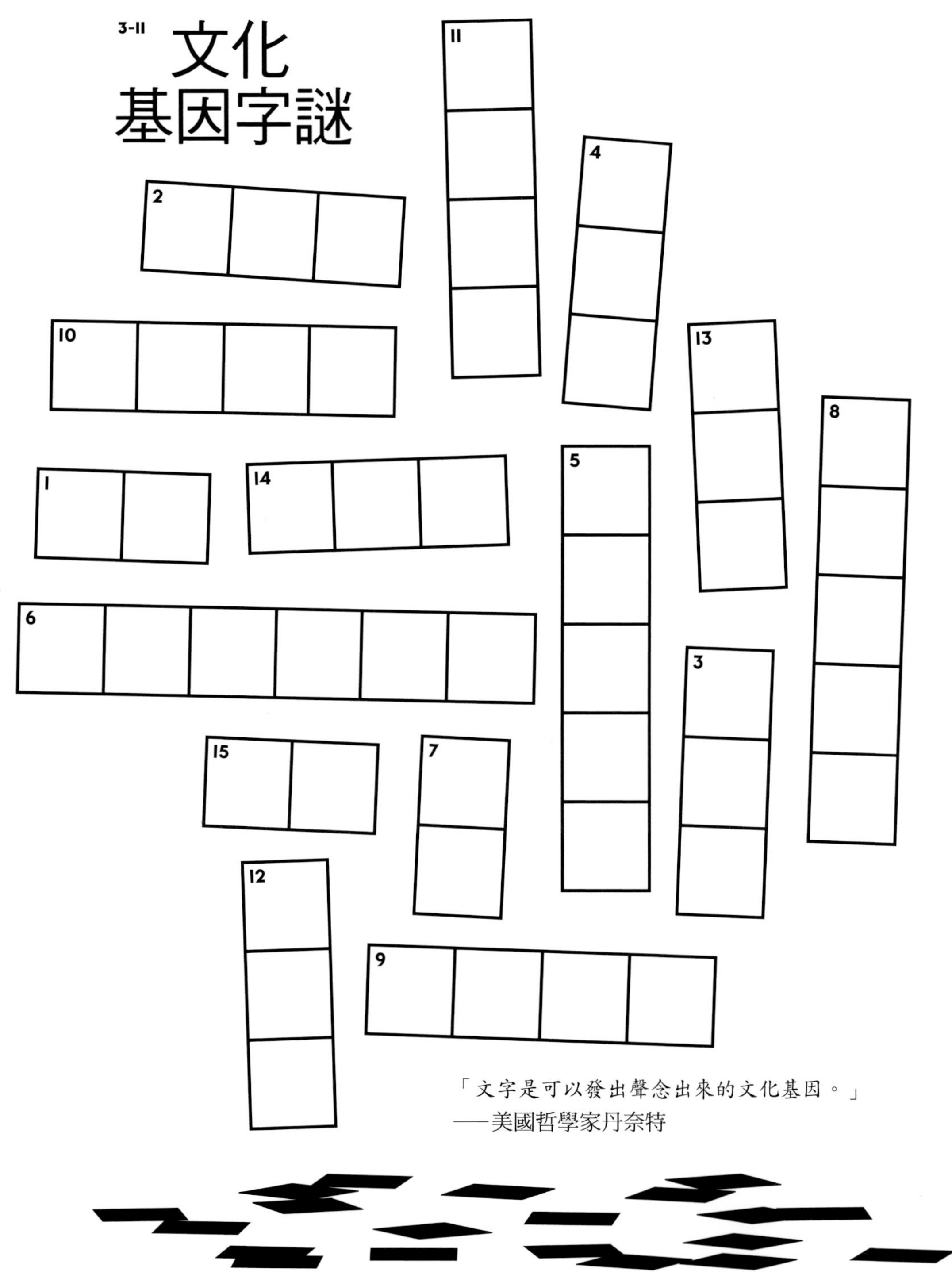

「文字是可以發出聲念出來的文化基因。」
——美國哲學家丹奈特

▸104 文化基因世界
▸100 文化基因
▸344 危險觀念／點子／想法／創意

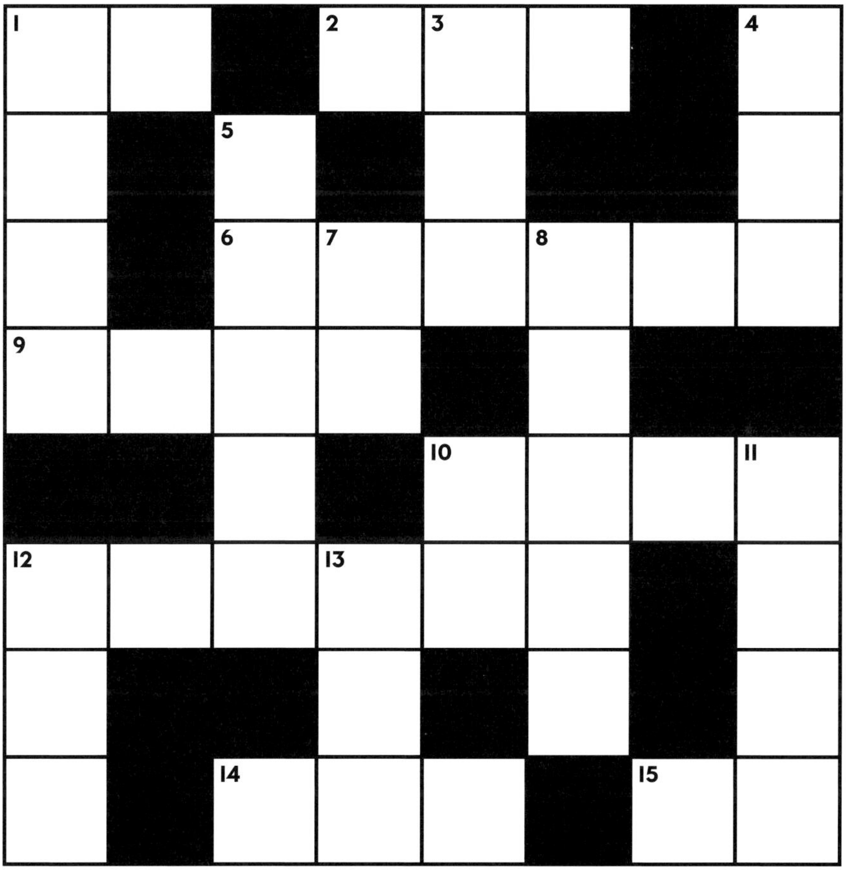

1			2	3			4
		5					
		6	7		8		
9							
				10			11
12			13				
		14				15	

3-12

文化基因世界

:(

▸102 文化基因字謎
▸312 文化基因疫苗
▸336 沒有領袖的觀念

20 29
21 26 30 31
27
19 22 23 25 34 35 36 43
24 32 38 33 37 40
39 41 42
28 47 48 55
44 45 46 49 56
52 51 50 57 58
53 54 60 59
10 72 73
61 62 69 70 71
63 68
67 74 75 76 77
07 64 66 82 79 80
65 78
83 84 81 11
85 88 86
100 101 102 99 104 89
103 90 87 15
105 91
106 112 92 93 94
107 98
96 109 95 116 117
108 110 118 126 127
111 125
119 122 129 128 134
120 123
131
121 124 130
132 133

3-13

有關超級大腦的幾件事

「我們正在目睹一個全球腦的浮現。」── 美國前副總統高爾（Al Gore）

在文化中，文化基因將人類大腦串連在一起，就像神經傳遞介質將神經元串聯起來一樣。不同大腦彼此更加緊密連結，而文化基因也變成新興超人類有機體的神經傳遞介質。

如果文化基因透過網路中樞神經系統相互連結，導致了意識覺醒，甚或從某種角度而言，這本身就是種意識，那麼當今這些新興的「文化思想」，都會受到強大的科技放大作用而擴大。

在過去，文化基因網絡一般都包含在某種「載體」中，這個「載體」將文化基因網絡在某種程度跟外界大環境切割開來。這往往是地理上的隔絕：例如，某個島國發展出獨特的文化。而在其他地方，則有國家、城市、地區和家庭的層級組織── 這些都各自有其勢力範圍，彼此分離卻又相互連結。

我們最為熟悉的「載體」就是人體；在人體半可被滲透的圍牆內，我們能自由落實心理自治，發展出所謂的「個體性」。

就跟其他相互連結的網絡一樣，不論是電子或生物網絡，文化基因網絡的信號也能傳送得很快很遠。

現今世上有許多無法相容的文化觀念，發展自遠古之前的孤立環境，各有特色與歷史淵源，也各有個性和特質。現在它們相互交流衝撞，就像在一個跨越整個物種、面臨人格分裂的「大腦」中相互競爭── 這個傳遞文化基因的網絡，迫切努力想建立一致性，找到解決方案。

身為一個人，也許我們不過就是新興人類超級大腦中的一個觀念／點子／想法／創意而已。這個超級大腦自己想著想著，就讓自己存在了。

如果真是如此，這個超級人類大腦會出現怎樣的觀念／點子／想法／創意呢？

▸100 文化基因
▸48 什麼形塑了觀念／點子／想法／創意
▸344 危險觀念／點子／想法／創意

3-14 這本書有個觀念／idea 點子／想法／創意

這本書是個文化基因載體。

This book is a meme carrier

▸90 請下載我
▸314 燒了這本書
▸186 存在的本質

This book is an Object and a Vessel

這本書既是主體，也是載體。

Representations | 表現手法

REPRESENTATIONS

4-1 資訊內容

影像排列在光譜兩端，從代表的到抽象的，再從特殊的到一般的。

在下面的圖像演變圖中，圖形與象徵朝向右方，而更真實的畫像和照片則偏向左邊。

當我們從左邊移到右邊時，遺失了哪些資訊呢？我們又獲得了什麼？

如果我們將這個連續圖往左邊繼續延伸，接下來會出現的可能是這個房子的影片；在繼續下去，就會是房子的導覽。

還可能繼續延展下去嗎？

往右邊延伸下去，下一個會出現的是什麼呢？

REPRESENTATIONAL
PARTICULAR
DETAILED

代表的
特別的
詳細的

▸ 50 創意發想
▸ 116 紅色方塊
▸ 72 居中調節的媒體：唱片人生

抽象的
普世的
簡化的
ABSTRACT
UNIVERSAL
SIMPLIFIED

4-2 這本書被設計過

設計是有目的的創作。

設計通常牽涉到建構實體的物件，因此首先要處理的就是材料，也就是實際上實體表達所用的物質和方法。木頭，鋼材，墨水，紙張。

設計必須針對物件的功能來著手，好符合目的。

美學美感則是指在視覺上凸顯出這些材料特質間的相互關係，意即色彩、形狀、質感之間的和諧和關係；也就是一種自我反射的結構。設計往往視為源自數學的「和諧的普世真相」，例如所謂的「黃金分割」，與更具代表性或是源自文化的關懷，兩者之間一種奇妙的揉合。

設計也是建構物件的意義。一個成功的設計必須同時考慮到硬體上的實際問題，以及在文化和象徵上認知到的意義，也就是其所要傳達的訊息，說了些什麼。

符號及其象徵意涵。

因此，如果說基本型態是一般和抽象的，那麼象徵內涵則是地域和特殊的，最先是源自人類學的脈絡── 簡單地說，就是一般人的經驗，再來才是相關的文化脈絡。

一般的，抽象的。

特殊的，特定的。

「想要重新設計社會，首先必須先重新設計文化。」──無名氏

‣282 人人都想找到做自己的方式
‣240 真相與美麗
‣256 藝術？耶！

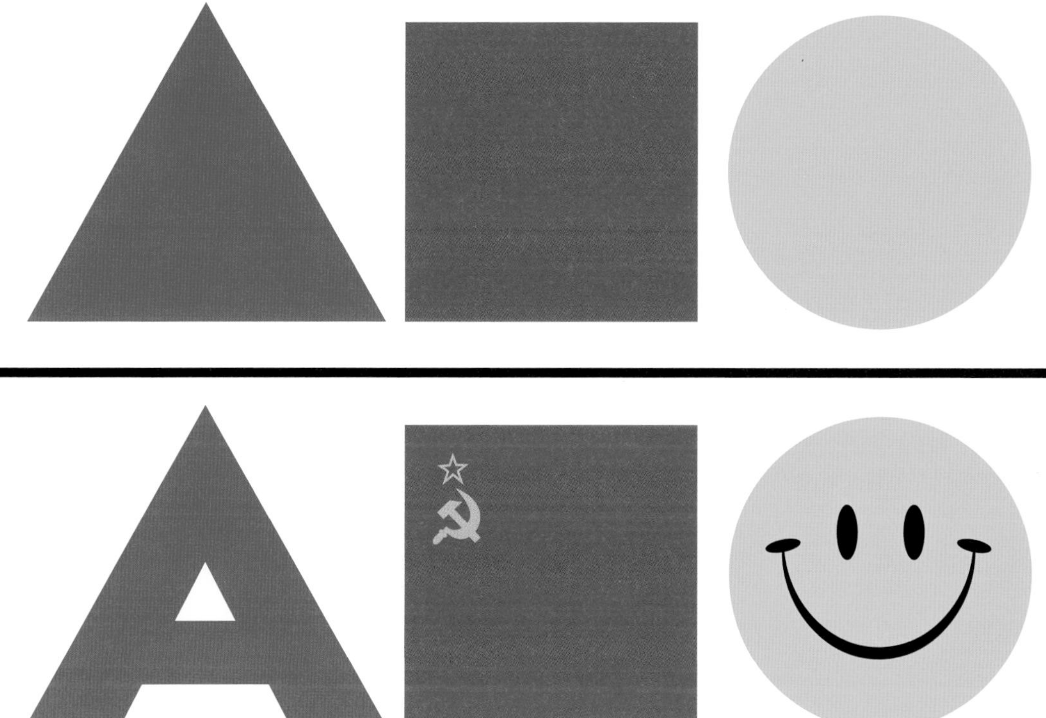

4-3 紅色方塊

形狀── 方塊。
顏色── 紅色。

一個基本的幾何圖形，一個基本的原色。就算這麼簡單基本的元素，都滿溢著象徵意義。

首先，我們可以透過直接類比，指出紅色源起於自然。

紅色＝血液
紅色＝熱氣
紅色＝野火
紅色＝憤怒（臉色泛紅）

其次，我們可以利用間接類比法，從文化角度來參照紅色的意義。

紅色＝停止
紅色＝政治上的左派*
紅色＝危險
紅色＝結束

那麼，藍色三角形又代表什麼？或是黃色圓形？在任何隱含的意義開始失去效力，形狀和顏色變得不過就是形狀和顏色之前，必定會先從更不尋常的形狀和顏色組合開始觀察。

紫色八角形？
灰褐色九邊形？
雞血石色平行四邊形？

「光是尚未被意義破壞、尚未跟任何絕對型態連結起來的顏色，就能用上千種不同方式跟靈魂對話。」── 愛爾蘭作家王爾德

毛澤東在中國發動文化大革命期間，紅衛兵曾試圖重新設計交通號誌的顏色，紅色代表可通行，綠色表示停止。

他們很快就放棄了重新指派象徵意義的做法── 一旦意義建立後，想要重新賦予意涵，非常困難。

▸ 122 方便的國旗
▸ 132 和諧與美感祕訣
▸ 孕婦穿的肚圍 左／右

* 在美國與瑞士，一般認為紅色是左派、藍色是右派的傳統，被顛倒過來。

10%C, 100%M, 100%Y, 0%BK
R218, G33, B40
L48 a68 b47
H358 S85 B85
Pantone 485M

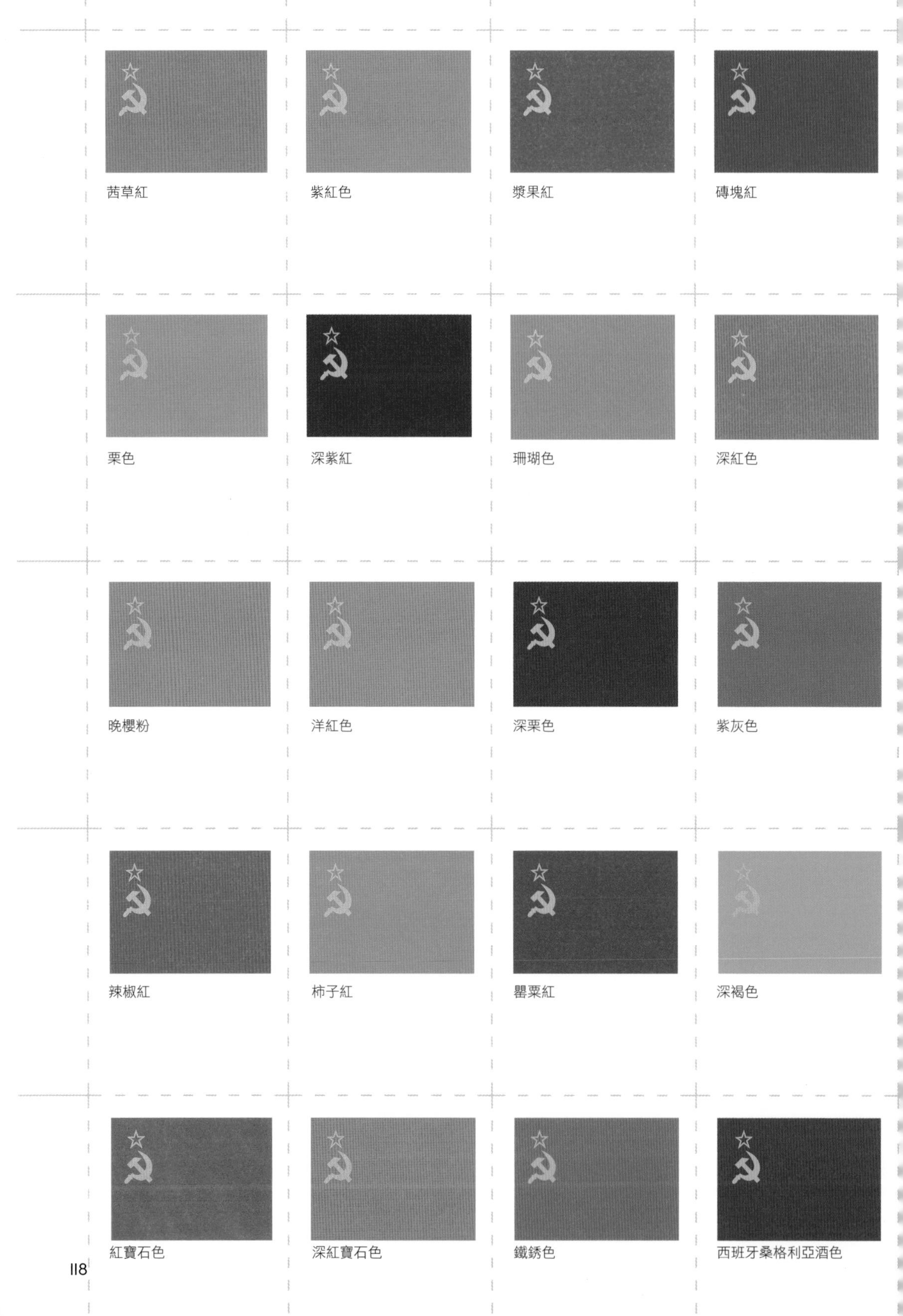
茜草紅
紫紅色
漿果紅
磚塊紅
栗色
深紫紅
珊瑚色
深紅色
晚櫻粉
洋紅色
深栗色
紫灰色
辣椒紅
柿子紅
罌粟紅
深褐色
紅寶石色
深紅寶石色
鐵銹色
西班牙桑格利亞酒色

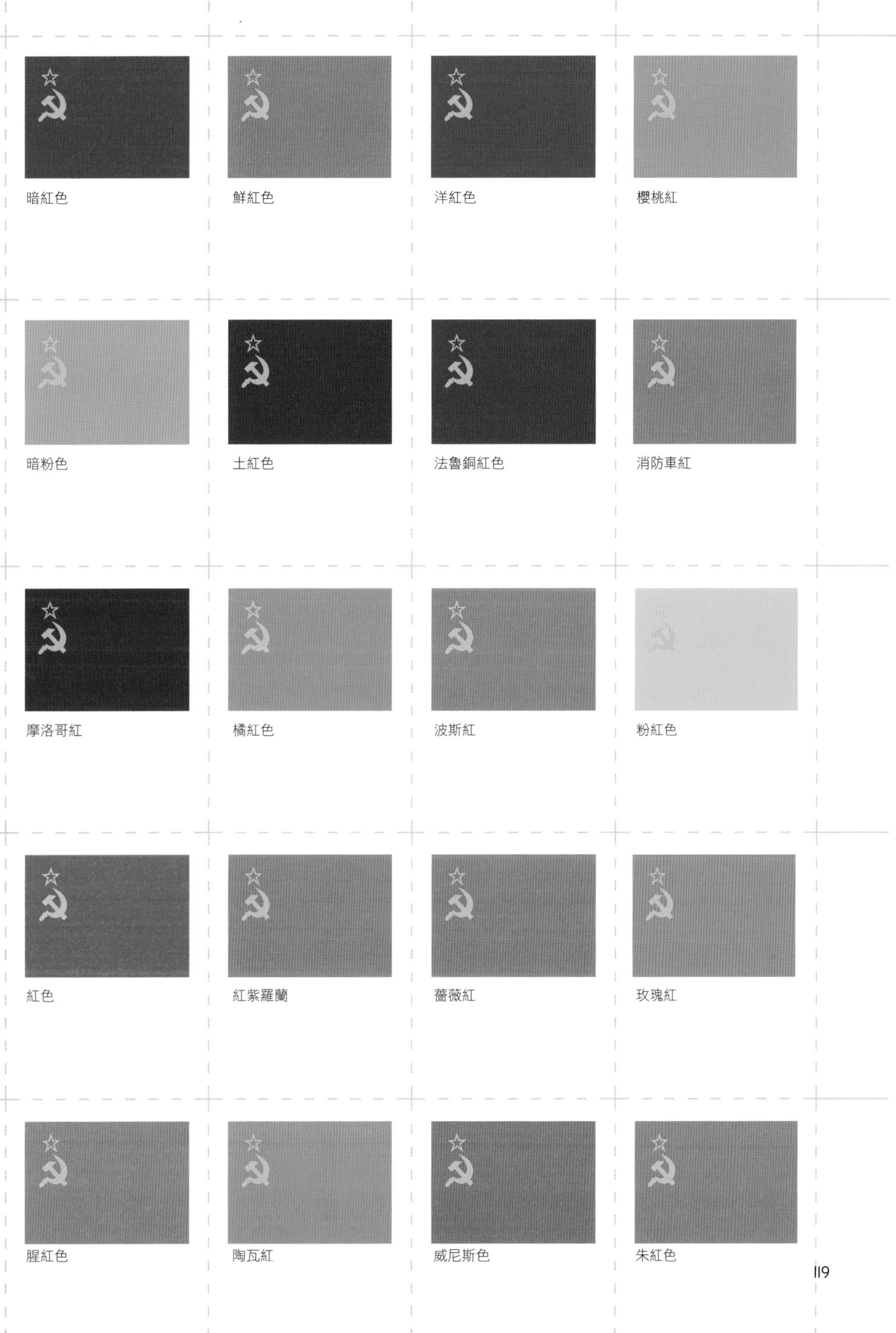

暗紅色
鮮紅色
洋紅色
櫻桃紅
暗粉色
土紅色
法魯銅紅色
消防車紅
摩洛哥紅
橘紅色
波斯紅
粉紅色
紅色
紅紫羅蘭
薔薇紅
玫瑰紅
腥紅色
陶瓦紅
威尼斯色
朱紅色

4-4

品牌認知

紅白藍三色旗在空中驕傲飛舞著。

還可用的紅白藍三色旗只剩下：

▸122 方便的國旗
▸288 非名牌不穿
▸284 商品拜物教

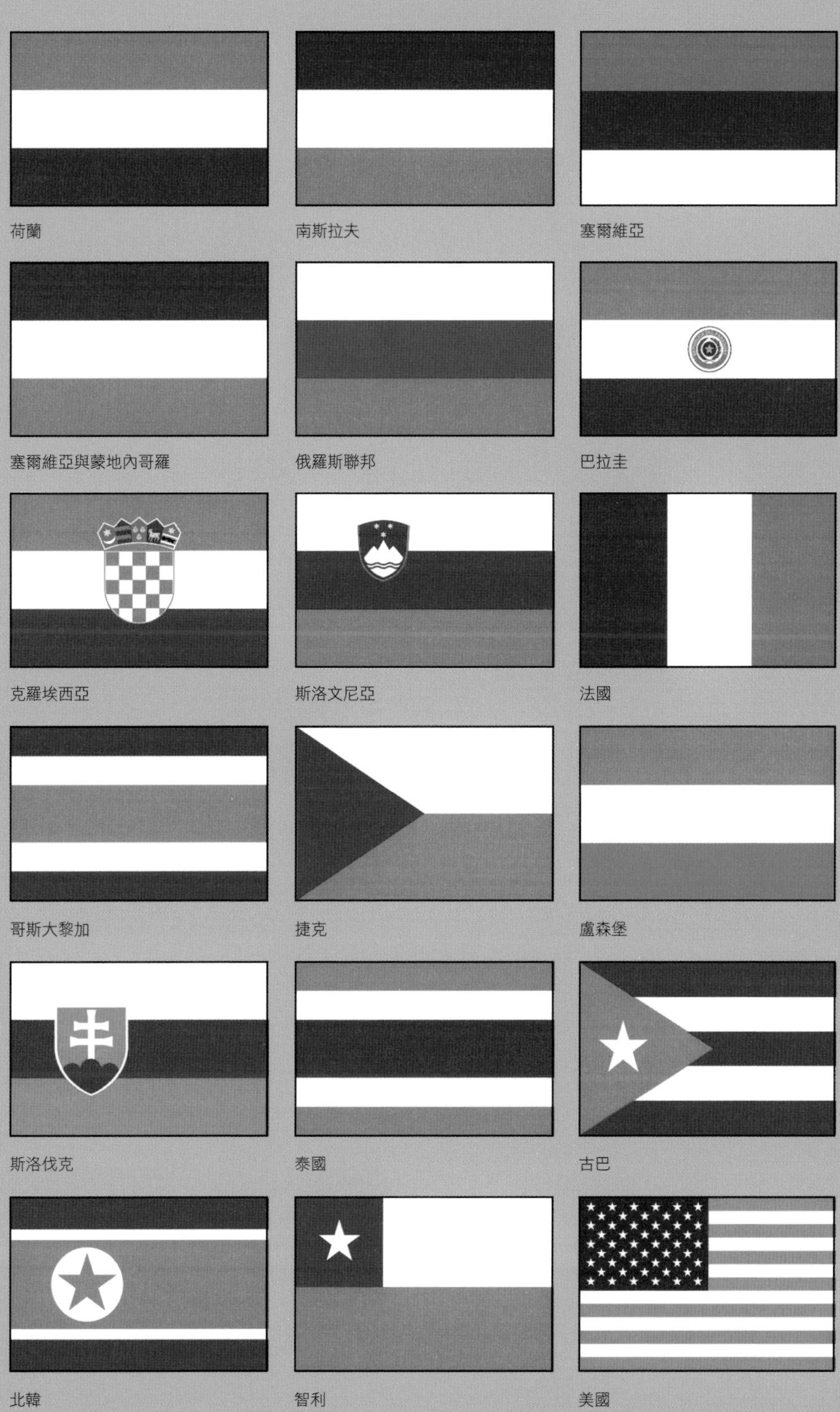

荷蘭

南斯拉夫

塞爾維亞

塞爾維亞與蒙地內哥羅

俄羅斯聯邦

巴拉圭

克羅埃西亞

斯洛文尼亞

法國

哥斯大黎加

捷克

盧森堡

斯洛伐克

泰國

古巴

北韓

智利

美國

4-5 方便的國旗

如果你計畫替新成立的共和國或政黨設計旗幟，你會發現所有簡單的組合早就用光了，就像四個字母的網址一樣。以下是一些尚未被使用的建議旗幟。

這些建議並不包含任何象徵意義的解讀。

▸120 品牌認知
▸116 紅色方塊
▸348 把象徵當成槍靶子

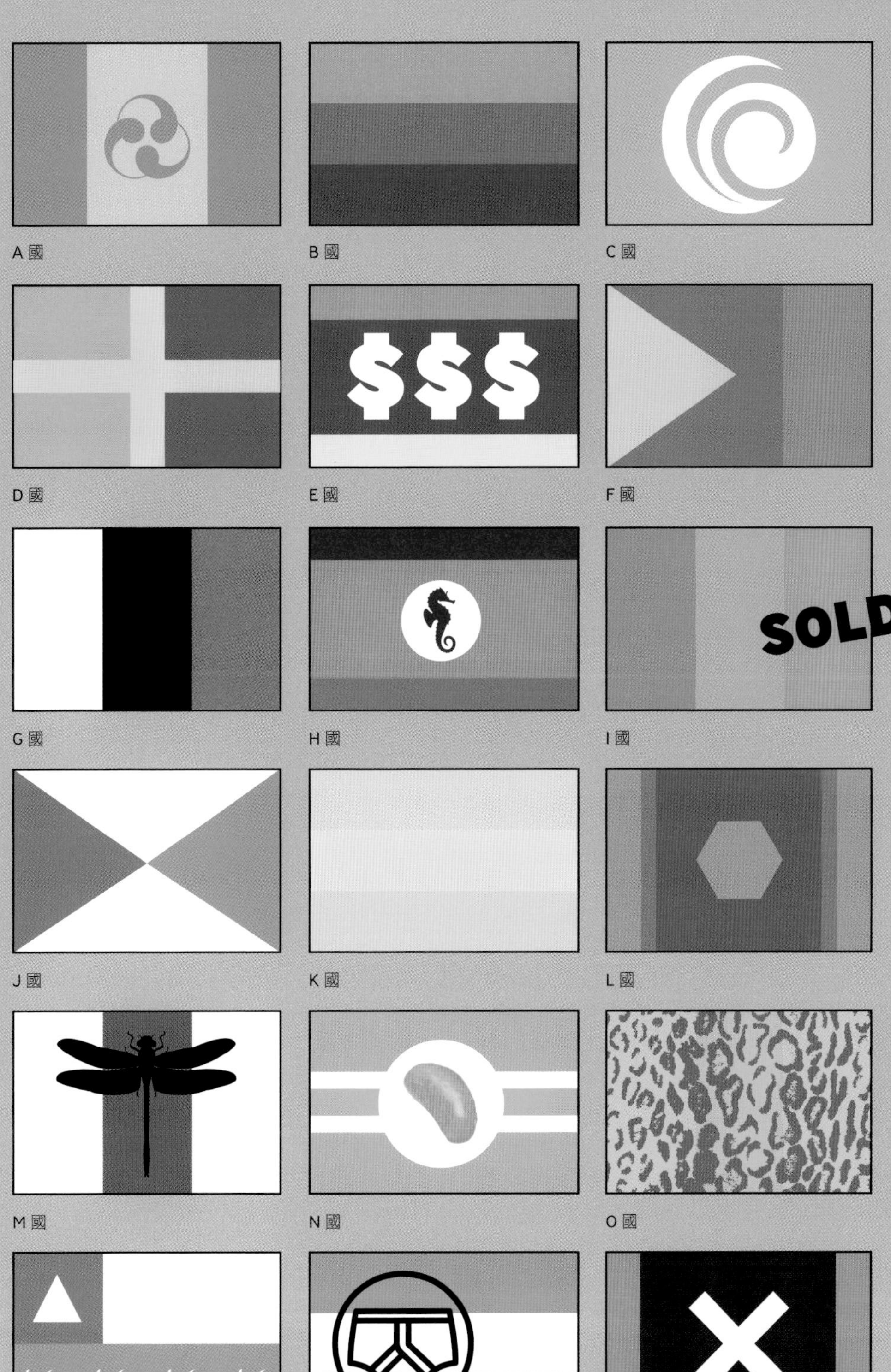

A國 B國 C國

D國 E國 F國

G國 H國 I國

J國 K國 L國

M國 N國 O國

P國 Q國 R國

4-6 大聲說話且言之有物

我們做的每件事都隱含某種意義，即便選穿最簡單的服飾也代表了某種宣示。要什麼都不說，其實非常難。

「人無法不溝通。」── 美國溝通理論專家瓦茲拉威克（Paul Watzlawick）

**極少就表示極少，
毫無意義比我們想像的更難出現。**

人們很想要詮釋自身經驗── 但往往無可避免會過度詮釋。

「有時候，一根雪茄就只是一根雪茄。」──奧地利心理學家佛洛依德

沒有內容的圖形、無意義的象徵、空洞的指數，到底是什麼呢？

「你準備好戴上空白徽章了嗎？」──蘇格蘭漫畫家莫里森（Grant Morrison）

▸140 這是畫框
▸18 這是觀念／點子／想法／創意
▸130

4-7
負空間

負空間是圍繞在主題之間的空間；也就是非主題（not-subject）。

傳統雕刻藝術的構成方式，就是將所有不是雕刻的部分全部移除。

在挖掘龐貝古城時，考古學家發現許多空無一物的空間。他們將石膏灌入這些空間，結果發現這些空洞處是由人體和動物屍體所構成：在高溫燃燒下只剩灰燼的人體及動物，因為存留的時間夠久，因此在慢慢冷卻的熔岩中形成了這種陰模。當周邊材料都移除後，那些在死亡瞬間捕捉下來、表情鮮明的肢體遺跡就顯露出來。

「三十輻共一轂，當其無，有車之用。埏埴以為器，當其無，有器之用。鑿戶牖以為室，當其無，有室之用。」——老子，《道德經》

「空間是藝術的呼吸。」——美國建築師萊特（Frank Lloyd Wright）

▸142 畫框之內
▸202 概念的底層
▸268 流行偶像崇拜

上圖：太陽在布告欄上移動留下的鬼影。
左頁：龐貝的逃犯花園。

4-8 和諧與美感祕訣

跟我們的期待相反，顏色本身和色彩內部無所謂美醜可言——只有組合在一起時才有美醜。這表示美麗這個特質跟和諧（希臘文的定義：攜手共進、彼此同意、協和一致）一樣，只有在兩個或更多元素之間建立關係時才會出現。

泥褐色比天空藍更美麗嗎？假若看似如此，那可能是因為泥褐色是以真實世界的其他東西（泥巴）來做參照，它是否比較美麗，則是根據另一種關係形態——類比所做出的判斷，因此反映出的特質並非是顏色本身的內在美。

單一顏色就像孤立的音符：一點也不和諧，完全中性。

「美麗：就是按完美比例調整好每個部分，以致只要增一分或少一分，更動任一部分，就會破壞掉整體的和諧。」——義大利文藝復興時期建築師阿爾柏蒂（Leon Battista Alberti）

如果醜陋是一種相對應的不和諧，那麼「醜陋」的東西是否都有一個可以將其轉變為美麗的對照點——而且反之亦然呢？

一個極不協調、充滿憤怒的作品，跟一群極不協調、充滿憤怒的觀眾，可能會建立起和諧的關係。和諧關係存在其間，可說是不同狀態間的對照反射。

如果我們跟一切都建立起和諧關係，那麼每樣東西都可視為美麗嗎？

美麗就像意義一樣，存在於分子而非原子層級——是「字彙」而非「字母」。這可以是時間或是空間關係，而建立起和諧與不協調之間平衡狀態的旋轉對照點，也不必然處在對稱位置。

平衡並非「完美對稱、平淡無趣的完美狀態」，反而可以在緊張下達到平衡，在動態卻和諧的不對稱中，立足在偏離中心的位置。

在西方音調理論中，音調轉變（resolution）就是把不協調的音符或和弦（不穩定的音調），移轉到協調的和弦（更像是結尾或穩定的音調）。

「創造與破壞和諧的緊張，對維持戲劇成分來說很重要。對我來說，任何創作（或即興演出）如果一直保持不變，整場都很「規律」，就好像是看一齣裡面只有『好人』的電影一樣。」——美國音樂家法蘭克．扎帕（Frank Zappa）

240 真相與美麗
258 主題變奏
272 最大的框架

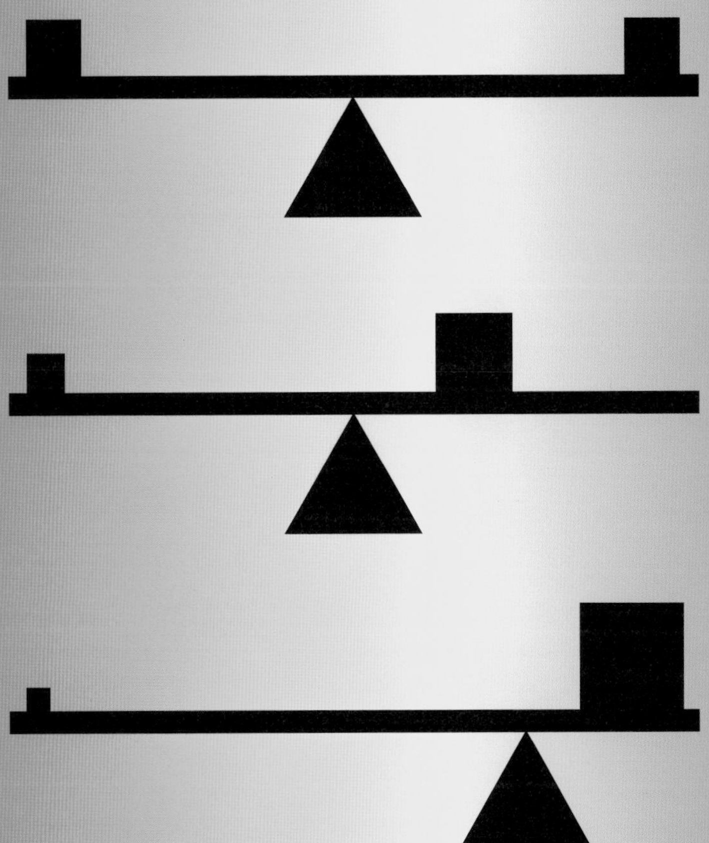

4-9 在看得見的光譜之外

人類能看到的所有色彩，都存在於一道狹窄的電磁光譜帶上。在這個狹小可見的範圍之外，是一片肉眼看不到、無止盡的廣袤領域：一端有微波和紅外線，另一端則有 X 光與紫外線。

無線電波只是一個我們看不見的顏色。

海洋中的哺乳動物擁有單色視力。牠們僅能看見一種波長的光線，可以判斷有多光亮，但無法知道是什麼顏色。

多數動物的眼睛都可以看到雙色。牠們用兩種顏色來看世界——藍色與綠色。

人類擁有可以辨識三色的視力。我們看到的豐富多元色彩，是由藍、綠、紅三種光線波長混合組成。

然而，鳥類可以看到四種顏色：藍、綠、紅、紫外線。牠們可以看到四色，生活在四元顏色的空間中。

跟這些幸運的生物相比，我們實際上可說是色盲。假如我們能多看到另一種顏色，不光僅是增加第四種原色，還能跟我們既有熟悉的顏色混合在一起，那麼這世界看起來會變得多麼豐富？

2 到 3% 的女人也可能看到四色。

若干花朵甚至會利用我們在光譜上所看不見的這個顏色，對可能替它們授粉的昆蟲發出信號。這個我們看不到的紫外線顏色，稱為「蜜蜂紫」。

花朵也有許多我們看不見的顏色。

無線電波
10^3（波長，以公尺為計算單位）

微波
10^{-2}

紅外線
10^{-5}

▸116 紅色方塊
▸114 這本書被設計過
▸154 裁剪與道具

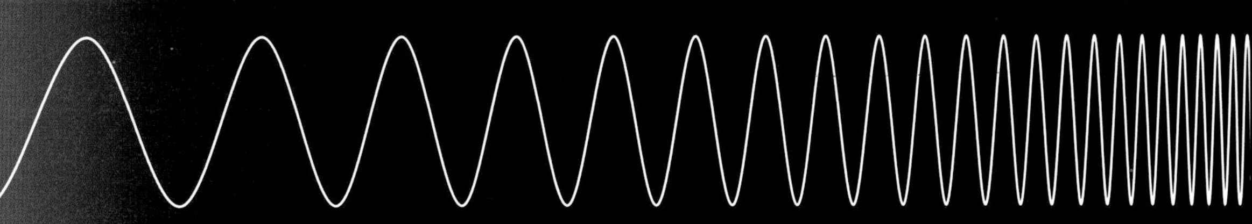

上圖：學名為 *Sanvitalia Procumbens* 的墨西哥「匍匐」百日菊，在清楚可見的紫外線光線下的樣子。

Frames & Maps | 框架與地圖

史密斯・第九街・康尼島

5-1 這是畫框

畫框界定了一個疆界，一個限制範圍。

畫框告訴觀者：畫框之內是藝術家掌控的領域，也就是畫作大小。在這個範圍之外—— 背景脈絡、文化、世界的其他部分，他們的掌控權可能就少了些。

畫框將作品跟非作品分割開來。

畫框可以視為容器，不光只是框起一幅藝術作品，把這個概念延伸出去，也可以框起一個觀念、事件、觀點。

在小說或電影中，所謂的「框架手法」（framing device）敘事方式[10]，超越又帶出了主要內容。

「參照框架」（frame of reference），則指一個主題或觀念本身所處的環境脈絡；這個脈絡就構成了框架。

出生與死亡是我們生命的框架。

因此，框架通常界定了媒介的限制範圍。

這是我的油畫。

10 譯注：戲中戲的說故事方式，例如《天方夜譚》中主角得講故事來避免被處死的命運。

‣126 負空間
‣130
‣256 藝術？耶！

5-1 畫框之內

……是作品。

「一幅畫是宇宙的象徵。在這個宇宙裡，每幅畫都跟其他畫有關。每幅畫都只對這個小小世界的其他部分做出回應。因此，也許整個宇宙存在著某種整體和諧，但是我們只能體驗到其中一點點。」──美國藝術家肯特（Corita Kent）

「藝術由限制構成。每幅畫最美的部分就是畫框。」──英國作家切斯特頓（Gilbert K. Chesterton）

▸144 畫框之外
▸148 一連串框架
▸146 窗櫺

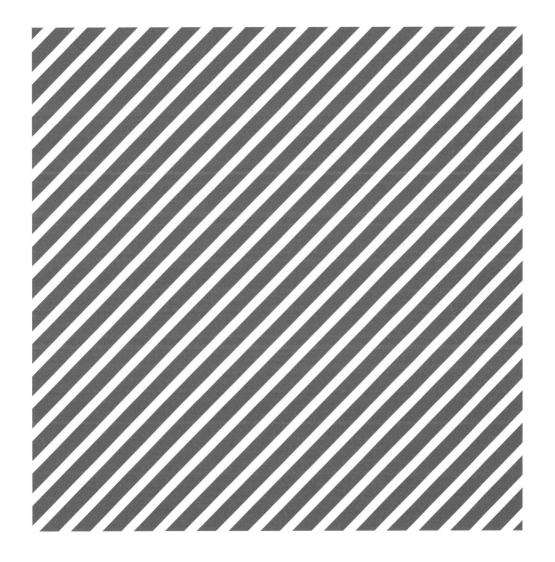

5-3 畫框之外

……就是剩下的一切。

畫廊。
書店。
社會空間。
脈絡。
文化。

▸142 畫框之內
▸148 一連串框架
▸146 窗櫺

5-4 窗櫺

框框內的影像可用許多不同方式，跟外在世界的脈絡和文化建立關係。

可能就是直接代表的關係，如一張照片，或是很逼真的彩現圖[11]。

或者是象徵的關係，透過圖像或幾何的表現手法，描繪非物質的想法觀念。

也可能是抽象的，框架中的內容可能會強調自己「存在的本質」，也就是正式特徵，遠勝於其圖像特徵。在這種狀況下，它代表的就是自己。

或者也可能是上述其中或所有東西的自由混合關係。

更多古典型態往往更重視圖像勝於抽象意義，將材料的實體特質全部納入，變成逼真雕刻和／或以圖畫來代表，例如植物、畫工細緻的幃帳、人體解剖圖。

其他作品則著重探索材料的實體特質及相關意義，而不關注圖像或代表面向。

一張飛機的圖像可以是平面或切割的；我們可以利用人們早已熟稔的格式轉換技術，例如透視法，將逼真的 3D 降級為具代表性的 2D 圖像。

因此，一個框框可以是場景中的一扇窗，也可以是主題的載具，有時候兩者皆是。

11 譯注：彩現圖（rendering），利用電腦軟體將 2D 設計轉換成很逼真的 3D 模擬圖。

▸186 存在的本質
▸28 語言出現前的圖形記號
▸112 資訊內容

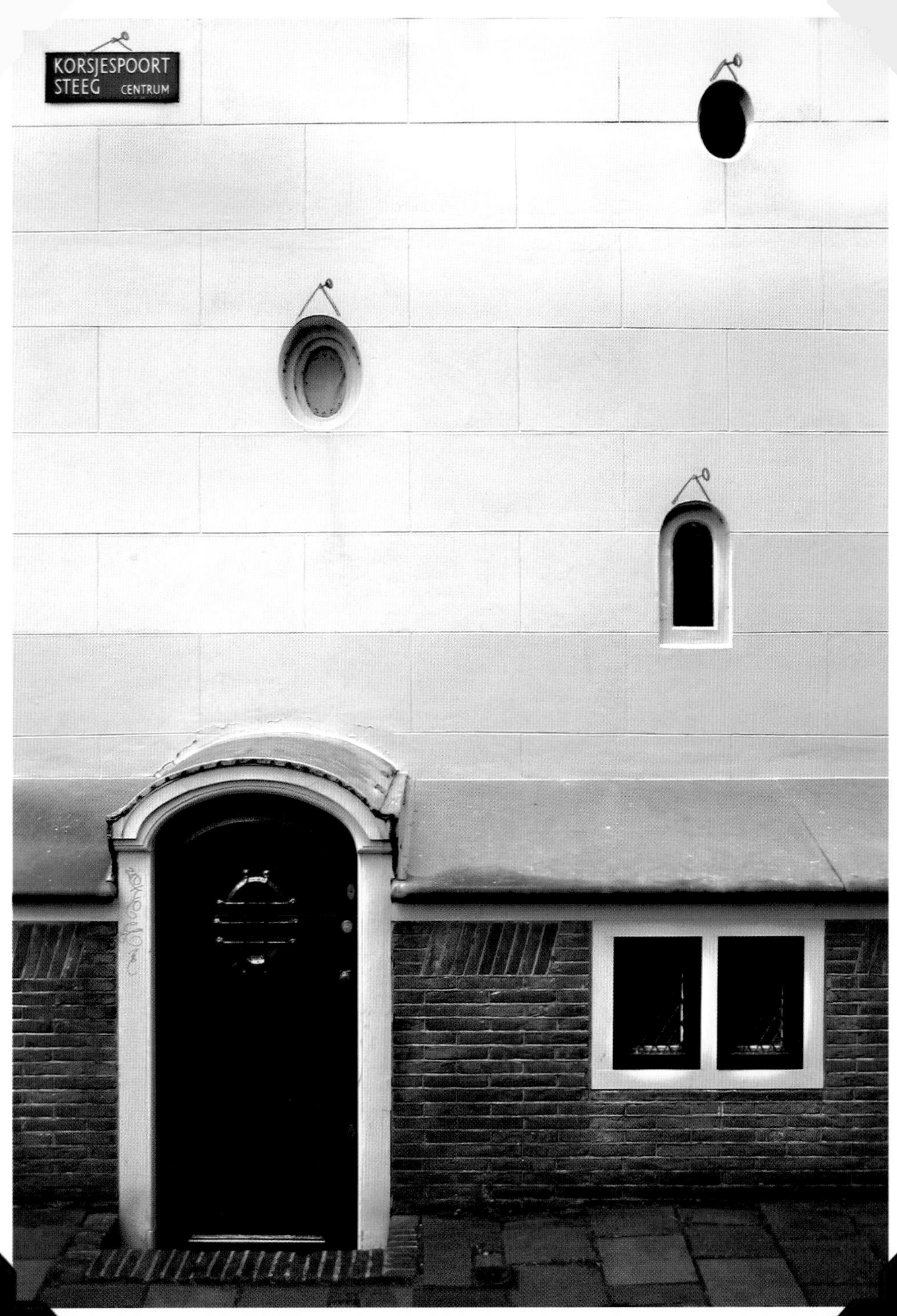
KORSJESPOORT
STEEG CENTRUM

5-5

一連串框架

一連串畫框可能會有刻意形塑或意外造成的相互關係；例如，在畫廊展出一系列圖像，也許出自同一個藝術家之手，也可能是由一組篩選過的藝術家聯手完成。

這個篩選可能又是另一個框架所決定，也許是從同一個藝術運動中選出，也就是所謂的某某主義；也可能這群藝術家彼此都是朋友；或者主題是某一特定國家的展覽。這個概念框架，也就是策展人的標準，決定要將哪些作品納入或排除在展覽之外，哪些內容落在被選擇框架的裡面或外面。

再一次，這又會落入另一個框架中。這個框架就是包覆藝廊的建築空間，也就是所謂的「白色方塊」。

白色方塊由兩個框架構成：一是實體地點，範圍更廣大，也許是所在的城市；二是時下最重要的藝術論述，這個論述寄身在特定文化價值觀和具體地理範疇內。

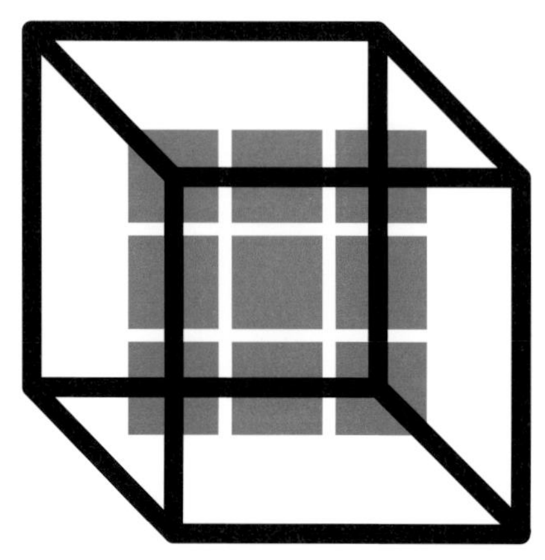

如此這般延展下去，就是一個框架接著一個框架。

連續框架會讓觀者推論它們彼此之間的連續關係，提出一個時間面向與敘事角度。這便是電影或是「第九藝術」漫畫的基礎。

一如透視法是從 3D 變成 2D 的格式轉換，這種連續順序則是從 4D 變成 2D 的格式轉換。

▸272 最大的框架
▸150 框架及其終結處
▸140 這是畫框

（西）如何閱讀漫畫

（東）如何閱讀漫畫

（西）如何讓時光倒流回到過去

（東）如何讓時光倒流回到過去

5-6 框架及其終結處

一本書的頁邊是種框架，將書包覆起來。這框框之外是你的房間，是你正坐在裡面閱讀本書的火車廂，也可能是書架，或是紙漿工廠。

▶146 窗櫺
▶272 最大的框架
▶144 畫框之外

就跟畫廊將藝術作品裱框起來的方式一樣，每種環境都可能成為另一個框架，或是一個更廣袤的脈絡。

在這個框架之外，其他地方也有這本書，從任何角度來看，跟你手上這本書都一摸一樣（除了你在書脊上弄出的摺痕之外）。它們形式相同，但所處位置卻不同。

對於物質本身最深入的描述，也存有類似的分別。次原子的粒子，可以分成兩種基本型態：

費米子這種粒子遵循包立不相容原理，不同的費米子形態相同，卻處在不同位置。這種特質代表它們會占據空間，因此公認是實體物質的根本。

相對的，玻色子這種粒子遵循玻司－愛因斯坦統計法，可以不受阻礙地穿越彼此，或很愉快地在同時間占據同樣的空間，就像光子。這些粒子往往會傳遞互動，等同是文化基因的粒子。

連結物與被連結物。

CULT
-URE

5-7 框架中的框架

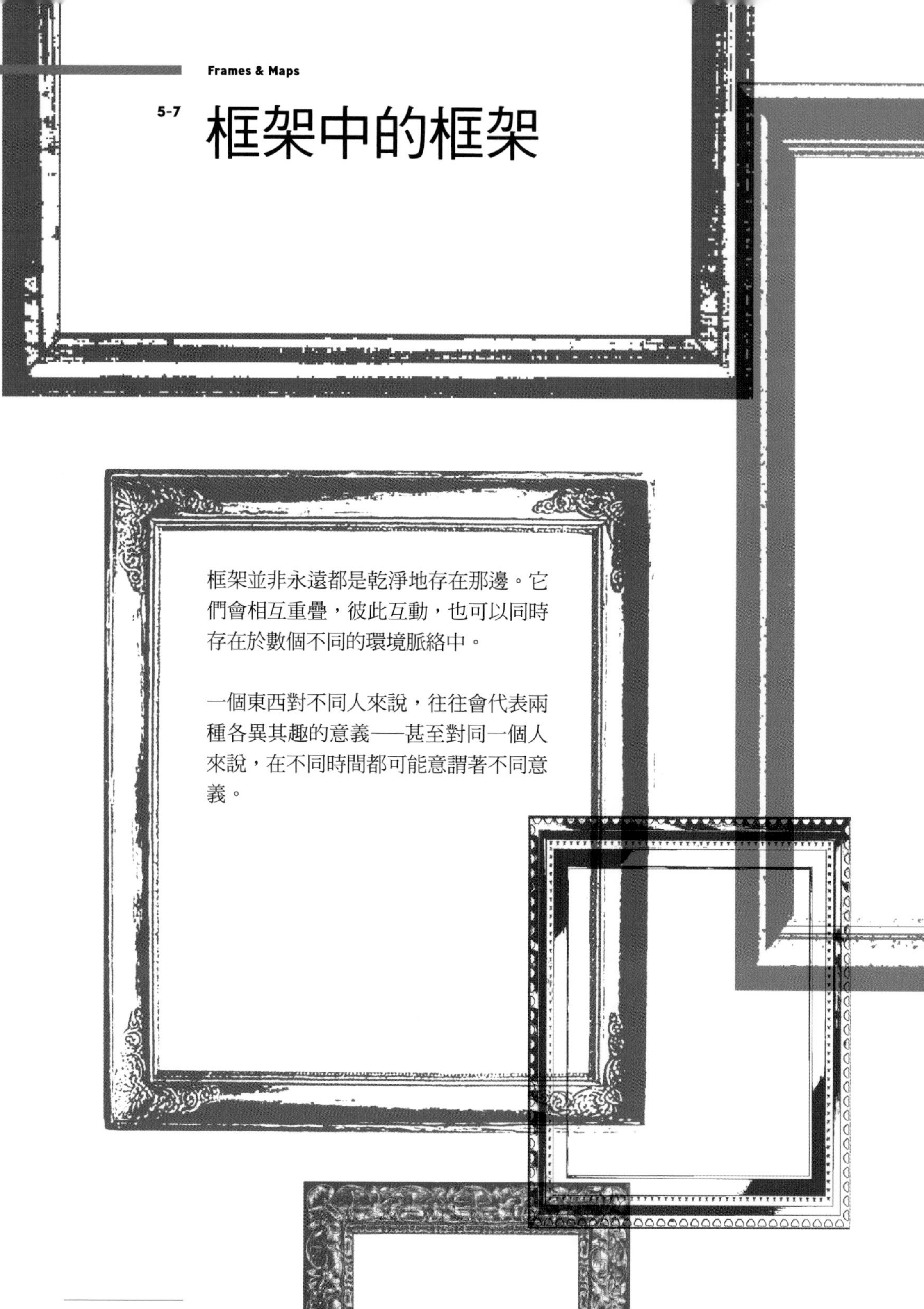

框架並非永遠都是乾淨地存在那邊。它們會相互重疊，彼此互動，也可以同時存在於數個不同的環境脈絡中。

一個東西對不同人來說，往往會代表兩種各異其趣的意義──甚至對同一個人來說，在不同時間都可能意謂著不同意義。

▸154 裁剪與道具
▸142 畫框之內
▸148 一連串框架

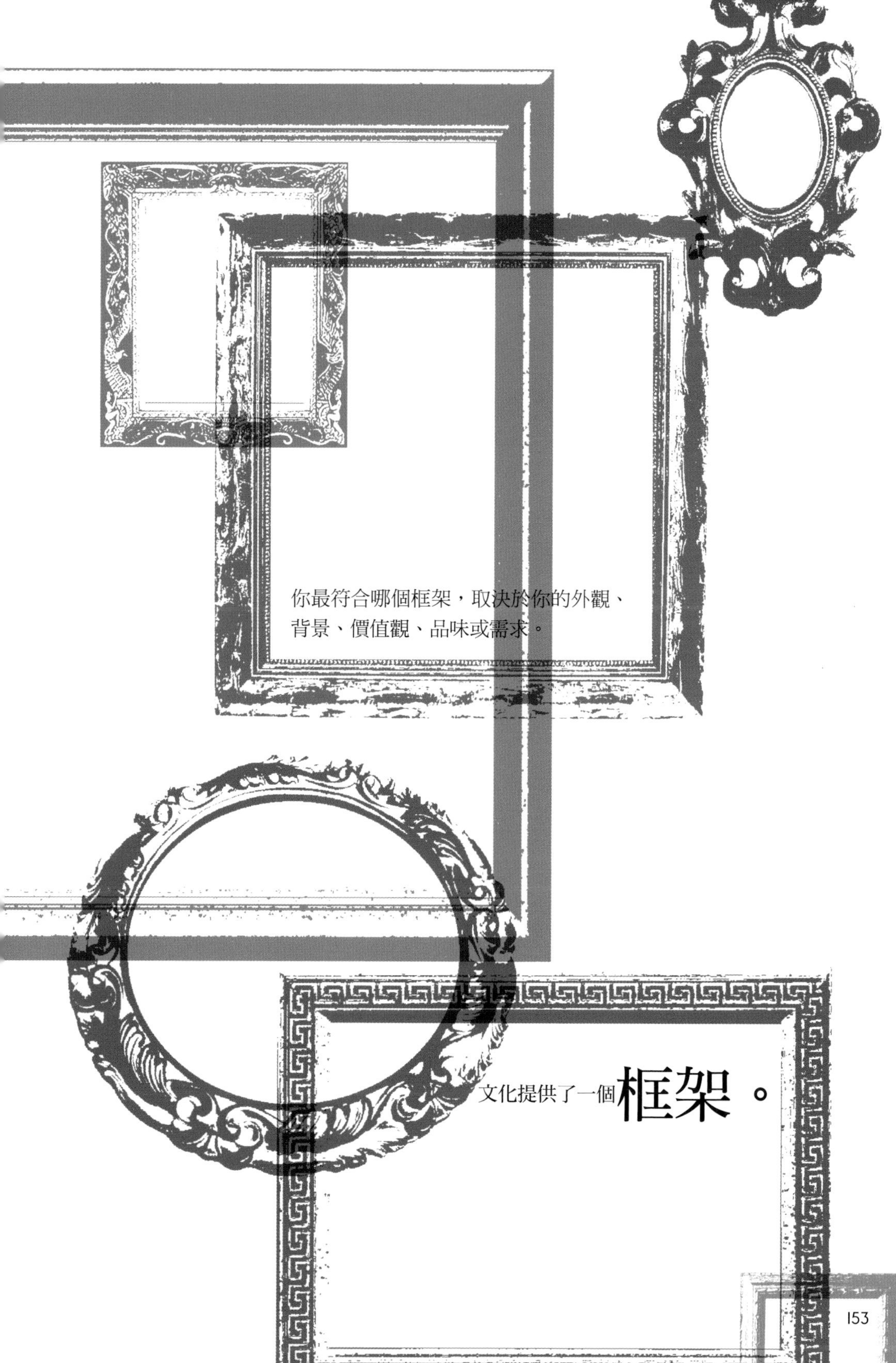

你最符合哪個框架，取決於你的外觀、背景、價值觀、品味或需求。

文化提供了一個**框架**。

5-8 裁剪與道具

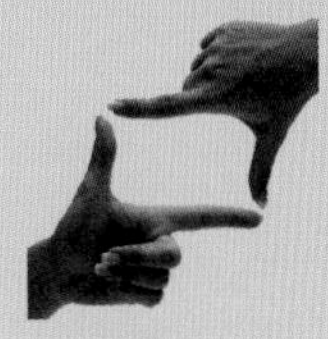

裁剪是指將一個框架加到已經存在的情境之上。

裁剪牽涉到如何決定要留住與排除哪些部分，與要用哪種標準來做出決定。

例如，一張照片的構成，是以和諧或概念完整的方式，在一個框架中組織照片主題。在這過程中，突兀或無關的元素將會排除在外。

即便是看似沒有藝術內涵的隨意快照，都有其觀點和要觀察事物的位置，因此也牽涉到選擇和決定。

想想看在鏡頭外是什麼景象，其實很有趣。在電影拍攝場景中，我們將攝影機旋轉 180 度，就會看到一間攝影棚、劇組人員，以及其他拍片所需的工具設備。

這就好像掀開車子引擎蓋，藏在毫無特色的光亮車蓋下，那些基本的機器就會曝露出來。

往後拉看看，我們能夠多看到些什麼？哪些東西沒能逃過剪掉的命運？為什麼？

掉落在剪接室地板上剪掉的片段、電影底片上沒用到的那些鏡頭、沒裁剪過的原始影片，像是古巴攝影師科達（Alberto Korda）拍革命英雄切·格瓦拉（Che Guevara）的那些經典照片，都能透露出剪接師或 DJ 的意圖。

每一幅畫、每張照片、每個觀點說的不光只是被納入的東西，還有被排除的東西。

▸182 引發共鳴的東西
▸48 什麼形塑了觀念／點子／想法／創意？
▸156 地圖與框架

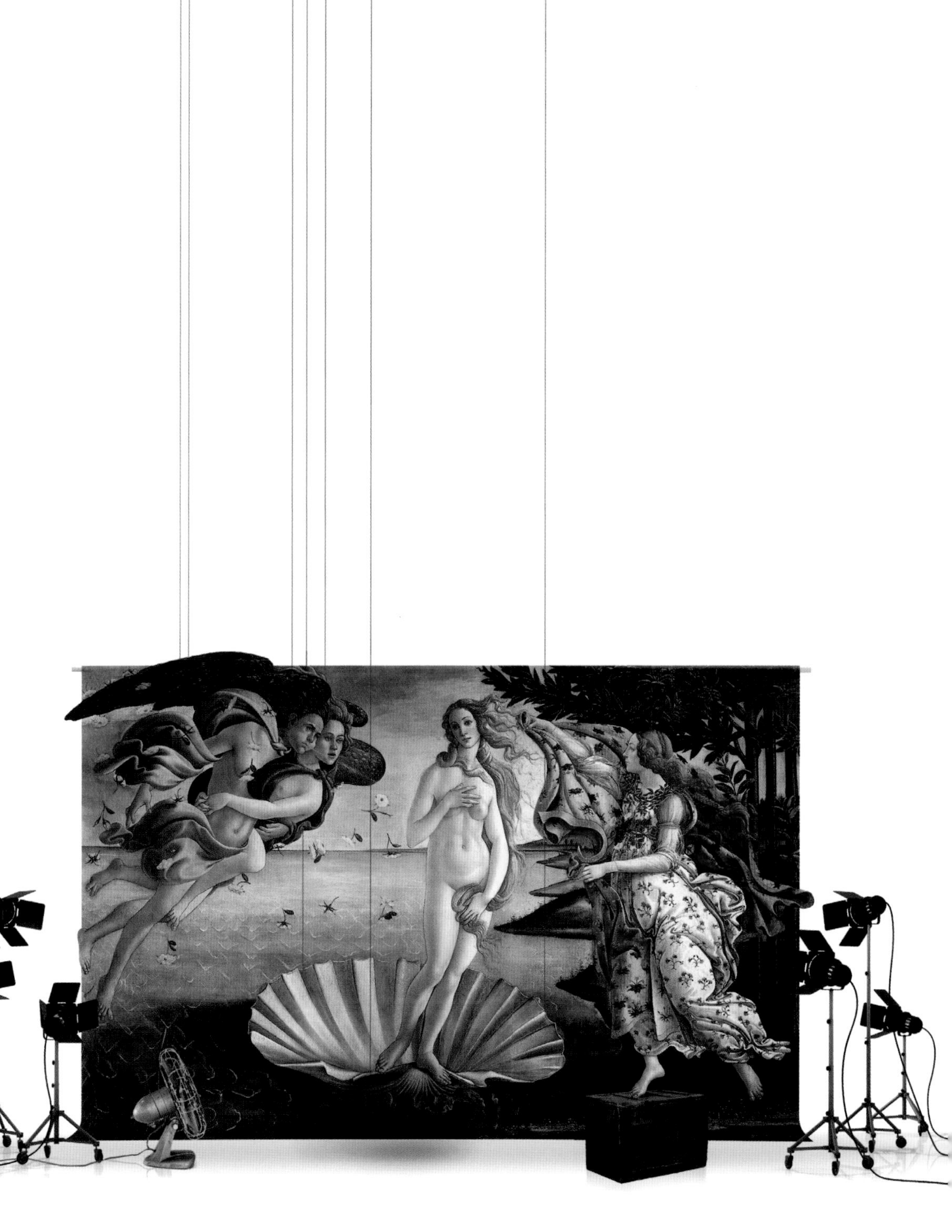

5-9 地圖與框架

地圖是種很特殊的框架——地圖上的內容跟外界某種東西有特定的資訊關係——也就是所謂的繪製（mapping）關係。

▸160 這是地圖
▸140 這是畫框
▸162 文化是張地圖

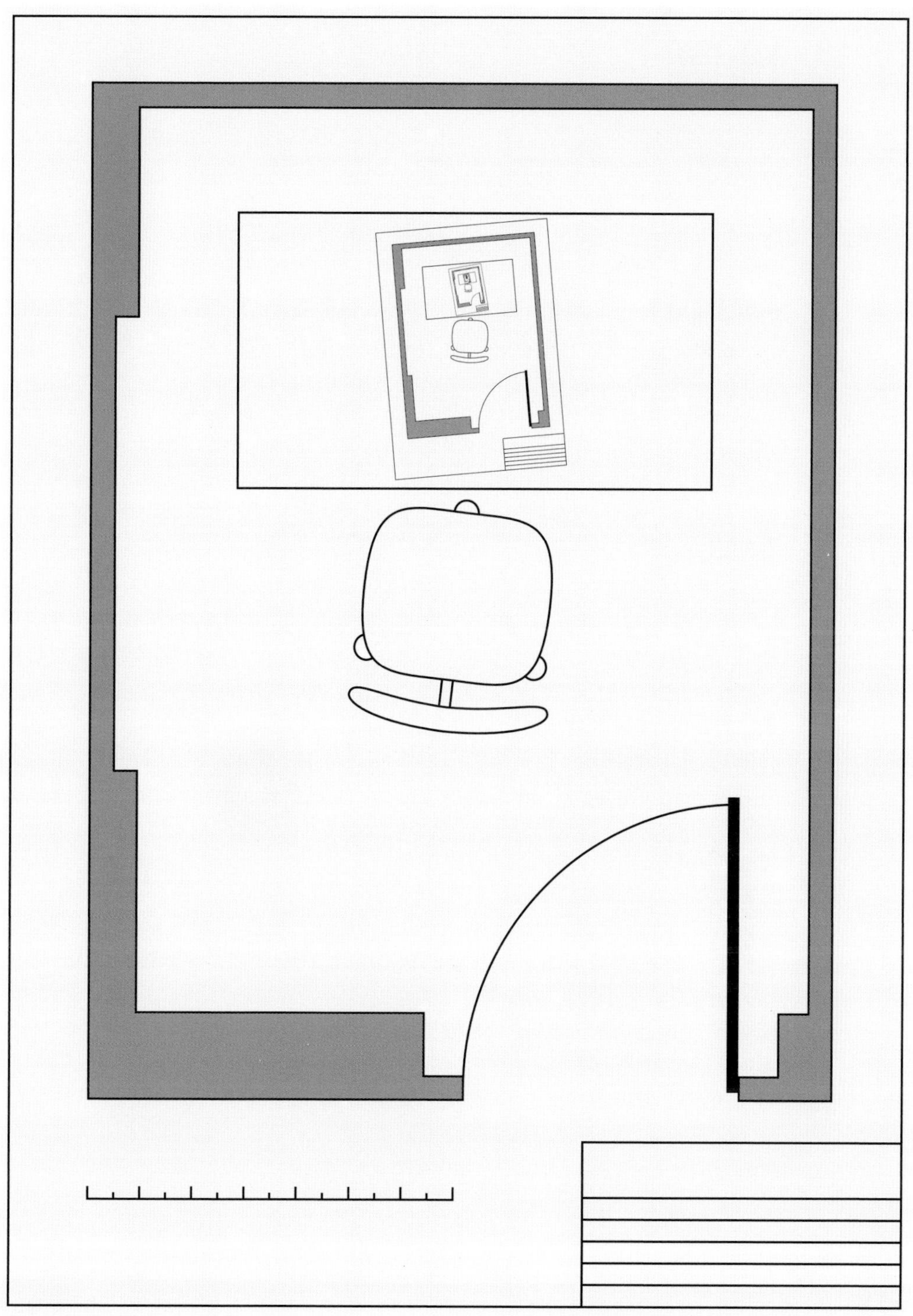

5-10

地圖

地圖就是概要的示意圖。地圖應用符號、象徵符號、典規化的複製、簡化、釐清、省略等方式，來代表一塊疆域領土。

地圖用很多方式跟所代表的領土發生關係。有些會強調實體關係，有些則凸顯資訊關係。

端視何者被認為是最重要的東西，也就是這地圖的目的。

在我們心中，我們也會替自己身處的空間畫出一份心理地圖，既有實體也有象徵意義。我們因此能夠從未剪接過、令人喘不過氣的複雜真實世界中，轉移到更為精簡的版本。在簡化版的世界中，務實的實用性會超越精準的代表性。

有些地圖描繪的甚至是全然虛構的世界。就像《維尼小熊》故事中的「百畝森林」（Hundred Acre Wood），根據定義，它就是虛構空間，只需要能自我映照（這樣就很可信）；它不需要「反映」現實，或是以其他方式來回應現實世界。

倫敦地鐵圖從示意圖逐漸演進到更抽象和象徵的設計，從某些方面看，這甚至是虛構的設計。

後者這種圖示版本是由設計師貝克（Harry Beck）所設計，已經內化成倫敦人對這個首都城市的心理地圖。

「顯然對很多人來說，是這張地圖把倫敦組織起來，而非倫敦組織這張地圖。」——美國資訊圖示專家杜夫特（Edward Tufte）

我們清楚看到一個面向，卻也失去在另一個面向被視為外在資訊的東西。

▶348 把象徵當成槍靶子
▶162 文化是張地圖
▶322 三種虛構類型

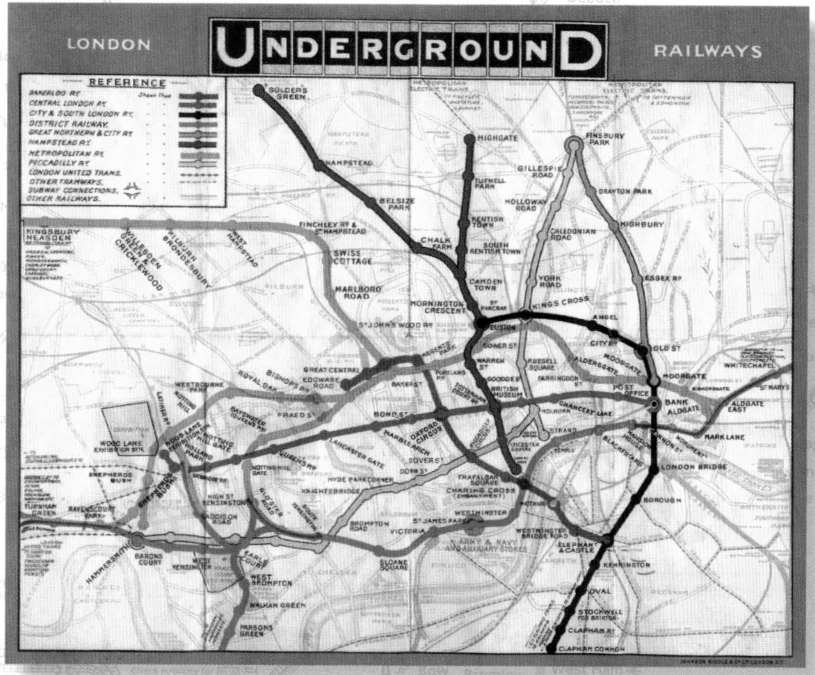

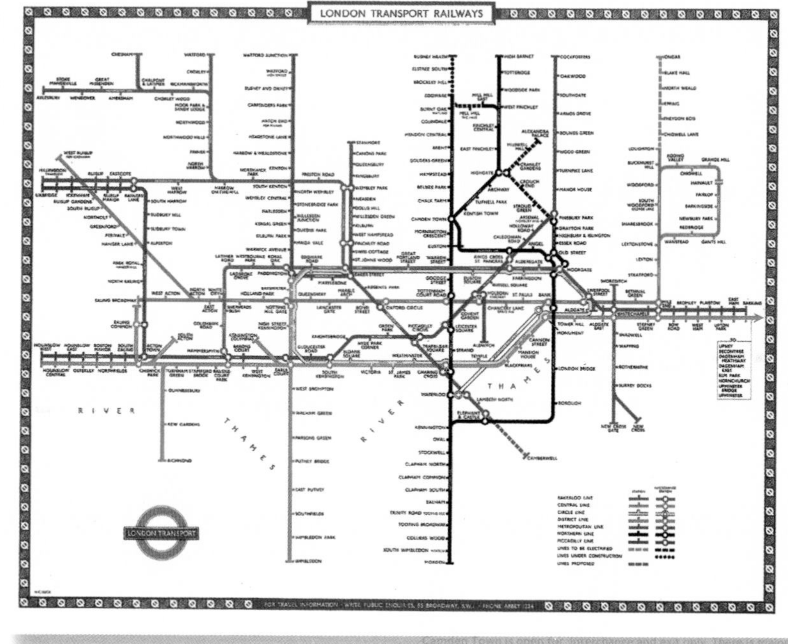

上圖：1908 年的倫敦地鐵圖
下圖：1951 年的倫敦地鐵圖
背景：2009 年的倫敦地鐵圖

5-11 這是地圖

Address:
London
UK
Street view
Get directions - Search nearby
Zoom here - Save to My Maps - Send
A

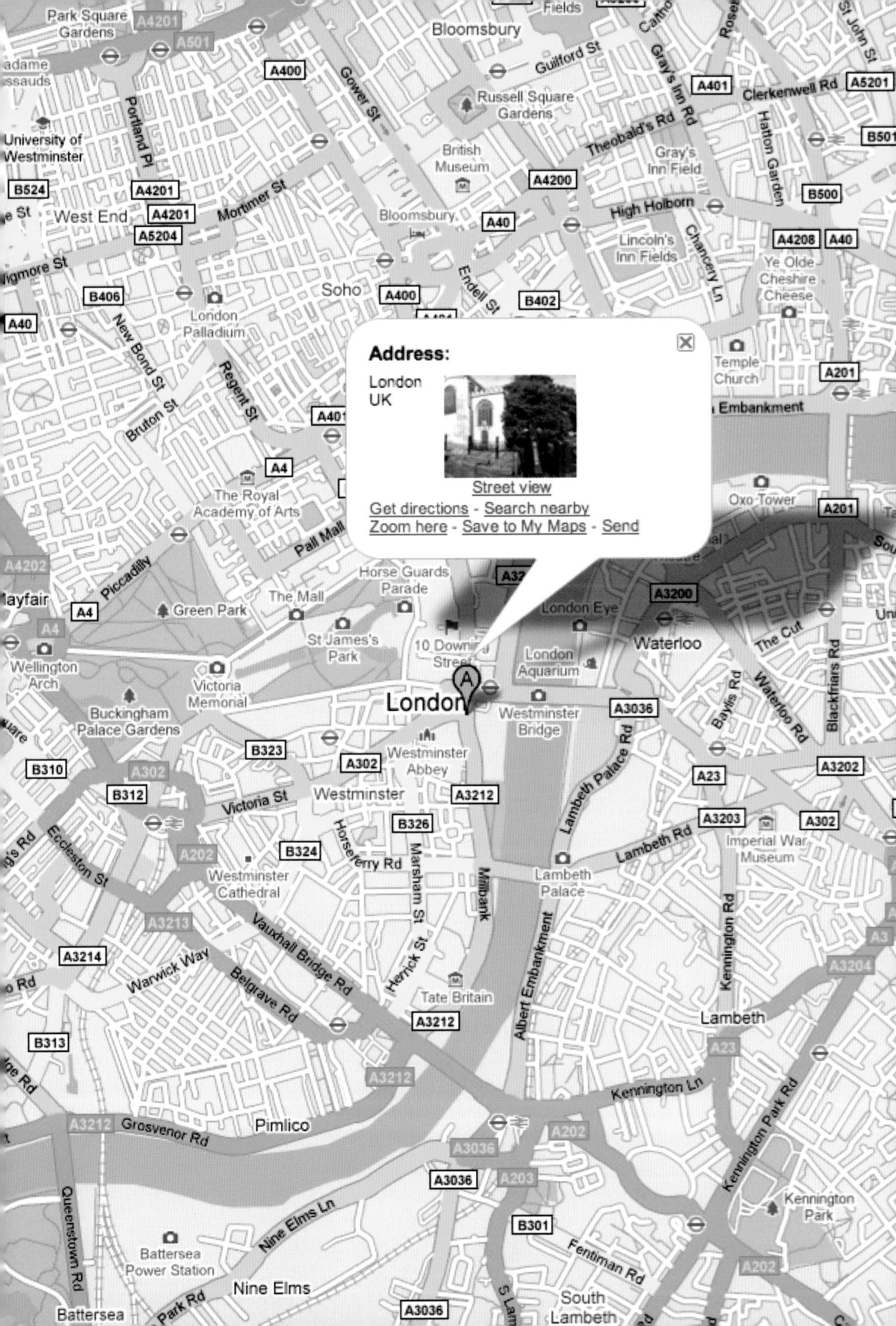

Address:
London
UK
Street view
Get directions - Search nearby
Zoom here - Save to My Maps - Send
London
Park Square Gardens
Bloomsbury
Guilford St
Russell Square Gardens
Gower St
Gray's Inn Rd
Clerkenwell Rd
Theobald's Rd
Gray's Inn Field
Hatton Garden
University of Westminster
Portland Pl
British Museum
West End
Mortimer St
High Holborn
Lincoln's Inn Fields
Chancery Ln
Ye Olde Cheshire Cheese
Wigmore St
Soho
Endell St
London Palladium
New Bond St
Regent St
Bruton St
Temple Church
Embankment
The Royal Academy of Arts
Pall Mall
Oxo Tower
Piccadilly
Horse Guards Parade
The Mall
Green Park
London Eye
St James's Park
10 Downing Street
Waterloo
The Cut
Wellington Arch
Victoria Memorial
London Aquarium
Buckingham Palace Gardens
Westminster Bridge
Blackfriars Rd
Waterloo Rd
Baylis Rd
Lambeth Palace Rd
Westminster Abbey
Westminster
Victoria St
Eccleston St
Horseferry Rd
Marsham St
Millbank
Lambeth Rd
Imperial War Museum
Westminster Cathedral
Lambeth Palace
Vauxhall Bridge Rd
Warwick Way
Belgrave Rd
Herrick St
Tate Britain
Albert Embankment
Kennington Rd
Lambeth
Kennington Ln
Kennington Park Rd
Pimlico
Grosvenor Rd
Queenstown Rd
Nine Elms Ln
Kennington Park
Battersea Power Station
Nine Elms
Park Rd
Fentiman Rd
South Lambeth
Battersea
A4201
A501
A400
A401
A5201
B501
B524
A4201
A4200
B500
A4201
A5204
A40
A4208
A40
B406
A400
B402
A40
A401
A201
A4
A201
A4202
A3200
A4
A4
A3036
B323
A302
B310
A302
B312
A3212
A23
A3202
B326
A3203
A302
A202
B324
A3213
A3214
A3204
A3212
B313
A3212
A23
A3212
A202
A3036
A3036
A203
B301
A202
A3036

5-12 文化是張地圖

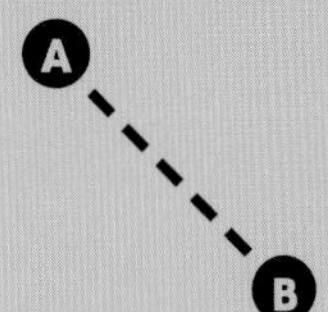

文化是內化的地圖。這張具有示意功能的地圖，是為了讓人在特殊領土可以自由遨遊而設計── 這個領土就是在地的文化基因世界。

就像實體地圖，文化地圖也會將資訊簡化和概略化，上面也會標出捷徑，出現錯誤和人們不想要的細節。

就像實體地圖一樣，文化地圖可能會反映現實，也可能不會。

就像語言，文化地圖擁有自己特有的註記方式；大家都認可這些註記，專屬於這個文化。

每個文化都會從地貌中挑選出不同的面向，賦予其意義，並默默跳過其他文化可能會認為很重要的面向。

文化這張地圖讓體驗變得容易理解。這張地圖揭示出大家認為自己是怎樣的人；指出我們的價值觀、藝術、八卦閒談、歷史，以及我們在知識上的努力。

要學習如何遨遊在自己所屬的文化中，抵達想去的目的地，不會毫無希望地迷路，這會帶來巨大壓力，迫使我們去理解甚或遵循剛好身處其中的文化規範。

對文化來說，地圖已經成為領土。

▸104 文化基因世界
▸50 創意發想
▸160 這是地圖

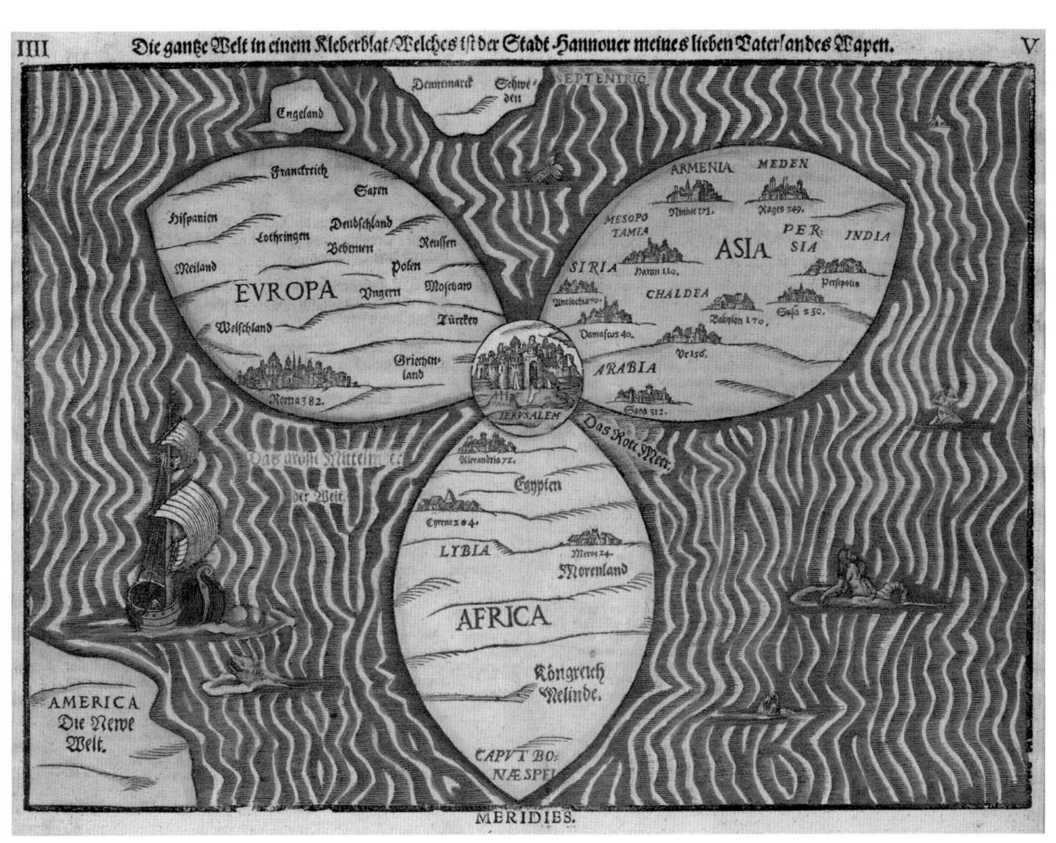

上圖：這張木刻的耶路薩冷地圖，描繪出該城與當時已知世界的關係，取材自德國神學家邦廷（Heinrich Bunting）所著的木刻地圖集《聖途雕刻集》（*Itinerarium Sacrae Scripturae*），1545-1606 年。

5-13 這就是本書的地圖

1. Ideas｜觀念／點子／想法／創意
2. Communications｜傳播溝通
3. Media｜媒體
4. Representations｜表現手法
5. Frames & Maps｜框架與地圖
6. Objects｜物件
7. Perceptions｜認知
8. Solutions｜解決方案
9. Arts｜藝術
10. Identities｜身分認同
11. Prescriptions｜處方
12. Coda｜結語

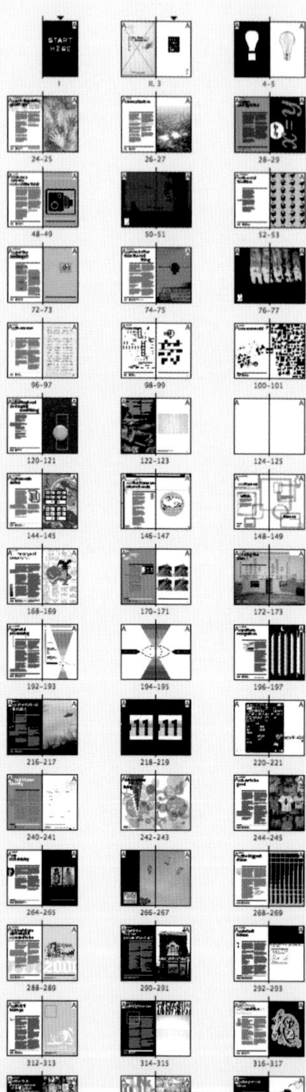

▶158 地圖
▶166 這是郵戳標籤
▶154 裁剪與道具

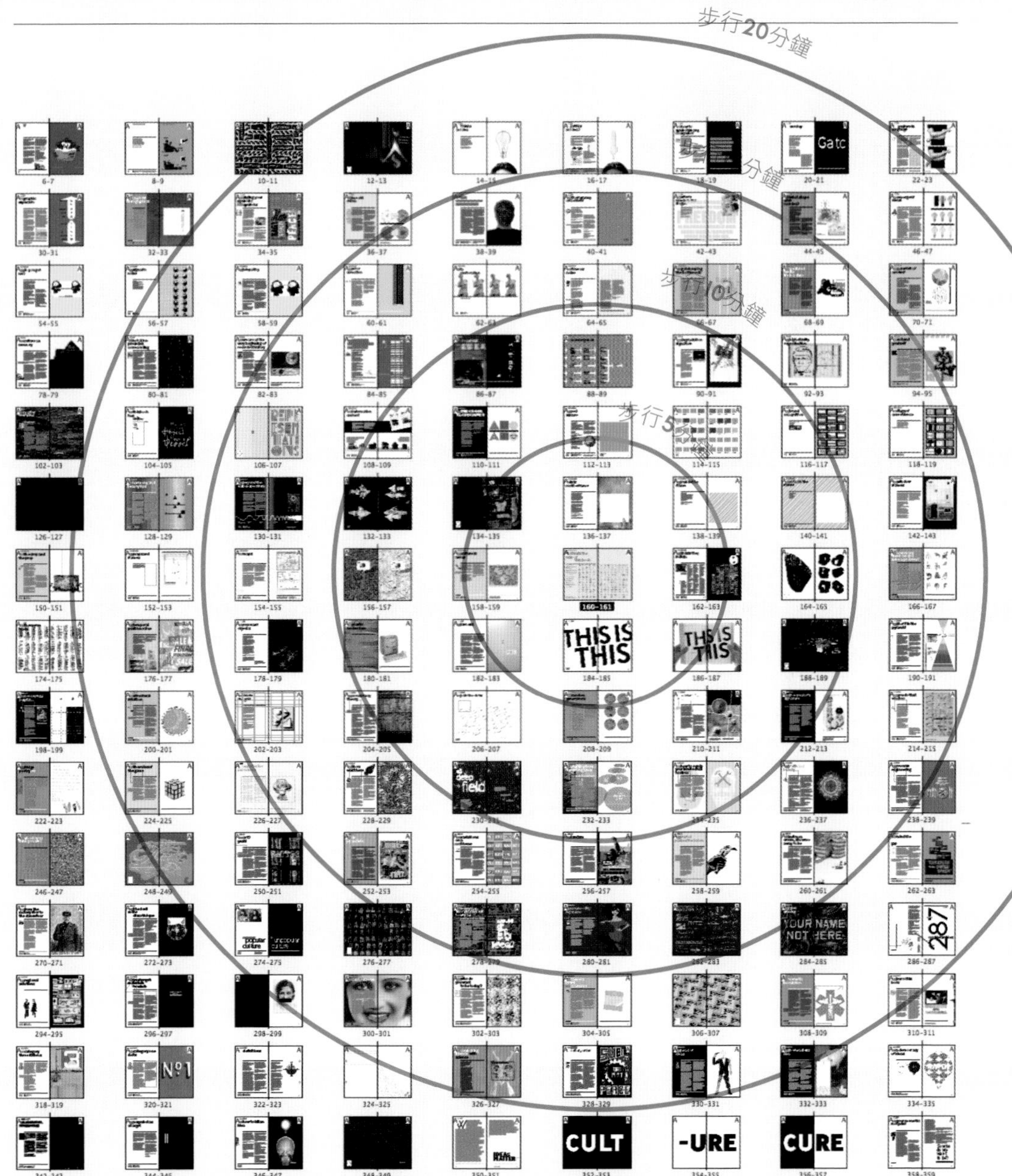

步行20分鐘
步行10分鐘
步行5分鐘

5-14

這是郵戳標籤

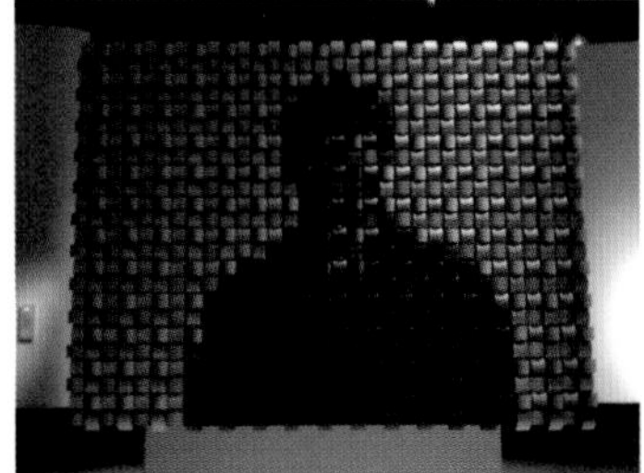

上圖：本書作者出現在丹尼爾·羅金（Daniel Rozin）的「編織鏡」（Weaver Mirror）中。2010 年，這幅作品在英國倫敦維多利亞與亞伯特博物館（V&A Museum）的「解碼」（Decode）特展中展出。

Published by
Fiell Publishing Limited
www.fiell.com

A catalogue record for this book is available from the British Library.

Standard edition:
US: ISBN 9781906863289
UK: ISBN 9781906863333
Limited edition:
ISBN 9781906863456

Proofreading: Alan Hughes, Maureen Darvell, Peter Fiell

Printed in China

Image credits and locations:
5 IP/BlackJack 3D
7 RH
9 RH
10/11 RH
12/13 RH
15 IP/BlackJack 3D/RH
16 IP/RH
17 IP/RH
18 IP
23 RH
25 Fotosearch/Cueva de las Manos (Cave of the Hands), Santa Cruz, Argentina
27 RH, Texas, Fort Worth, USA
31 Trash icons: Apple Europe
33 RH, Luxor, Egypt
34 RH (top, left), Derek Sadd (right), UK
36 NASA
37 Boy Scout Codewheel, 1931 Burnoy Codemaker, 1934 Phaistos disc: WC, PRA
39 RH/Ben Gilbey
40 Perry Como: Decca Records Sarah Vaughan: Universal Music Publishing Betty Carter: Verve Music
43 RH
45 Bulbs: IP/RH Clive Sinclair, Wigfalls DSJ International Plc.
46 RH
47 BlackJack 3D/RH
50/51 RH
53 RH
55 RH
57 RH
59 RH
61 RH
67 RH, San Diego
62/63 RH
69 RH
71 RH
74 Ultravox: EMI/Midge Ure
75 RH
76/77 RH
78 RH, Limoges, France
79 RH, Cairo, Egypt
80 Columbia Records Catalogue, 1943: Sony UK
82 Mary Jane Darvell/John Hart
83 IP/NASA/RH
84/85 IP/RH
86 RH, Morocco
87 RH
88/89 RH
90 RH
91 IP/RH
92/93 Ron Turner/RH
102 RH
106/107 RH
108 House photo: *Psycho*, 1960 Paramount/Kobal collection
112 RH, Amalfi, Italy
121 RH
122 RH, Pompeii, Italy
123 RH, London, UK
131 ©Dr. Klaus Schmitt, Weinheim: www.uvir.eu
132/133 RH, San Diego, USA
134/135 RH, New York, USA
137 IS/RH
143 RH, Amsterdam, Holland
145 RH
147 RH
151 WC/IS/RH
154/155 Harry Beck, after Harry Beck. ©Transport for London, reproduced by kind permission of TFL
156/157 ©Google, 2010
159 Heinrich Bunting, 1545-1606
162 Rachel Ainsdale, London
163 RH, London, UK
164/165 RH
167 Fiell collection
169 WC/RH/ Franz Sales Meyer, 1898
170 RH, Hong Kong
171 RH, Kew, London
172/173 RH, Peru
176 RH, Utrecht, Holland
179 RH
181 Lee Stoetzel. Courtesy of Lee Stoetzel/ Mixed Greens Gallery, NYC.
183 RH
186/187 Steven Davis
188/189 RH
190 Board of Governors of Federal Reserve System
196 Ronald C. James, 1966
197 RH
198 RH, London
201 RH
205 RH, Dallas, USA
209 RH
211 NASA
213 R. K. Greville, 1823-1828
215 Myron ©Evan Dorkin
217 RH
218/219 RH
220/221 IP
223 RH
225 IP
227 Johannes Kepler, 1596 *"Aught but Law and Number"* quote from Alan Moore's novel, *Voice of the Fire*
229 William Cunningham, 1559
230/231 NASA/R. Williams/ Hubble Deep Field Team
232 RH
234/235 RH/WC/United States Department of Energy (from Feynman's ID badge)
237 Fox/WC
239 Thomas the Tank Engine and Friends: ©2009 Gullane (Thomas) Limited
241 RH
245 RH, Tywyn, Wales, UK
247 RH, Shenzhen, China
248/249 RH
251 RH, Montreal, Canada
253 RH
255 RH
257 RH
259 Banana: ©The Andy Warhol Foundation for the Visual Arts/Artists Rights Society (ARS), New York/DACS, London 2010/RH
261 RH, Lake Balaton, Hungary
265 WC/Marco Bonavoglia (left), Sqamarabbas (right)
267 Andrew Byrom
268 Jan Tschichold, 1928
270 RH, Prague, former Czechoslovakia
271 Anonymous communist designer/RH
272 Abba: Polar Music International AB
273 RH
274 ©Tretchikoff Foundation www.vladimirtretchikoff.com., (left), Leonardo Da Vinci (right)
276/277 RH/Phrenological heads, Science Museum, UK
281 RH
282/283 RH
284/285 RH/BlackJack 3D/IP
289 Popular Mechanics magazine, 1950
291 RH, West Ham, London
294 RH/anonymous artists
297 Calligraphy: Reza Abedini
299 Steve Cook
300/301 Steve Cook
305 IP/Franci
306/307 RH
309 RH
311 May 10 1933 Berlin National Archives and Records Administration /iMac: Apple Europe/RH
312 RH, Paris, France
313 Saron Hughes, London UK
315 RH, Montreal, Canada
317 RH, Ealing, London, UK
319 RH, San Diego, USA
321 RH, Yorkshire, UK
327 RH
328 RH, London
329 RH
330 RH, Kuala Lumpur, Malaysia
331 RH
333 YouTube screenshot: uploaded by username 'IranianRevolution'
334/335 RH
336 RH, New York, USA
337 RH, Puno, Peru (top)/ RH, Hong Kong (bottom)
339 RH, various locations
341 Bomb: Reg White
345 RH
347 RH/Andrew Manley/IP
358 RH
361 RH
362 RH
364 RH

RH Rian Hughes
IP istockphoto
WC Wikipedia Commons
Uncredited diagrams: RH

This book was designed on a 21" iMac 3.06 GHz Intel Core Duo with 4GB 800 MHz DDR2 SDRAM running OS 10.5.8 using Adobe Indesign CS3, Adobe Illustrator CS3, Adobe Photoshop CS3, Fontographer, FontLab and TextEdit. Images were shot on a 10MP Samsung NV24HD camera, a Canon EOS 450D, an iPhone 3G or scanned using an Epson 10000XL scanner. The body text is set in Ministry, a fourteen weight family designed by RH and based on an upper case original by an unknown Ministry of Transport designer, 1933, (updated later by Hubert Llewellyn Smith and J. G. West), stored in the Kew Records Office, Kew Gardens, UK. Available from Device Fonts. Seven proof editions were output at different stages of completion using Lulu Press' digital print-to-order service: www.lulu.com.

Every effort has been made to acknowledge copyright holders. Fiell Publishing wish to thank all copyright holders who are included, and apologise for any errors and omissions. If contacted, these will be rectified at the earliest opportunity.

▸160 這是地圖
▸326 定義
▸50 創意發想

SCIENCE SERVICE APPROVED

APL
F
E
D
C
I
H
G
M
V

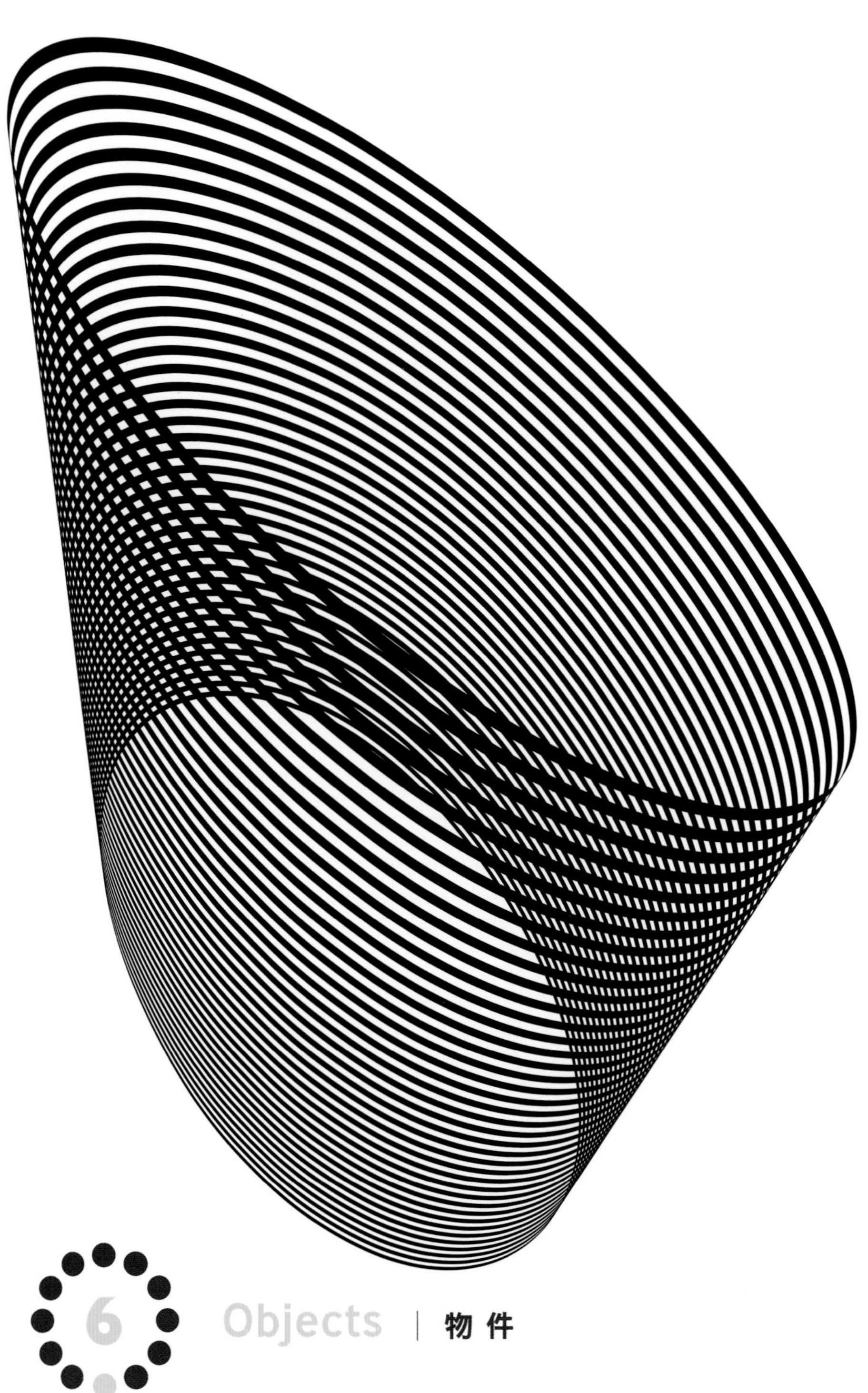

6 Objects | 物件

6-1 你能解決多少次的問題？

「王位不過就是一張由天鵝絨包覆起來的長椅而已。」——拿破崙

雖然有些問題很難解，有些問題卻似乎充滿許多正面積極的解決之道。

包浩斯（Bauhaus）學派教導我們，一個被製造出來的物件外觀，應該依循功能目的，也就是「形式追隨功能」（Form follows function）。

因此，我們可以假設推論，一張椅子這個問題，只有一種最佳解決方案，尤有甚之，我們唯有採用一種嚴格理性的公式，才能推演出這個唯一的解決方法——其他一切都不過只是風格罷了。

但是風格也有其功能。

風格存在的唯一時候，就是當問題有不只一個務實解決方案的時候。

風格並不具備實際世界的腰部支撐作用，而是在以外觀為主的審美世界及充滿象徵和意義的文化世界中，發揮作用。

我們可以形容某件東西擁有美麗高雅的風格；風格會讓他人知道我們是誰，透露出我們的品味和學問、喜好與偏好、階級、收入。

由於不會只有一種務實的解決方案，因此非務實面向的東西，也就是「藝術成分」——得以自由演進、變形；風格受限於有創意的創新概念，而相關流行文化興起衰落的循環，也會讓這個「藝術成分」受到制約。

風格變成了文化基因發出的鮮活信號型態，是一種文化語言，也是一種藝術形式。

風格與時俱進，會變成流行時尚。時尚就跟風格一樣，也是在功能這實際需求被滿足後才會發生。

就算還沒壞掉，還是要翻修一下。

▸180 地點的時間價值
▸158 地圖
▸282 人人都想找到做自己的方式

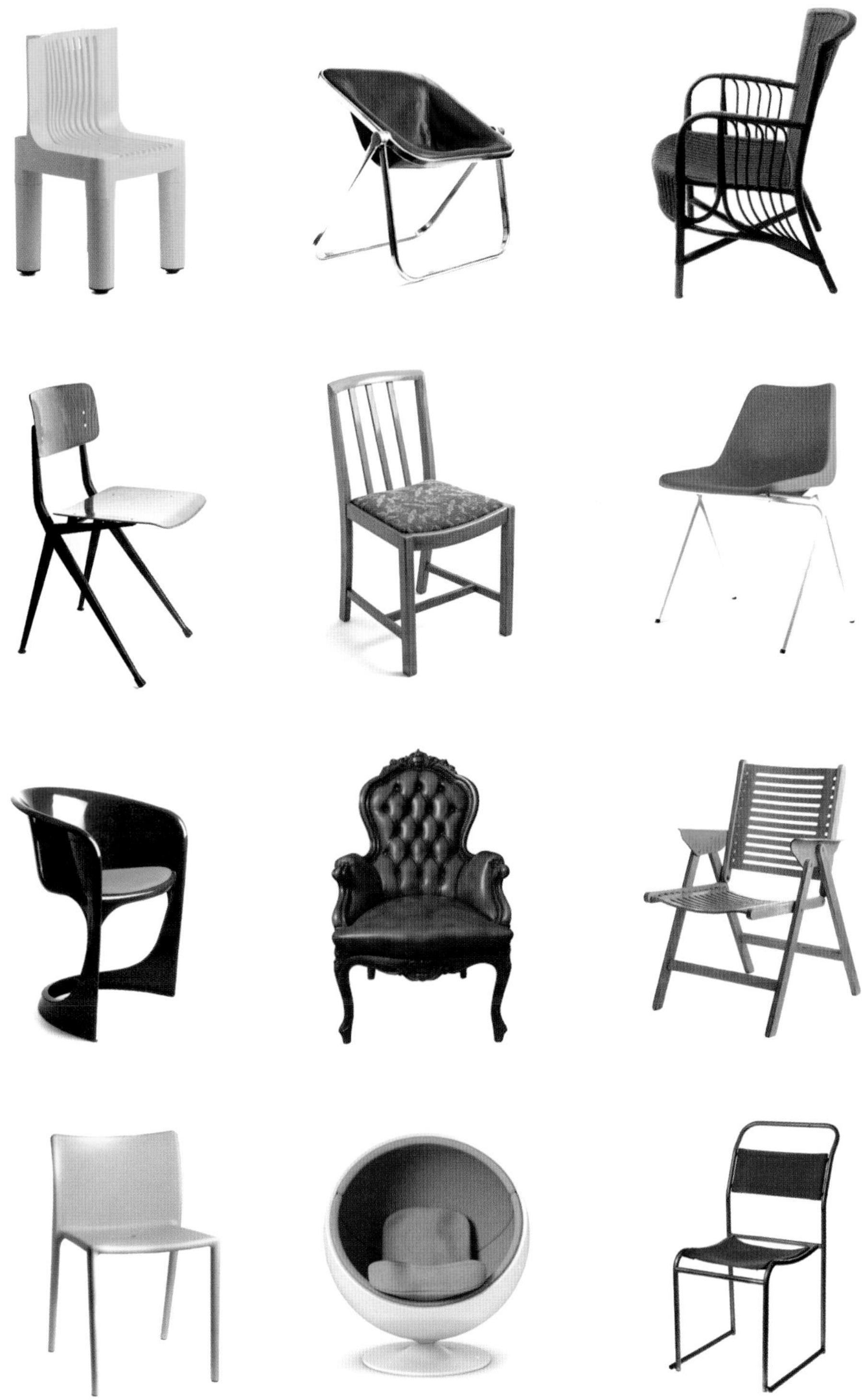

6-2 裝飾的罪惡

在創意藝術中，尤其是建築領域裡，「現代主義」施展了壓倒性的力量，如此全面且不容爭辯。這得歸功於其無法推翻的理性思維。

這是不容置疑的風格，因為它超越風格，在風格之上——更像是種科學。

1908 年，奧地利建築師魯斯（Adolf Loos）揭示現代主義運動的社會和建築目標：「下面是我找到的新發現，我要跟全世界分享：文化的演進，跟拆除實用物件上的裝飾是同義字……沒有裝飾就是知識力量的符號。」

在大量生產的時代，沒有實際功能的裝飾視作是布爾喬亞階級的矯飾造作，就像穿戴一身金光閃閃。

現代主義試圖超越風格或時尚多變的概念之上；其合法性與其說來自於內在的審美價值觀，不如說是對普世（universality）與永恆（timelessness）這些觀念的訴求。現代主義放寬了自己的「框架」，將社會、文化及政治面向全部納入。

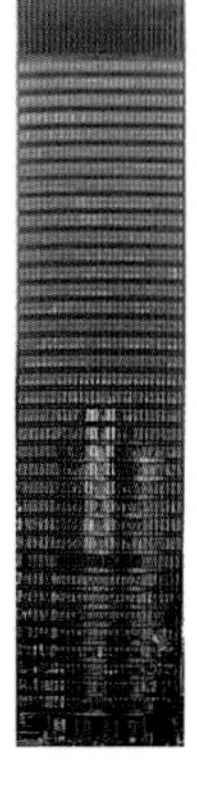

對於我們居住其中的空間，「建築決定論」（architectural determinism）斷定這個空間的設計，當能改善我們行為並改革社會。

當時現代主義建築運動倡議一種烏托邦式的社會議題：「建築型態與空間的特色……是決定（人們）思想本質、情感、行動的媒介，威力強大。」——美國建築家費瑞斯（Hugh Ferriss）

羅馬尼亞獨裁者希奧塞古（Nicolae Ceausescu）熱切將這個理論付諸實現，推動「系統化」（systematisation）的共產主義計畫。小型村落被認為「不理性」；當地人口被迫遷出，老建築也遭拆毀。首都布加勒斯特（Bucharest）很多區域都被剷平，包括老教堂在內，居民經安置遷入制式化的新公寓社區。

但是，現代主義本身是否也能成為一種風格？德國現代主義建築大師凡德羅在紐約蓋的西格拉姆大廈（Seagram Building），「框架外露」（exposed frame）的特色已成為著名的現代主義象徵，但這其實是用水泥包覆起來的裝飾，非關結構。相反的，所謂的「傳統」建築，往往都是經歷高度演進過程的務實方案，利用在地素材，以滿足當地環境的需求，例如阿爾卑斯山區的木屋，屋頂就建成坡度傾斜，不易積雪。

如果功能的外觀實際上並不具備功能，那麼基本上就是一種意識形態或風格的選擇，而非務實考量。裝飾不是美麗的必要條件，但裝飾本身可以是美麗的。

▶272 最大的框架
▶274 從工廠地板到舞池
▶284 商品拜物教

左圖：凡德羅在 1975 年設計的西格拉姆大廈。
右頁背景：《裝飾手冊》（*A handbook of ornament*），法蘭茲．梅耶（Franz Sales Meyers），1898 年。

SWAG

6-3 商品崇拜

這值多少錢？

一個東西的金錢價值取決於位置，包括地理位置與社會地位。某個東西在一個地方很普及，因此價值不高，但換到另一個地方，卻物以稀為貴，這種活動就叫做貿易。

這並不是巴黎。

地點，地點，地點。

貿易商品的意義也會跟著改變。同樣東西放到不同環境，就會在每個環境取得不同的象徵意義。

在現代電子通訊出現之前，貿易是散播文化基因的主要載具。

例如，高級訂製服的時尚以往都是以法國時尚來行銷，即便這些衣服根本就不是來自法國。這裡借用（或者說偷來）的是種概念連結，一種象徵意義——在這個例子中，這個概念就是法國時尚獨特、細膩講究、光彩耀人。

▸176 熱愛外星人
▸180 地點的時間價值
▸46 當自由只是口號

懷舊款

過季品

有價值

不值錢

6-4 熱愛外星人

TO
ADVERTISE
HERE
TEL: 1923 67733

▶178 文化基因貿易
▶174 商品崇拜
▶232 汝曾在此

6-5 文化基因貿易

▸174 商品崇拜
▸312 文化基因疫苗
▸340 文明的麗光板裝飾薄面

PHILADELPHIA GENEVA BORDEAUX

ROTTERDAM TORONTO LONG BEACH

LOS ANGELES LUZERN EDMONTON

OSAKA BARCELONA

SINGAPORE LONDON MARSEILLES

6-6 地點的時間價值

時尚的週期：創新〉採用〉成熟〉退場〉重新受到注意。

一個週期接著週期；用創新手法來復古，重新提出創新點子。

親愛的，如果你最近想找某個樣式，反諷的文化參照可是夯到不行。

除了這邊有點小生鏽那邊有點褪色外，商品會固定在實體本質（is-ness）上；然而，它們的文化價值卻會隨著周遭環境的改變而起變化。

跟一直是最新狀態的「現在」這個時刻不同的是，商品會以一週 7 天、一天 24 小時的速度沉落到過去。它們移動的方式就是靜止不動。雖然物件本身保持不變，但估價方式和代表的價值卻會隨著時間而有所改變。

昨天大拍賣中的減價商品，可能就是明天收藏家最想找到的品項。

復古款就是下一季的流行時尚。

▸174 商品崇拜
▸342 垃圾文化
▸284 商品拜物教

Sale
SALE
Now
$24.95
Bargain
SALE
¥
50% off
SALE PRIC
FINAL
REDUCTIONS
VENTE
Sale
SALE
soldes
Everything
£1

6-7 引發共鳴的東西

物件和語句可透過刻意或意外的連結，取得全新的象徵意義。

「碧草丘」[12]（The Grassy Knoll）便是一個詞彙或語句被賦予絃外之音的例子。往往跟歷史事件有關，這歷史事件因此變成某個特定概念或世界觀的強有力例證和象徵。

在這個例子中，這個意義跟某個地點產生連結；在其他例子中，象徵意義可能是跟某個物件或一年中某個時節有關係。

當然，我們不見得會意識到這層額外的意義，就像我們仍舊可以去參觀博物館，純粹只欣賞收藏品的形式美感特色，而不去理會文化脈絡。

但你也可以細讀作品旁的說明牌。

當物件、地點和時間被植入文化脈絡，很容易就會變成象徵，滿載著意義和重要性。

一雙鞋子。

這剛好是傑克．凱魯亞克[13]（Jack Kerouac）的鞋子。

12 譯注：當年美國總統甘迺迪遇刺時，車隊剛好經過一個草地山丘，「碧草丘」一詞便演變成陰謀的隱喻。
13 譯注：凱魯亞克（Jack Kerouac），美國作家，以《旅途上》（*On the Road*）一書成為「垮掉的世代」代表。

▸220 浮誇的具象化
▸208 陰謀論
▸348 把象徵當成槍靶子

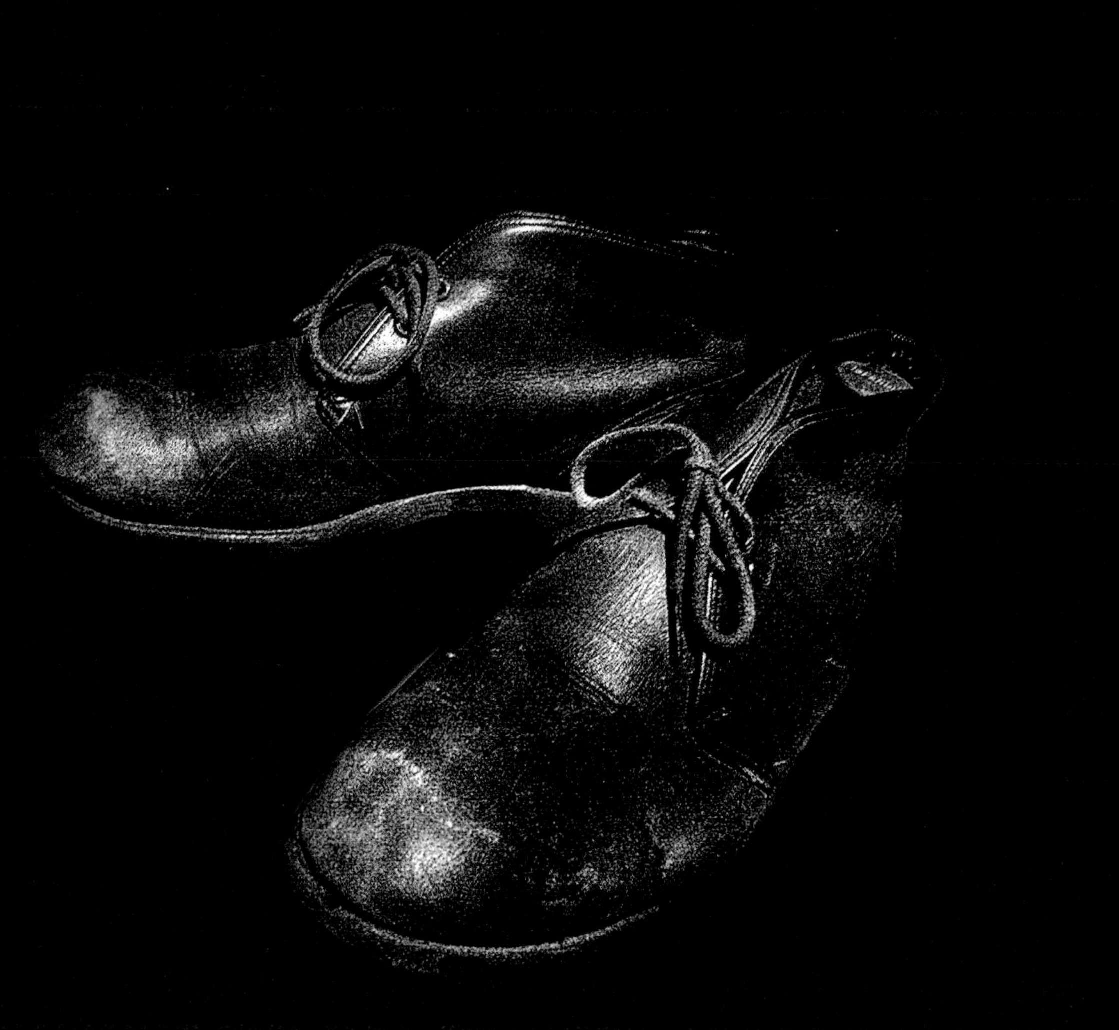

6-8 塑膠現代主義

物性（thingness）重視的是材料內在的特性，例如：木頭紋理、石頭、布料、塗漆。

塑膠是現代人造的「普世媒介」。塑膠有各種顏色、造型和材質，沒有內在的屬性，沒有天然的紋理。

它是完美的現代主義材料。
一個沒有物性的東西。

塑膠出現之前，可摺疊的材料都是從大自然取得，像是木頭、石材、黏土，再加以塑形、雕刻、上色。過程中，這些「工作材料」的個性特質都刻意淡化了。

全新的完美塑膠材料存在於電腦的 3D 空間，可無限延展，因此擁有設計師都想要的形狀或特質——只是實體上並不存在而已。

它只存在於二元型態構成的虛擬觀念空間，這個空間僅能用數學來描繪，聚集了完美的柏拉圖式形狀。除了我們選擇賦予它的特性之外，它本身沒有內在的紋理、質感、密度、口味、香味和形狀。

▸186 存在的本質
▸304 量身訂做的我
▸34 圖形世界語

6-9 存在的本質

也許你可以為一張新唱片撰寫一份再詳盡不過的評論，但這份文字構成的評論，仍遠遠比不上實際聆聽那首歌的體驗，也就是「當唱針接觸到黑膠唱片」那瞬間所發生的微妙感受。

這是格式轉換，或者說是媒體重新媒合的另一種型態——用另外一種媒體來形容某個媒體。不論這個形容多麼精確，總是有點隔靴搔癢，因為畢竟只是對這件東西的重新詮釋。

不過，奇妙的是，現在這個形容本身也在真實世界擁有了自己的生命，有自己的特質，雖說跟所描述的音樂體驗仍是兩回事，但已經變成是有自我存在意義的東西。

地圖再次變成領土。

由於這個緣故，地圖本身也可以重新再畫上另一張地圖，我們可以再寫另一篇文章來描述音樂評論的歷史—— 一份評論評論的評論。或者，我們可以用一本書來詳細描述繪製地圖的歷史演進過程——一份解釋地圖的地圖。

放在咖啡桌上的那本精裝大書，複製了古老地圖的照片，印刷在精美印刷的亮面書頁上，就是代表那張地圖的代表的代表的代表。

當我們問「那像什麼感覺？」，其實問接暗示了這個兩難之處，因為我們無法用心電感應方式重新將經驗移植到另一人的大腦，因此我們能提出的最佳描述，就有賴跟類似經驗的比較。「你知道X嗎？就跟X一樣，嗯，有點像是那樣子。也許還摻雜了一點Y的感覺。」

當我們問：
「感覺像什麼？」
「看起來像什麼？」
「聞起來像什麼？」

意思其實是：
這跟什麼類似？

描述多半有賴比較。「比較」就像一張由相似和差異組成的複雜網絡，能否發揮功能，得看我們是否都嵌入了大家共同分享的體驗，也就是文化。

然而，事實是：
對一個東西最精確的形容，就是這個東西本身。

一個物件的客觀性，就是這個東西的物性。

▸184 塑膠現代主義
▸156 地圖與框架
▸160 這是地圖

This item has been
temporarily removed

LABEL REORDER REF - ITEM #0223

這個物品暫時移除。

6-10 這個就是這個

「為何這個就是如此呢？這個『因此』的原因何在呢？」──美國政治家華德（Artemus Ward）

▸184 塑膠現代主義
▸156 地圖與框架
▸160 這是地圖

SIS
HIS

OBJECTS
TH
T
"Why is this thus?
What is the reason for
this thusness?"
– Artemus Ward
186

「為何這個就是如此呢？這個『因此』的原因何在呢？」── 美國政治家華德

SIS

IS

187

7 Perceptions | 認知

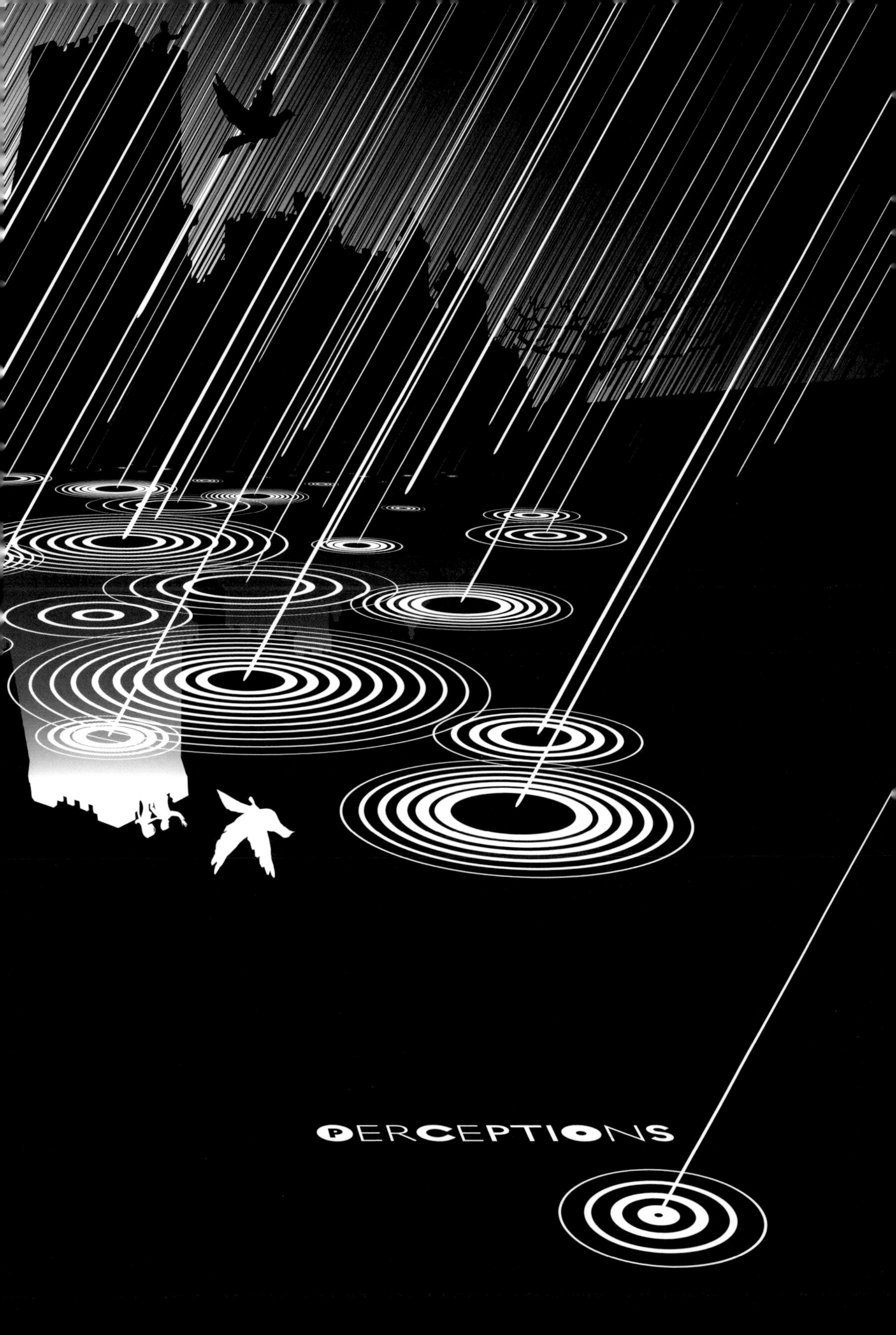

PERCEPTIONS

7-1 金字塔中的「我」

「我」在哪裡？

我們對「自我」的感受，存在於我們注意力的焦點中，存在於主觀和客觀透過感受而交會的那個地方。

這個焦點位在已內化的「資訊處理金字塔」（processing pyramid）的最頂端，我們接收到外在世界的資訊，就是從這裡進入大腦。

一旦熟練的技巧、學會的戲法、處理過的觀察內容，都在這個金字塔逐漸往下移動，然後變成無須再重新檢視的自動回應。這讓注意力金字塔最頂端釋出空間，注意下一波有趣的現象。

注意力焦點移轉到內在的思考過程，遠離外界感官的刺激，這就叫做反思，或是做白日夢。

我們擁有的所有知識，是否都會經歷這個「金字塔最頂端」的體驗呢？有些讓生命延續下去的基本技能，似乎從一出生就緊密跟著動物。我們不需學習如何呼吸，或者要別人告訴我們餓腸轆轆時要吃飯。

有些身體運作流程，處在這種自動自發反應的邊緣上。例如，有需要時，我們可以有意識地掌控呼吸（事實上，說話的能力跟這件事有關），但一般來說，我們都很樂意將這責任交給體內的自動系統。

再往下看，則是那些我們並未有意識感受到或有控制能力的流程，例如，頭髮長長、指甲變長、消化、老化等等。

從眾所矚目在自我身上，我們很自然地向下回歸到動物、生物、化學和礦物的層級。

從「我」到「非我」。

「不論聰明才智是什麼，絕對不是到了底層還是一樣。在最底層的地方，根本就是很笨的東西。大部分的生物學，抽絲剝繭到最後就是化學。」── 英國哲學家克拉克（Andy Clark）

▸326 定義
▸88 複製，複製，再複製
▸196 不同世界的處理方式

客觀，外在

注意力的焦點

主觀，內在

▲有意識的控制之內

受指導控制的流程

學習新技能並用新方法來應用所學技能

學語言

學開車

操控遊戲機連續動作

學彈鋼琴

專注執行創意表演

半自治的流程

利用所學技能，暫時掌控一般原先是自治的流程

開車

玩遊戲機連續動作

彈鋼琴

做白日夢

屏住呼吸

完全自治的流程

有意識控制之外的流程，基本上是生理基因，

而非文化基因所掌控

消化

心跳

細胞分割

留長指甲和頭髮

老化

有意識的控制之外▼

7-2 不同世界的處理方式

掃瞄顯示大腦會「做夢」，即便在清醒時也是，但是這些夢被外在世界鮮明的感官刺激遮掩住。夢這件事，是金字塔較底層自動化流程毫無焦點的自由滑動，全靠自身的機制，沒人理會，而在意識最頂端的舵手也暫時沒有採取行動。

雖然資訊不在我們注意力當下的焦點中，仍舊可以慢慢滲入我們腦中。一件新奇事物的出現，例如在眼角餘光中忽然出現的動作，會吸引我們有意識的注意力，馬上被帶入我們的焦點中。那是**侵略者嗎？**

自動化的流程一天 24 小時、每週 7 天不間斷替我們忙碌工作，就像是企業的員工工作多半都沒人注意到，但若是它們迫切需要你的注意力時，仍會在你桌上留下一張紙條。

把位在較底層自動化流程部門那些提煉過的資訊，以本能的方式加以使用，就是所謂的直覺── 過去經驗值的「統計」總和，會提供我們看透全新處境的洞見。

另一個倒過來的金字塔，說明了我們與外在世界的互動關係。接觸點就發生在觀者看到東西、聽者聽到聲音、感覺者感受到感覺的那一刻。

這個顛倒過來的金字塔，延展到客觀世界，反映出主觀世界。

第一手體驗是我們自己與外在世界的互動。

調節過的經驗，將感官不會或不能直接認知到的資訊，帶入我們的世界中。

在這個世界之外，永遠都會有超越我們知識與體驗的東西。

在外在世界，我們影響力可及的範圍，最初面臨的限制是聲音可傳達的距離、步伐的速度、手臂可伸展的長度。

現在改變了。新興媒體賦予個人力量，讓個人可以將影響力擴展到更遠。我們的「文化基因腳印」，跨出的步伐越來越遠。

直覺是來自「下方」、而非來自「上方」的資訊。

▸78 比真的東西還棒
▸200 模式認知
▸98 延伸自己

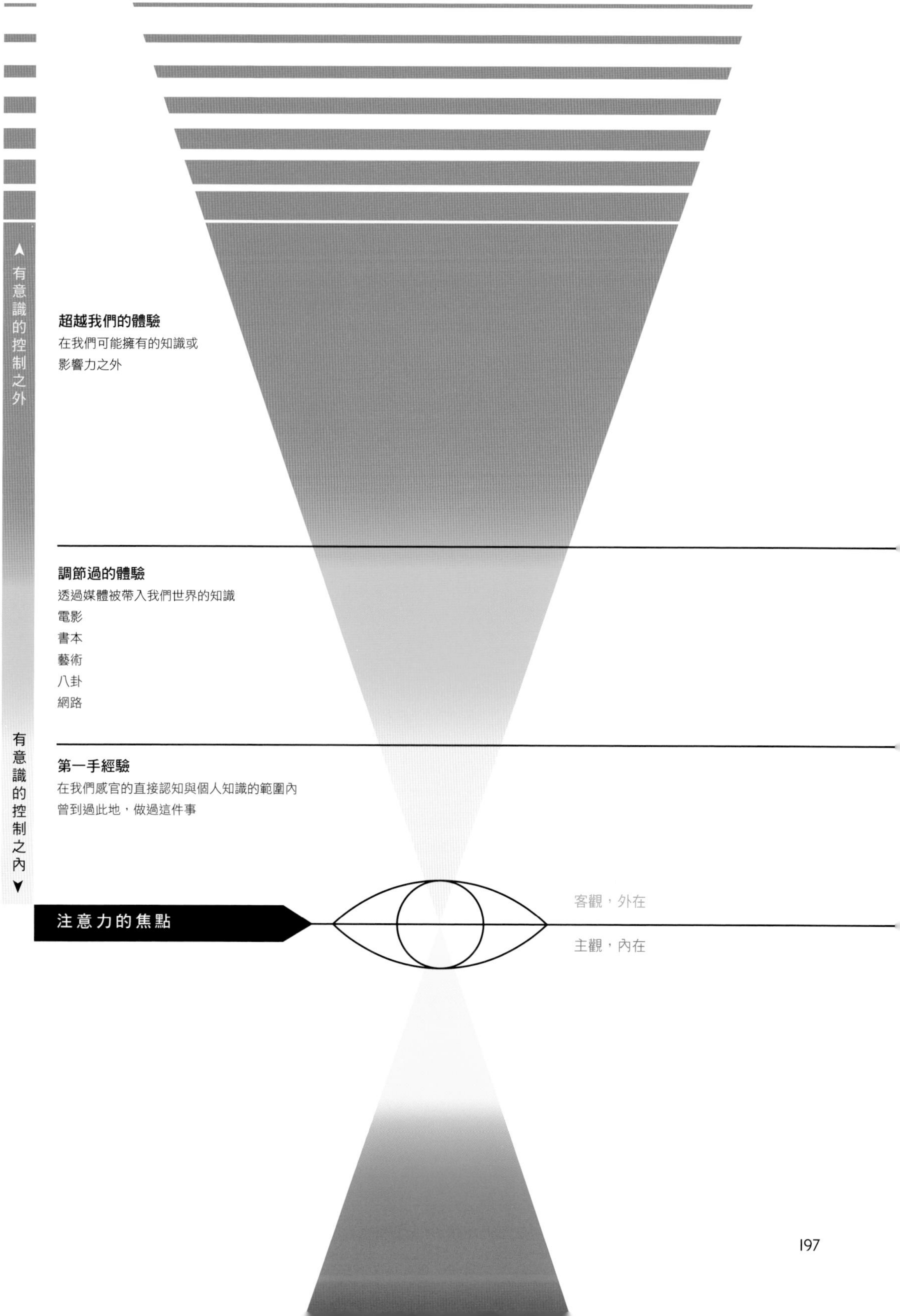

▲
有意識的控制之外

超越我們的體驗

在我們可能擁有的知識或
影響力之外

調節過的體驗

透過媒體被帶入我們世界的知識
電影
書本
藝術
八卦
網路

有意識的控制之內
▼

第一手經驗

在我們感官的直接認知與個人知識的範圍內
曾到過此地，做過這件事

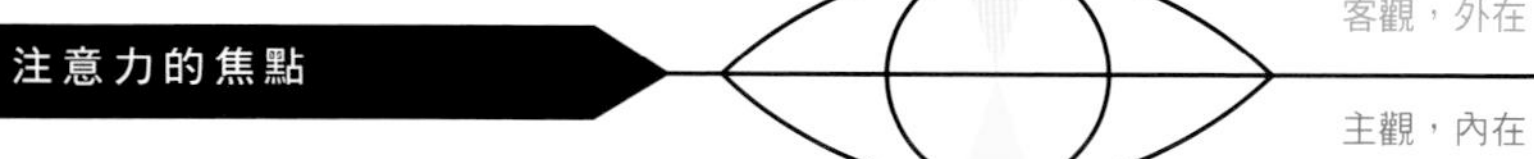

你 在 這 裡

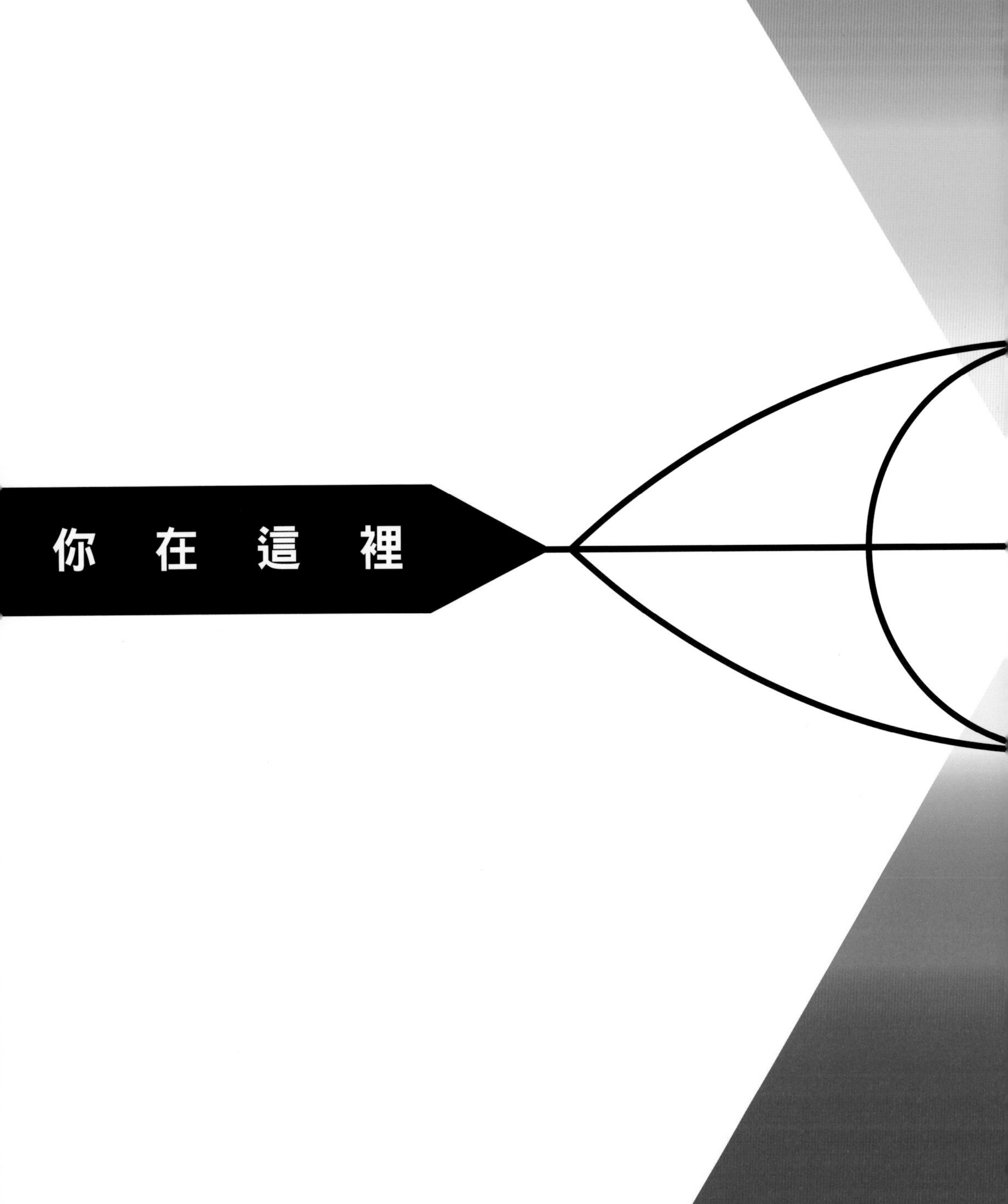

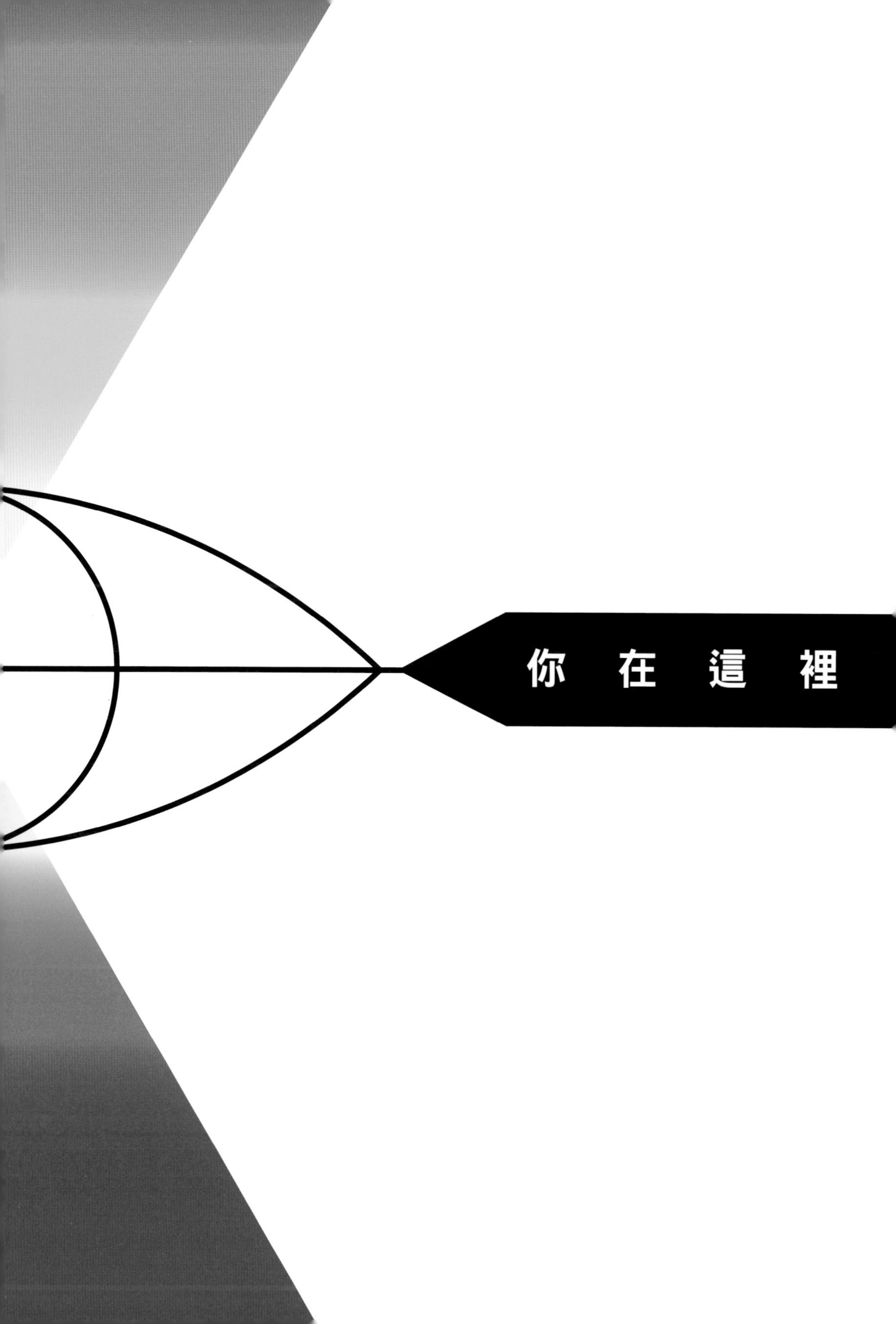

你 在 這 裡

7-3
模式認知

客觀的外在世界提供我們感官刺激的原始素材。

然而，為了清楚接收外界資訊，我們的感官卻不太誠實，只說出了一半的故事。外界刺激必須重新詮釋，得在我們內在篩選並處理過，好讓大腦找到意義。

左圖是一組斑點任意組合圖顛倒過來的樣子。不過，把這個圖轉過來，3D 的形態很快就變得很明顯。外在刺激基本上是相同的，但我們從中可擷取到的資訊卻變多了。

我們是非常敏銳的模式認知機器。

大腦的感官處理能力效率很高，所以我們才能利用僅是基本的資訊，就能畫出可用的世界地圖。

人類這個特別精煉過的技能，可能經歷許多演進，因為人們必須察覺藏在高草叢間的掠奪者，因此承受了物競天擇的強大壓力。

最多的感受，來自最少的感官刺激。你的人生可能就得仰賴它。

▸40 我的朋友
▸64 錯誤修正
▸218 你施展的巫毒

上圖：羅納德．詹姆士（Ronald C James）攝影，1966 年。

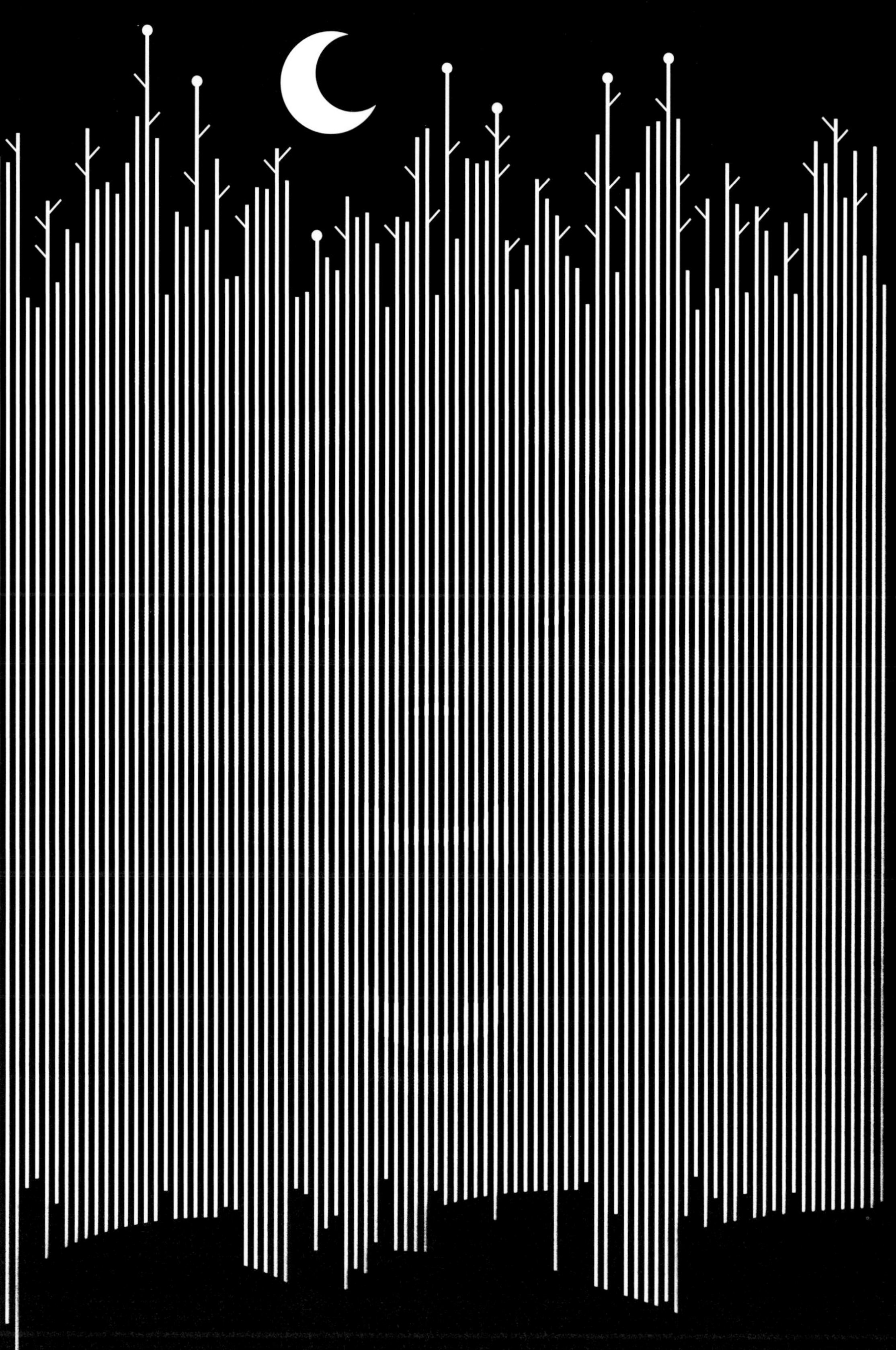

大腦如此擅於對遺缺的資訊做出假設，使得有些視覺幻像還得靠大腦這個能力才能發生。

埃氏錯覺（Ehrenstein illusion，右頁）是由許多線條組成的格子所構成，這些線條在交叉點處中斷，形成短距線條。大腦假設這些線條會延續下去不中斷，因此認知到一個白色圓圈的存在，這個圓圈比背景的書頁更白，由於它位在交叉點前面，因此擋住了視線。

這是概念的底層塗漆（polyfilla）。

卡尼薩三角形（Kanizsa Triangle）也創造出類似的效果。這個視覺幻覺是由義大利心理學家卡尼薩（Gaetano Kanizsa）在 1955 年提出的概念。

同樣的，當我們將估量好的假設值，填滿既有資訊中間的落差時，我們就能看到一個完整的三角形，即便這個三角形邊緣出現斷裂不連續狀。

大腦能填滿我們所熟知的盲點，也就是視覺神經脫離視網膜的眼睛部位，則是另一個例子。

我們可以利用「知識假設」來跨越知識上的落差，不論是視覺上還是文化上的。

▶ 214 美麗心靈
▶ 236 從錯誤開始

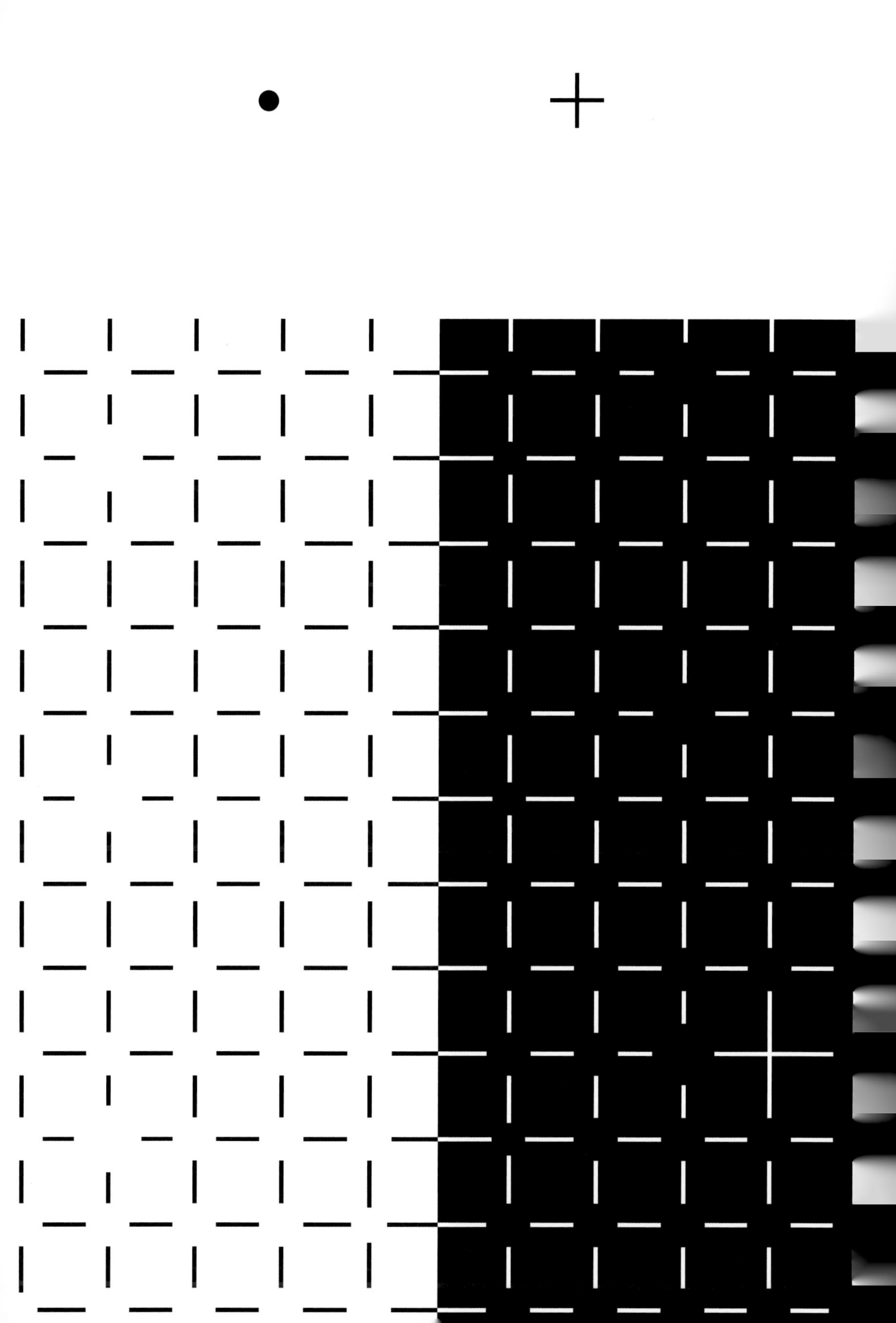

7-5 結構性直覺

A

在未經處理的資訊中看到模式的能力，稱為結構性直覺（structural intuition）。

B

大腦中的連線，會尋找秩序與順序，如果沒找到的話，大腦往往會強加一個在其上。

在某個特定情境中我們接收的資訊越少，我們就必須更加小心注意自己從這些資訊中推論出來的模式。

認知到的模式實際上可能存在，也可能不存在。

以生存的術語來說，「謬誤的正向資訊」（false positive）比「謬誤的負向資訊」（false negative）來得較不危險。

我們要如何區分這兩者呢？要從錯誤的結構性直覺中分辨出正確的直覺，其中有個很好用的金科玉律：

正確有效的見解普世通用。

例如，每個文化都會看到星星組成的模式。然而，很少文化彼此會看到同樣的模式── 在不同時節與地點看到的星座都會不同。在英國，北斗七星是大熊星座，但在法國則像是平底鍋，對史奇地波尼印第安人（Skidi Pawnee Indians）來說，則是搬運病人的擔架。對馬雅人而言，像是鸚鵡，對埃及人來說，像是公牛腳。印度人詮釋為七位智者，而對古代中國人來說，則是戰車。

因此，這些詮釋很有可能都是人為的創造── 隨機取材而產生的地區性結構性直覺，而不是存在於人類文化之外的客觀事實。

如果你的世界觀僅維持在區域性的觀點，很可能這個世界觀其實只是文化的產物；也許就像在地的飲食文化跟營養學的研究有所衝突一樣。

另一方面，地心引力原理從中國到加州都未曾改變。因此，我們可以確認我們描述的是客觀事實。

這就稱為等向性原則（isotropic principle）── 這裡和那裡都是如此。

上面是如此，下面也一樣。

▸210 連連看
▸214 美麗心靈
▸240 真相與美麗

NOVEMBER
DECEMBER
JANUARY
FEBRUARY
MARCH
APRIL
MAY
JUNE
JULY
AUGUST
SEPTEMBER
OCTOBER
Dinner for One
The Napkin
Serpens Caput
Serpens Cauda
Tie Fighter
The Earthworm
Sling
Arcturus
Altair
The Die
Vega
Envelopium
Remotus Minor
Tamisium
Remotus Major
Deneb
The Pointer
Telescopium
Great Teapot
Canis quod Paper
Polaris
Regulus
Matteus Rosé Major
Spectaculum
Wandromeda
Muris
Brickus
Navis
The Hamper
Capella
The Bicycle
Tendo
Pleiades
The Satellite Dish
Procyon
The Sunhat
Betelgeuse
The Cravat
Escargot
Sirius
Rigel
The High Four

7-6 這是格子

我們認知到的許多模式都是真實的。

這是本書的頁面編排方式，是隱形的格子。這格子賦予本頁資訊清楚的層級和結構，且擴展到每頁都一樣。就像是小說的扎實情節，這是內在一致的人為創造物。

解釋文字應該放在這裡。以本頁來說，標題的「這是格子」應該放在左上方，當成是引導介紹和總結。

重點部分則以**放大字級**和**粗體**字來特別強調。

內文字體則用中明體這種字型，字級大小設定在 9.5。

標題則是用粗黑體這種字型，字級大小設定在 27。

右頁則以插圖來評論、闡述、裝飾本頁的內文。

頁碼 + 參照主題 1
頁碼 + 參照主題 2
頁碼 + 參照主題 3

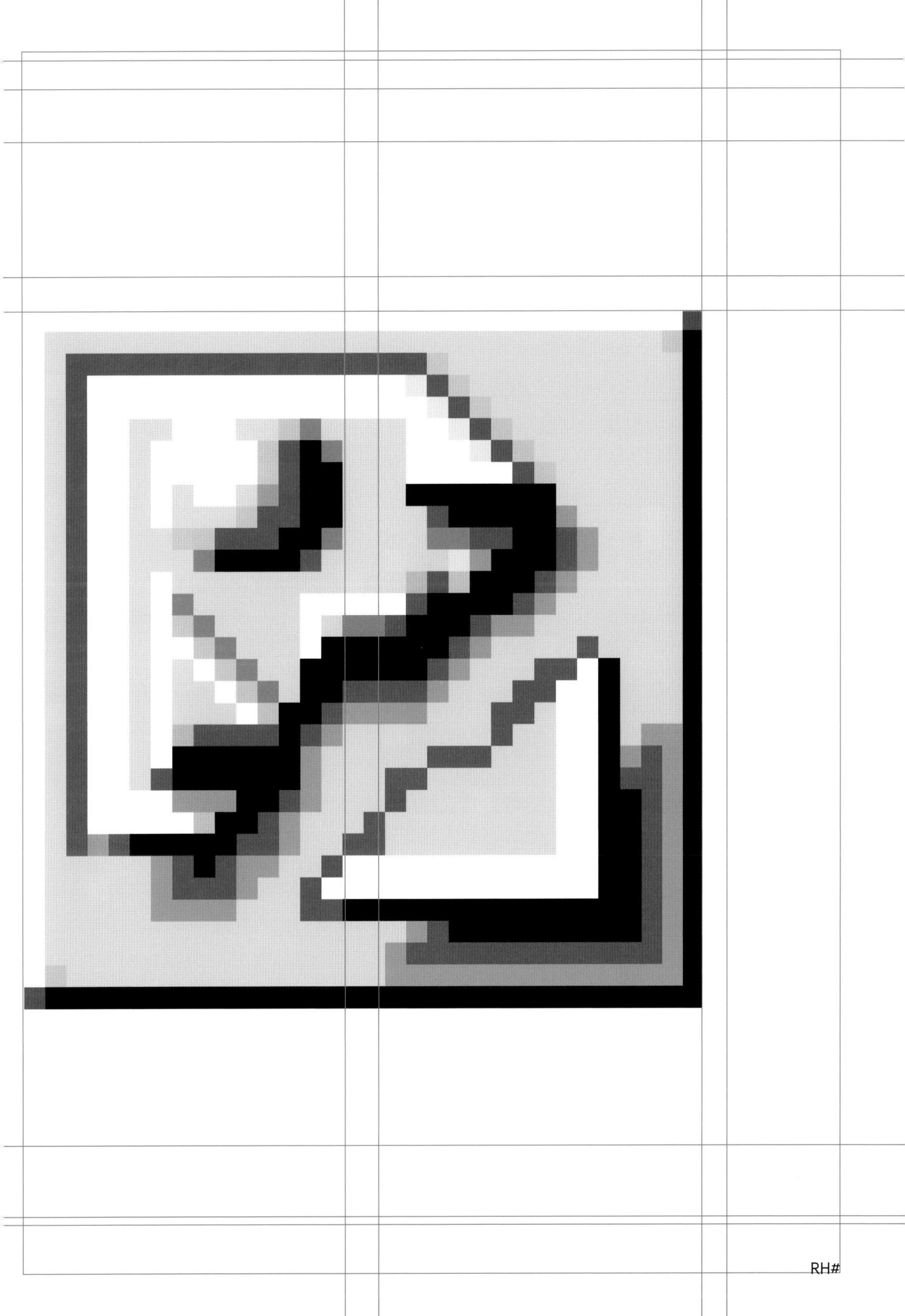

7-7 陰謀論

從圖像中看出模式的能力有一種世俗的推論──傾向從一連串事件看出因果關係。

現實中，這些事件可能有因果關係，也可能沒有。

「當重大事件發生，導致該事件跟從該事件衍生出的一切，似乎也會顯得很重要。即便是最瑣碎的細節都閃耀著重要性。」── 美國作家歌德華（Arthur Goldwag）

陰謀論（conspiracy theory）就是針對這種現象，當前很流行的說法。

這個理論宣稱影武者為了自己謎樣般的目的，在幕後施展權力，操控世界大事。這跟宗教的世界觀有驚人的相似處，但這不光只是說這兩者不論哪一個，都很難找到確鑿事證來支持其理論。

我們全都參與不斷尋找意義的旅程，將原始經驗加以過濾，並繪製好心理地圖和理論來解釋並架構我們的認知。

許多流程可能會得到偏差結果。認知偏差（cognitive bias）很常見，這是指我們對支持一項理論的某些證據，給予更優惠的待遇，駁斥跟這個理論相反的證據。避免認知失調（cognitive dissonance）也很常見，這是指我們不喜歡同時有兩個相互矛盾的觀念出現。

「如果有人碰上跟他直覺相牴觸的一件事實，他會仔細檢視這個事實，除非證據確鑿難辯，否則他會拒絕相信。另一方面，如果他碰到的事，給他一個理由讓他能跟著自己的直覺行動，即便只有最薄弱的證據，他都會接受這件事。」── 英國哲學家羅素（Bertrand Russell）

即便如此，我們仍無法擺脫這種感覺：重大事件在發生前總會有徵兆。

我們往往視天災是因觸怒神而遭天譴，並視好運為神對我們的公平獎賞。

我們難道不是只是在對自己催眠嗎？在沒有意義的地方硬擠出意義來？我們該如何區分有意義和無意義的東西呢？

而就算只是個人主觀的意義，那個意義真的存在嗎？

「就因為你是偏執狂，並不表示這些東西不會找上你。」── 美國超脫樂團已故主唱科特・柯本（Kurt Cobain）

▸210 連連看
▸204 結構性直覺
▸236 從錯誤開始

右頁：美國達拉斯州碧草丘的白色柵欄圍牆後的景致，2004年10月。

Tom & Nida 2003
Whitney Hibbs From Tulsa Ok Aug. 14, 04 17
SCOT KENNEDY WAS HERE 08/22/08 BORN 11/22/73 HI FROM AUST
MITCH BELL 3/17/03
Amanda provencher 2004
Jose C.E.P.T.
Nous esperons revenir avec nos petits enfants Lily + Jean Eudes 28/08/04
GOD BLESS You BRENDAN
J.F.K 9/1/04
You are in every BEAT OF MY HEART I love you JACK Kathleen 9/1/04
I Love you John Rest in Peace Prisulla Novarro 9/1/04

7-8 連連看

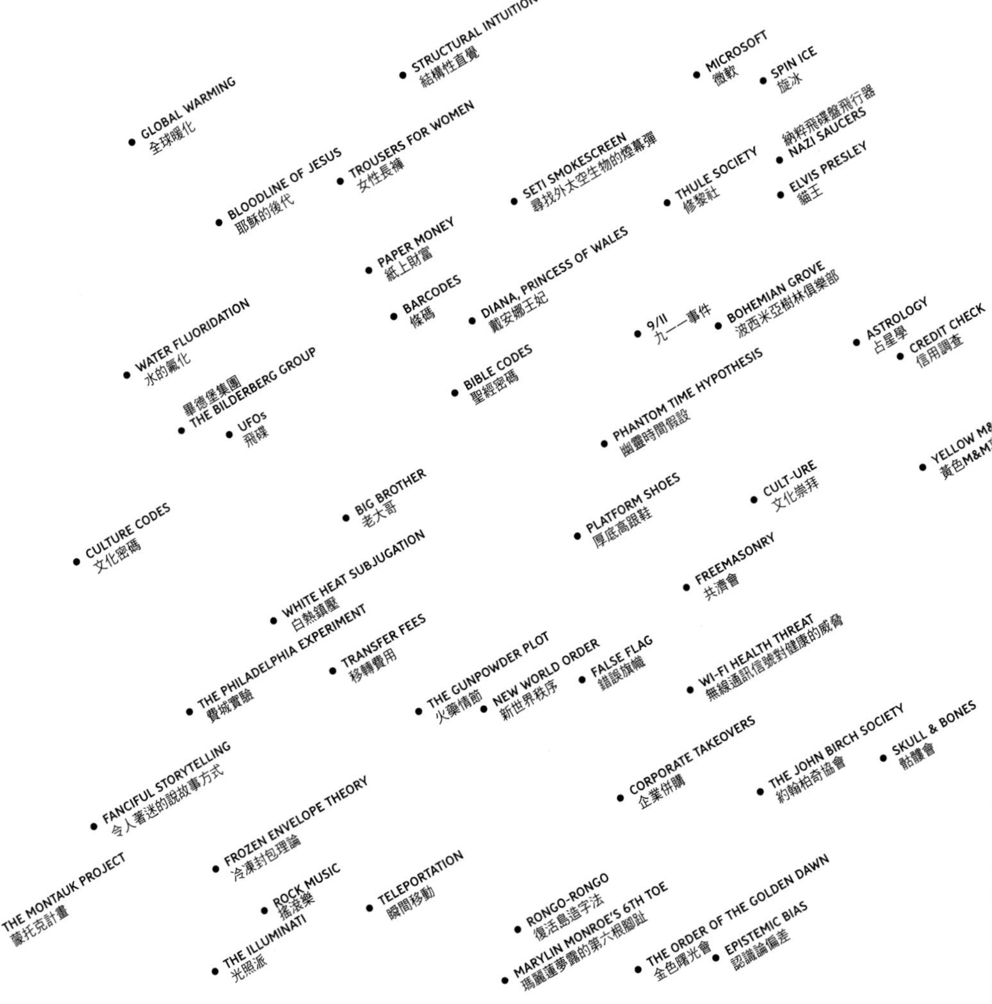
STRUCTURAL INTUITION
結構性直覺
MICROSOFT
微軟
SPIN ICE
旋冰
GLOBAL WARMING
全球暖化
納粹飛碟盤飛行器
NAZI SAUCERS
BLOODLINE OF JESUS
耶穌的後代
TROUSERS FOR WOMEN
女性長褲
SETI SMOKESCREEN
尋找外太空生物的煙幕彈
THULE SOCIETY
修黎社
ELVIS PRESLEY
貓王
PAPER MONEY
紙上財富
BARCODES
條碼
DIANA, PRINCESS OF WALES
戴安娜王妃
9/11
九一一事件
BOHEMIAN GROVE
波西米亞樹林俱樂部
ASTROLOGY
占星學
CREDIT CHECK
信用調查
WATER FLUORIDATION
水的氟化
畢德堡集團
THE BILDERBERG GROUP
UFOs
飛碟
BIBLE CODES
聖經密碼
PHANTOM TIME HYPOTHESIS
幽靈時間假設
YELLOW M&
黃色M&M
CULTURE CODES
文化密碼
BIG BROTHER
老大哥
PLATFORM SHOES
厚底高跟鞋
CULT-URE
文化崇拜
WHITE HEAT SUBJUGATION
白熱鎮壓
FREEMASONRY
共濟會
THE PHILADELPHIA EXPERIMENT
費城實驗
TRANSFER FEES
移轉費用
THE GUNPOWDER PLOT
火藥情節
NEW WORLD ORDER
新世界秩序
FALSE FLAG
錯誤旗幟
WI-FI HEALTH THREAT
無線通訊信號對健康的威脅
FANCIFUL STORYTELLING
令人著迷的說故事方式
CORPORATE TAKEOVERS
企業併購
THE JOHN BIRCH SOCIETY
約翰柏奇協會
SKULL & BONES
骷髏會
FROZEN ENVELOPE THEORY
冷凍封包理論
THE MONTAUK PROJECT
蒙托克計畫
ROCK MUSIC
搖滾樂
TELEPORTATION
瞬間移動
THE ILLUMINATI
光照派
RONGO-RONGO
復活島造字法
MARYLIN MONROE'S 6TH TOE
瑪麗蓮夢露的第六根腳趾
THE ORDER OF THE GOLDEN DAWN
金色曙光會
EPISTEMIC BIAS
認識論偏差

ALIEN ABDUCTION
外星人綁架

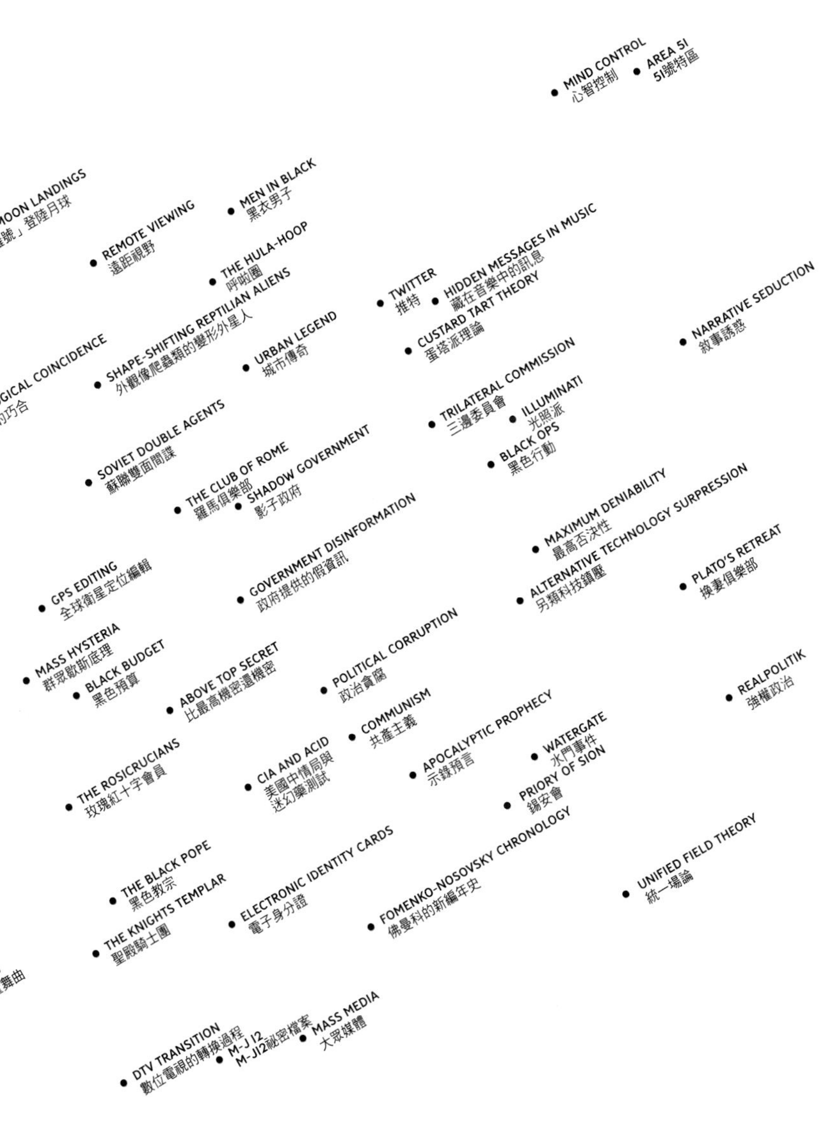

MORAL PANICS
道德恐慌

THE LAST JUDGMENT
最後的審判

DEEP COVER
深入臥底

7-9

隨機資訊產生器

挑一個隨機資訊產生器，隨便哪一個都可以。

洗過的牌
茶葉
骨頭
星星
棍子
內臟

不論選哪一個，你都可以確定，這個東西曾在某個時間拿來占卜用。

我們在混亂中尋找模式，從隨機事件中找到秩序。

把這本書丟到背後。如果落地時正面朝上，那麼你將會遇見一個高大英俊陌生人。

如果正面朝下，你的金錢問題很快就會解決。

如果落在書背或另一邊，新的職業生涯將在你面前展開，你會變成高空盪鞦韆藝人。

如果落下時書頁打開朝下，你得小心跟你很親近的某個人，因為他不能信任。

如果你把書丟到窗外，你將不會輕易因為這些詮釋而受到動搖。

無論我們如何詮釋隆隆作響的火山、野雁的飛行模式、股市的漲跌起落，我們都是在尋求更深入的了解，想要發現意義，揭露出隱藏其下的目的。

我們都在找尋訊息——徵兆與惡兆。

▸214 美麗心靈
▸200 模式認知
▸298 區域解決方案

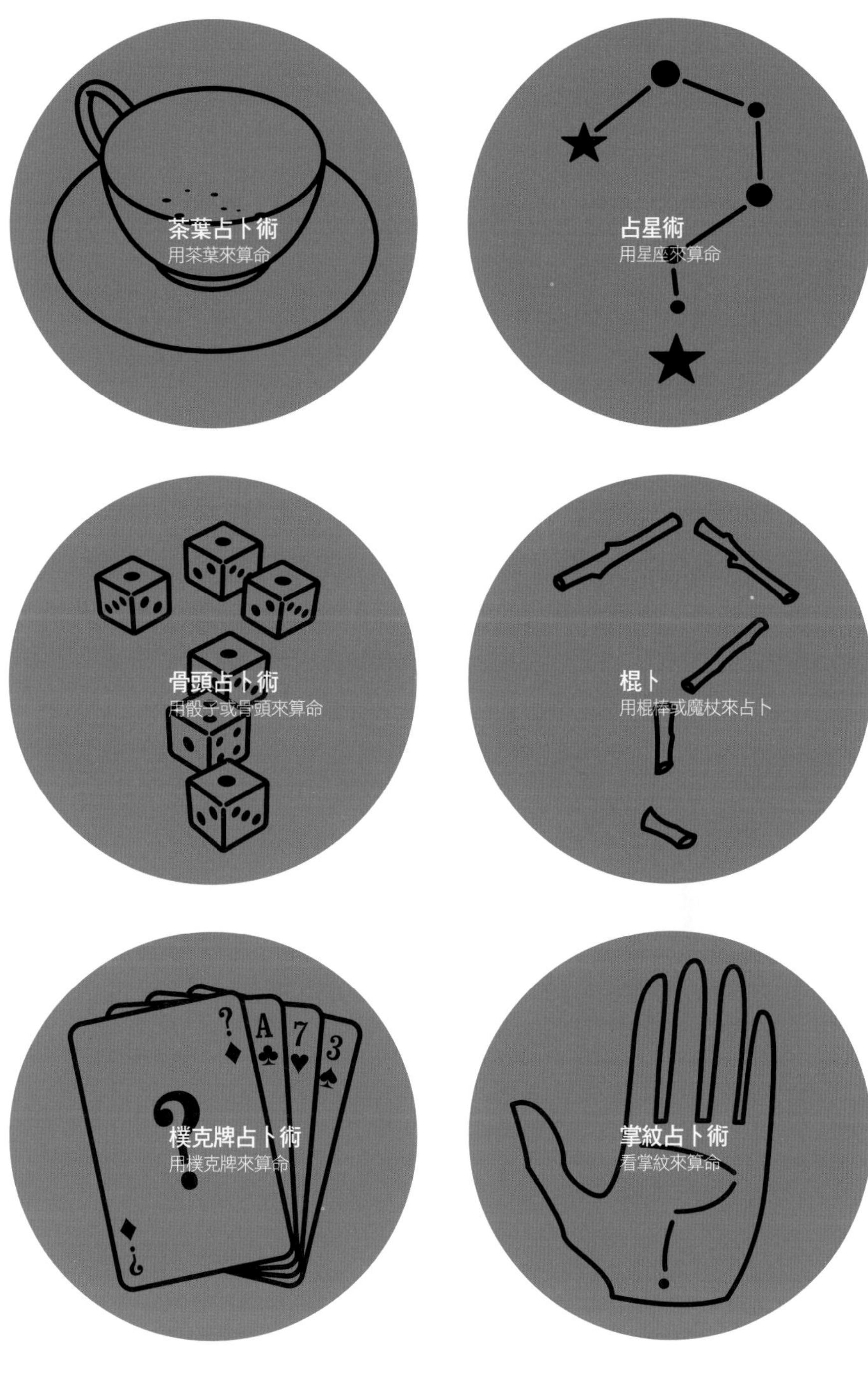
茶葉占卜術
用茶葉來算命
占星術
用星座來算命
骨頭占卜術
用骰子或骨頭來算命
棍卜
用棍棒或魔杖來占卜
樸克牌占卜術
用樸克牌來算命
掌紋占卜術
看掌紋來算命

7-10 美麗心靈

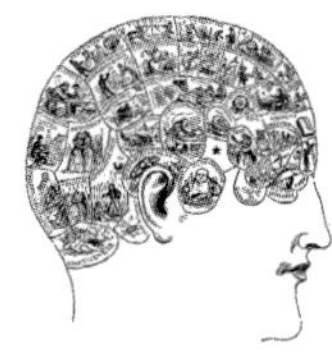

對有些人來說，這種找尋模式的能力如此強大，讓他們將「謬誤的正向資訊」── 看到根本就不存在的東西── 的認知，定義為一種生病狀態。

Apophenia 是指從隨機或無意義的資料中，看到模式或關聯性的經驗。這種經驗定義為「**沒有動機尋找卻意外看到關聯性**」，可能伴隨而來的是「**一種非正常意義的特殊體驗**」。

這個現象跟泛自閉症障礙有緊密關聯，包括亞斯伯格症在內。這些有時稱為自閉兒的人，往往能在很複雜的資訊中，清楚看到非常真實的模式，例如數字或音樂模式，但一般人可能觀察不到。

電影《美麗境界》（A Beautiful Mind）的主角美國數學家約翰．奈許（John Nash），就有這樣的狀況。今日，他所提出的理論廣泛應用在經濟學、電腦運算、人工智慧及軍事理論上。

空想性錯視（pareidolia）是一種很特殊的 apophenia：在隨機的圖像或聲響刺激中，認知到意義的現象。你是否曾經帶著耳機聽音樂或淋浴時，想像電話響起來了呢？同樣的，你是否曾在電視靜止的畫面中，看到移動的旋轉模式呢？

我們對在隨機資料中看到人臉這事超級敏感。

事實上，大腦似乎有個特定部位，專門處理這些跟社交有關的重要任務。大腦功能分割得如此徹底，以致於當大腦受損時，可能會影響我們想起某人名字的能力，但對這人的其他認知卻完好如初。

我們是由許多部分所組成的。

▸ 210 連連看
▸ 212 隨機資訊產生器
▸ 200 模式認知

上圖：「維京一號」人造衛星拍攝火星上的賽東尼亞地區（Cydonia），上面有「火星之臉」圖像，NASA/JPL 公布於 1976 年 7 月 25 日。

最上圖：「火星全球探勘者號」拍攝的更高解析度圖像，2001 年 4 月。

7-II 造物者的簽名

有些植物或其他自然現象的實體外觀，一度都認為具有象徵性，代表可能的用途：

「一如象形文字，上帝在植物、草藥和花朵上都留下印記，是這些東西自身美德的印記」——英國植物學家透納（Robert Turner）

因此，蛇根草可以解蛇毒；兜苔、罌粟科植物和苦艾草可以驅除腸內寄生蟲。聖約翰草（學名為 *Hypericum perforatum*）意謂用途是治療皮膚割傷，而它如人頭般的外表則暗示可以用在跟大腦有關的症狀上。

這個概念有個名字：形象學說（The Doctrine of Signatures）。

根據這個哲理，仁慈造物者在世界上藏滿密碼，這個密碼的設計是為了溝通目的；這些密碼可被有辦法辨識者解讀。事實上，我們早就假設大自然是種象徵語言，就像人類其他語言一般。

人類將意義與象徵、道德與正義的模式，投注在非自然、人造的語言和文化中。認為這種模式應該也能應用在自然世界中，將兩者合而為一，是很誘人的假設。

「人們說：『你如何能看見蜂鳥、玫瑰和蘭花，卻不相信上帝的光輝呢？』但是如果你要這樣看東西，你應該也要看其他東西……一名非洲男孩眼睛被寄生蟲鑽了進去。難道你要告訴我，他說：『我知道。上帝刻意創造出這隻蟲，好讓我眼睛變瞎』？」——英國BBC節目製作人暨主持人艾登伯祿（David Attenborough）

隨著自然和文化分道揚鑣，占星學讓位給天文學，鍊金術讓位給化學，而宗教也得讓位給哲學、道德、文化史、部落主義。

▸220 浮誇的具象
▸204 結構性直覺
▸32 符號及其象徵意涵

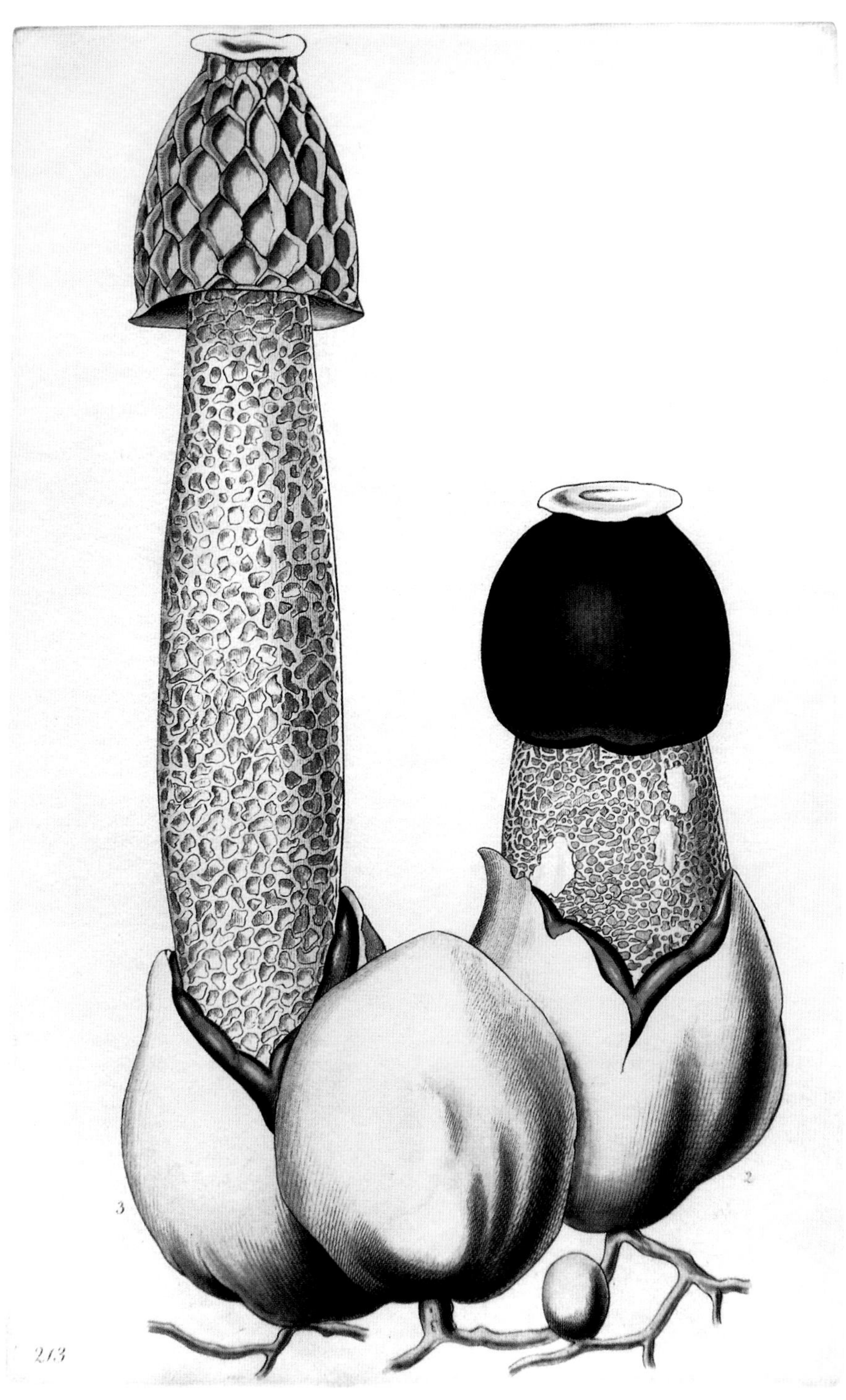

上圖：學名為 *Phallus impudicus* 的竹下菌（是一般常見的臭角菌）。取材自葛維爾（R. K. Greville）的《蘇格蘭袍子植物集》（*Scottish Cryptogamic Flora*），1823-1828 年。

7-12
你施展的巫毒

有些傳統認為對某物件施展的動作，會對另一個物件產生影響，而後者僅是前者的替身，兩者之間並未有任何明顯的因果關係── 也就是說，**象徵本身實際上變成了被象徵的東西。**

當我們實際觀察到的是**象徵性、代表性**的連結時，往往會強烈傾向於認定這是**實體、因果性**的連結。據說巫毒就是利用這種傾向來發揮作用。

巫毒娃娃是個**化身**── 傷害這個化身，你就能傷害那個人。巫毒娃娃可能需要有真實世界中代表人物的物體樣本，才能啟動中間的連結，例如對方的一撮頭髮。

關於安慰劑效應（placebo effect）這種醫療做法，已有詳細文獻記載。醫生開出的處方並非有效藥物，而是無療效的糖藥丸。但不知情的病人仍會看到自己症狀有了改善。

而反過來的效果，則稱為反安慰劑效應（nocebo effect）── 病人被暗示他們用的藥物或治療方式有害，結果病人的病情因此惡化。

有些觀念想法有害你的健康。

‣216 造物者的簽名
‣306 今天你想成為誰
‣220 浮誇的具象化

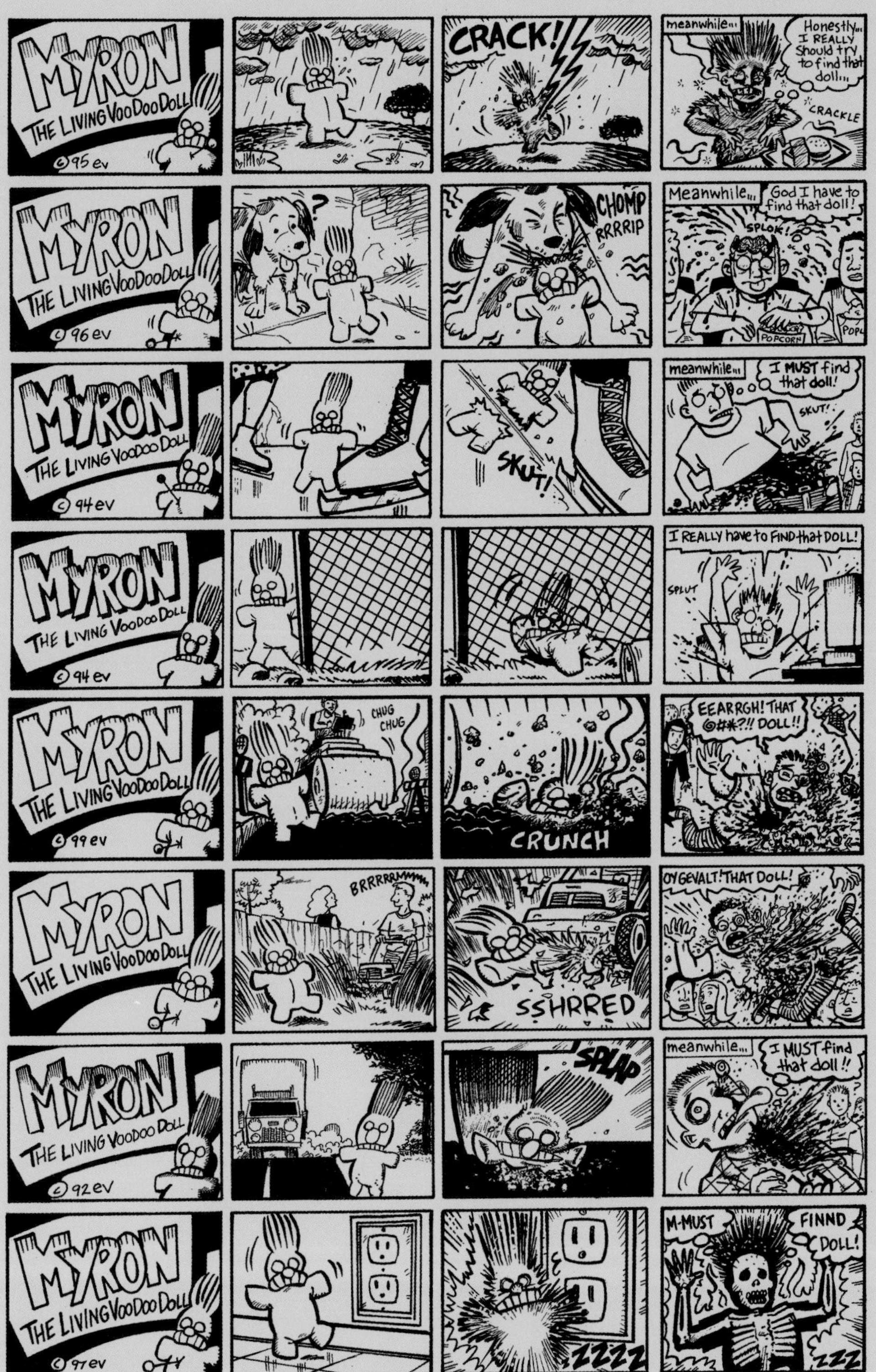

《麥倫：活著的巫毒娃蛙》（*Myron: The living Voodoo doll*），
伊凡・朵京（Evan Dorkin）。

7-13 浮誇的具象化

為了支持某個概念而生產偽造產品，是騙子和信徒一個願打一個願挨的故事。

騙子這麼做也許是為了好玩、名聲、財富或昭彰惡名，抑或只是單純為了嘲諷既有體制。

信徒的動機則可能更加複雜有趣。他們參與了將**概念具象化**的行為，有意識或無意識將某個觀念、傳說、故事中描述的引人共鳴的主題或事件，賦予實體具象化，也就是文化基因的實體表達。

這些具象化東西引發的效果，模糊了客觀和主觀之間的界線。

事實變成了虛構小說。

由於觀念在文化中的傳遞力量，往往跟真實價值毫無關聯，具象化的東西便成為足夠強烈的證據，讓倒向這個觀念的人相信，就像真正十字架的一部分。

一個觀念就可以改變實體世界嗎？

這是安慰劑效應、禱告，以及魔術的立論基礎：

「魔術是種科學與藝術，可以讓改變在符合意志力下發生。」── 英國神祕主義學者克洛李（Aleister Crowley）

我們尚無法論斷大腦這種形塑事情的力量，但從較務實的角度來看，一個根深蒂固的觀念將會影響並導引個人的行動── 而在這種全然非超自然的方式中，觀念會在現實世界真實化。

「我只想指出這項一般原則，就是生活模仿藝術遠勝於藝術模仿人生。」──愛爾蘭作家王爾德

▸182 引發共鳴的東西
▸324 第一類事實
▸332 無領袖的觀念

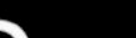

PM

8 Solutions | 解決方案

SOLUTIONS

8-1

冰箱詩篇 ****

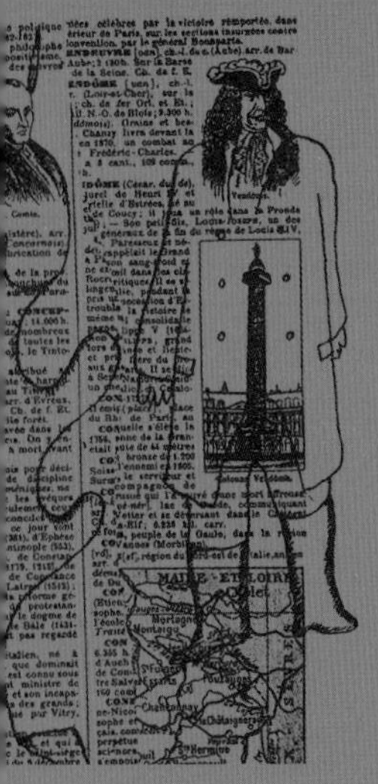

就像推特發文有最多 140 個字的限制，所有限制都可能成為強大的創意發想機，不論是實體或知識上的限制。這真是弔詭極了。

「需要為發明之母。」——柏拉圖

例如，科學觀念上的創意必須跟已知事實相符，而如果這個創意發現自己違背既有事實，就得提出新的解釋理由。

藝術上，有些詩歌形式會要求嚴格的文學格式，例如俳句或五行打油詩，就像冰箱磁鐵上的打油詩也有特定字數限制的規定。

美國作家柏洛茲（William Burroughs）是「斷句技巧」（cut-up technique）的先驅。他從不同來源擷取文字，然後重新隨機排列，創造出令人意外的新鮮結果。

超現實主義藝術家也玩弄類似遊戲，設計初衷就是為了創造出不尋常的並列結果。他們挑選出大家熟悉、不具象徵本質的日常生活物品，例如電話、杯子、熨斗、龍蝦、菸斗等，再把這些東西重新丟到全新的情境中：結果「那些令人發狂、巨大醜惡的混合狀態」，變成了「帶點詩意幻象的出發點」。

這些物件重新注入一種超自然的特質，可以「開啟一扇奇妙之窗，揭露出藏在日常生活背後那些令人驚嘆的東西。」

但是，誰來決定最原始的選擇呢？

誰又決定了遊戲規則？

▸228 遊戲規則
▸258 主題變奏
▸186 存在的本質

speak you fool

of naked porcelain angel breath

circle ing his corduroy yesterday s

in the sacred prisoner s warm caramel heart

blush ing some hard marble and concrete rhythm

though stiff from a ferocious translucent steam embrace

then melt and devour their blind dog cake

soft lip s pierce the vast melon perfume d night

of slow cold trust

we said

only

fire like fever

is born or will dance

8-2 遊戲規則

遊戲理論以數學方式來描述一種情境，在這種情境下，一個人的選擇得看他人的選擇而定。這個理論假設參與者之間的互動（通常是競爭）受到特定規範的約束。

遊戲理論已經應用在道德、政治、經濟、生物學、社會網絡等領域。在這些體系中，參與者共同發展出相同的信仰和有用的傳統——文化。

不像正式的遊戲體系，文化的「遊戲」規則開放，容許演進和改變。

所有遊戲都有規則，被認可的解法會讓參與者獲得想要的結果，但參與者仍舊可以在設定好的規則內，從容在其中遊戲。

如果一個遊戲可以讓玩家利用一連串動作來玩，且保證最終一定會有贏家，那麼這就是「可破解」的遊戲。九宮格圈叉遊戲和填字遊戲就是這種遊戲。四子棋是另外一例。部分可解的遊戲則包括象棋及圍棋。

魔術方塊可貼切形容成是道謎題，有最佳解法可破解——這個解法利用最少次的旋轉，就能達到最終想要的結果。

這個最佳解法暱稱為「上帝的演算法」。

我們不確定破解這隨意重新排列的魔術方塊，最少的轉法是幾次；目前的估計是 22 轉。

西元 333 年，亞歷山大大帝試圖破解知名的「戈爾迪斯結」（Gordian Knot）。這個繩結將一台牛車牢牢綁在前佛里幾亞國王（Kings of Phrygia）宮殿內的一根柱子。根據神諭預言，能解開這個結的人，日後將成為亞洲的國王。

亞歷山大大帝看不出該如何解開繩結，乾脆手中寶劍一揮，將繩節一刀兩斷切開來。這個快刀斬亂麻的方法，變成日後所謂的「亞歷山大解法」。

這是上帝最終的運算法。

‣ 202 概念的底層塗漆
‣ 222 冰箱詩篇
‣ 298 區域解決方案

8-3 就是要法律與數字

自然法則其實可以用數學形式來表達的這個事實，早已為人注意。諾貝爾物理學家魏格納（Eugene Wigner）在《數學在自然科學中不合理的有效性》（*The Unreasonable Effectiveness of Mathematics in the Natural Sciences*）書中，如此思索：「在自然科學中，數學如此的好用，幾乎已經到了神祕世界的邊緣。」

找尋數學與自然界的對應關係，帶來了許多突破性的發現。正是這樣的深入洞察，讓英國物理學家馬克斯威爾（James Clerk Maxwell）將電學和磁力學結合在一起：「結果顯示，光與磁力學是同個物質所發出的，而光則是電磁的干擾。」

牛頓頓悟到把蘋果拉到地上的那股力量，跟讓月球繞著地球軌道旋轉的是同一股力量，「因為自然跟自己非常有共鳴，也很服從自己。」

當然，「自然哲學家」在這種推理上的大躍進，有些也證明是錯誤的。17世紀的天文學家克卜勒（Johannes Kepler）提出以下看法：我們可以用網狀排列五個柏拉圖多面體的方式，來描繪當時太陽系已知行星的運行軌道相對範圍。這個範圍剛好就是五個柏拉圖多面體的大小，因此無法容納下第六個被發現的行星──天王星。

但事實擺在眼前：大自然遵循法則。這些法則不是大腦的發明、文化構造，或只是方便的模型。這些法則客觀真實地存在著，擁有對稱性和自我相似度，跨越所有尺度和時間。

「數學是上帝用來書寫宇宙的語言。」──天文學家伽利略

雖說宇宙是上帝的手寫字跡，但伽利略從望遠鏡觀察到金星的相位變化，最終讓他決定提倡哥白尼太陽是太陽系中心的理論。這個太陽中心論跟當時（即便到現在仍是）《聖經》的地球中心論相互抵觸。伽利略後來遭天主教會處決，成為事實與信仰、觀察證據和傳統權威之間，首度出現的最大歧見。

1633年，伽利略因異端邪說遭定罪，因為「即便其觀點被宣告並界定牴觸了神聖造物主的觀點」，他仍堅持自己的觀點是「可能成立的」。

當然，造物主並不需要跟大自然有共鳴，並服從大自然。

▸232 汝曾在此
▸324 第一類事實
▸228 遊戲規則

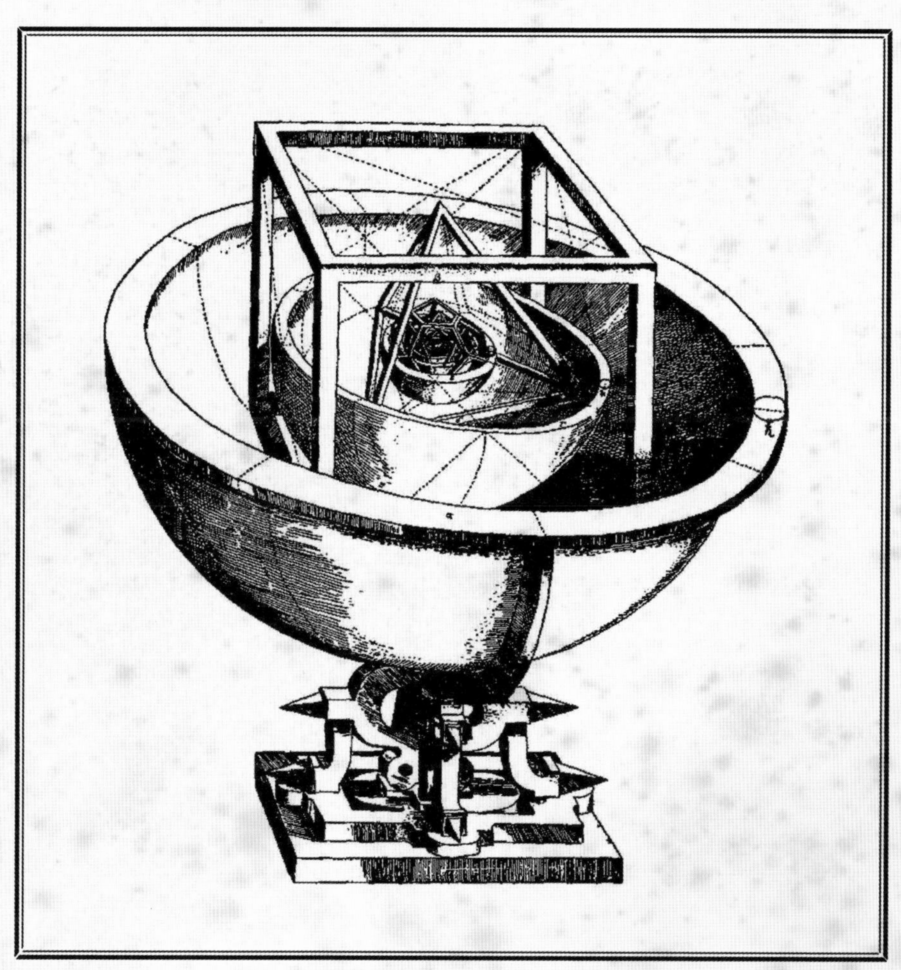

8-4

汝曾在此

許多社會都假設其視野可及的範圍，就是萬物的範圍。最中心部分是**世界軸心**（axis mundi），也是所謂的世界中心，或說是「**世界的肚臍**」、宇宙的起源點、萬物的中心。這個中心戴上了教堂尖塔、石碑、神殿山的面具，面具下就是希臘的戴菲（Dephi）、日本的富士山、印加帝國的庫斯科（Cuzco）、或伊斯蘭的麥加（Mecca）。

哥白尼革命——認為行星繞太陽運轉、而非太陽和行星繞地球運轉的理論，造成了下列影響：**地球並沒有優越地位，因此人類也沒有。**

我們並沒有占據宇宙中心；事實上，我們生活在一個一般星系的螺旋分支的小小後灣中，這個星系叫做銀河系。

「我們的太陽是我們星系一千億顆星星中的一顆。我們的星系是盤踞在這個宇宙間數十億個星系的其中之一。如果就此推斷我們是這個廣袤無垠空間中的唯一生物，那就太過頭了。」——德國航太專家馮・布勞恩（Wernher von Braun）

史上威力最強大的望遠鏡，對準天空中顯然是空白一片的區域，然後取下鏡頭蓋子，放在那邊 10 天。最後得到的結果就是稱為**哈伯宇宙深處**（The Hubble Deep Field）的圖像。

即便看似空蕩蕩的空間也充滿許多星系，每個星系都包含數百萬顆星星，其中也許有數千萬個行星。

我們以人類為中心的宇宙觀，變得益發狹隘了。

還要多久我們才會遇到外星人？這些外星人會有多「外星」呢？有始以來第一次，我們的文化會整體變得非常清楚。當只在「**自己就是唯一案例**」的情境下運作時，我們很難跨出外面，找到更清楚的視野。**你就在實驗中，而實驗就是你。**

歷史告訴我們，當兩個顯著不同的文化彼此衝撞時，無可避免的事情就會發生。更為「先進」的人們，必然會帶來許多新穎觀念；新的科技、武器、食物，**以及新的疾病**。

較強勢的文化也會用武力強迫或潛移默化方式，將自己的文化概念——其**文化基因**和宗教（如果有的話），強加在另一個文化上。

也許我們是在這個宇宙的小小部分中，第一個或唯一一個興起的有智慧生命，也是為何我們還未遇到其他人的原因。

也許在遍布野狼的森林中，沒人會透露自己的位置。

▸230 就是要法律與數字
▸234 在宇宙深處
▸78 比真的東西還棒

右頁：1559 年，康寧漢（William Cunningham）出版《宇宙圖像集》（*The Cosmographical Glasse*）的插畫，描繪托勒密以地球為中心的宇宙觀。

PRIMUM MOBILE
CRISTALLINE
FIRMAMENT
FIER
AER
YEARTH
WATER
CŒLIFER ATLAS
Hic canet erranté Lunam, Solisq; labores
Arcturũq;, pluuiasq; hyad. gẽinosq; triões
ID.

Solutions

8-5

在宇宙深處

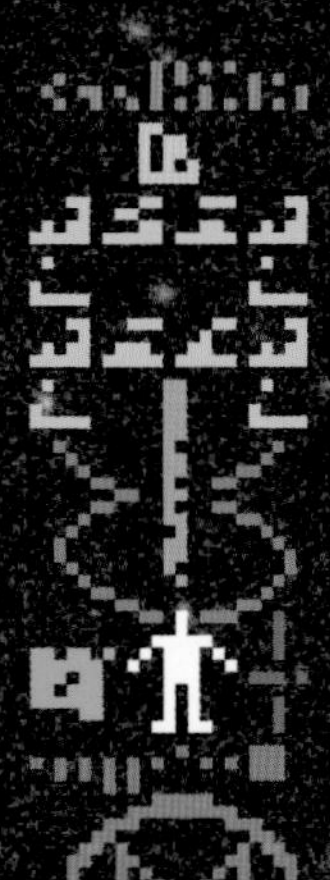

阿雷西波信號 ▶ 34

- 數字 1 到 10
- 主要元素的原子數
- 主要 DNA 基礎的排列公式
- DNA 雙螺旋
- DNA 的核甘酸數目
- 人類
- 人類的身高
- 地球人口數（1974 年）
- 太陽系
- 阿雷西波望遠鏡
- 望遠鏡的直徑

背景圖像：NASA、威廉斯（S. Williams）、「哈伯宇宙深處」。

當我們望向外太空，其實是在回溯時光。數百億年前，這些光線離開了這些星系，踏上前往地球的旅途。因此，我們現在看到的星光其實是它們數百億年前的樣子。

在那個時候，地球還尚未形成。

你也還未誕生。

8-6 從錯誤開始

事情實際上是這樣子，但還有一個我們認為事情應該是如何的樣子。

微妙的地方就在於提出一套可靠的方法論，來縮短其中的落差。

法國生物學家拉馬克（Jean-Baptiste Lamarck）提出的理論，認為有機物會在有生之年取得新的特徵，這些特徵會遺傳給後代。史達林則認為拉馬克的理論跟共產主義相吻合，因此大力提倡他的觀念。

後來經俄國官方認可的理論，是蘇聯育種學家李森科（Trofim Lysenko）的環境影響後天遺傳的理論；任何牴觸其觀念的理論都在1948年正式宣告違法。不遵循這個正統論的蘇聯科學家就會遭到降級貶抑，或是囚禁在「勞改營」，甚至死亡。

結果，拉馬克和李森科最後都錯了。針對李森科，俄國物理學家沙卡洛夫（Andrei Sakharov）表示：「他得為蘇聯生物學發展丟臉落後的程度負責，特別是基因學。」

史達林在爭辯「無產階級」和「中產階級」科學之間的差異時，硬是讓科學事實臣服於階級鬥爭的意識形態下。在今日的北韓，老師依然可指控學生「誣衊共產主義」。

諾貝爾物理學家暨小手鼓玩家費曼（Richard Feynman），則有不一樣的說法：「事實必須凌駕公關，因為大自然不會被愚弄。」

拉辛格主教，也就是後來的本篤十六世教宗，引用了科學哲學家費耶若本（Paul Feyerabend）的話：「伽利略時代的教會，比伽利略本人還更忠於理性，並將伽利略主義的道德與社會後果納入全盤考量。教會對伽利略不利的判決，是理性且公平的。」

2009年，他以神學立場譴責在非洲銷售保險套以防堵愛滋病的做法，他宣稱「這只會讓問題更加嚴重」。

「從根本來看，宗教就是用信仰取代邏輯——對理性而言，信仰是無懈可擊的。一旦我們將理性排除在文化論述之外，中間地帶馬上消失不見，一點緩衝餘地都沒有——因為任何妥協都會減損已被揭露、無懈可擊的福音真相的根本基礎。我們夾在無法抵擋的力量與無法動搖的物件之間。」——英國演化生物學家道金斯（Richard Dawkins）

迷路的旅人問當地人：「可以指引我往倫敦的方向嗎？」
當地人：「如果我是你，我可不會從這裡開始走。」

HOW THINGS ARE

▸314 燒了這本書
▸232 汝曾在此
▸230 就是要法律與數字

HOW WE THINK THINGS ARE

HOW THINGS ARE

HOW
WE
THINK
THINGS
ARE

我們認為事實應該是這樣子

HOW
THINGS
ARE

HOW
THINGS
ARE

事實的真相

8-7 如何打造自己的知識工具箱

「科學」（science，源自拉丁文 *scientia*，意指知識）是一種發掘事情的方法。這個方法的基本原則，是用觀察來判斷某件東西是或不是這樣。觀察是觀念真理的最終裁判。」——諾貝爾物理學家費曼

科學不是一套信仰體系或意識形態，而是一種方法論。

科學嘗試描繪事實。立場中立且孜孜不倦。而且跟其他模式不同的是，科學擁有自我修正的優勢，經由不斷跟真實世界比較的過程，來重新評估與重新分析。

什麼是理論？理論就是描述世界運作的觀念，並具備預測能力；既是經驗的心理模型，也是解釋現象的故事。

「首先你得用猜的。然後你計算結果。再將結果跟體驗比較。如果計算結果跟經驗值不符，這個猜想就是錯的。這個簡單的陳述講到了科學的重點。不論你的假設多美妙，你多聰明，還是你叫什麼名字，這些都沒關係。只要假設跟經驗不符，這就是錯的。科學說穿了，就只是這樣。」——諾貝爾物理學家費曼

無論一個故事具備多麼誘人的解釋能力，千萬別被愚弄，以為這個故事如此優雅迷人，就必然正確。

「科學是試圖不要愚弄自己的方法。首要原則就是你千萬不可愚弄自己，因為你自己就是最容易被愚弄的人。」——諾貝爾物理學家費曼，取材自他的演說〈當代社會科學文化應該實際扮演什麼角色？〉（*What is and What Should be the Role of Scientific Culture in Modern Society*？）

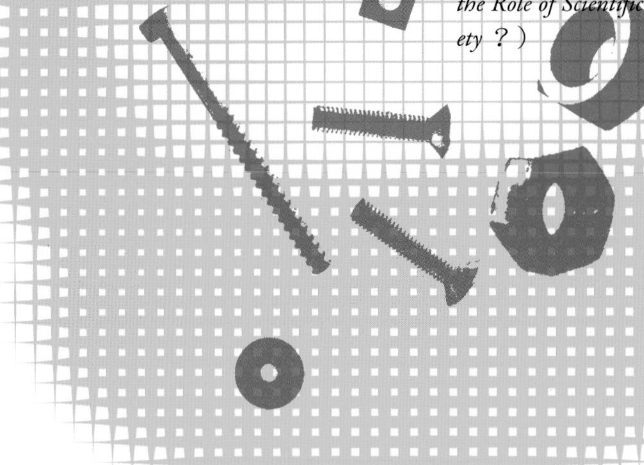

▸322 三種虛構類型
▸244 神話認同
▸312 文化基因疫苗

8-8 真相與美麗

美麗是真相的指標嗎？

古本基恩基金會（Gulbenkian Foundation）的藝術總監愛德（Sian Ede），推動許多聚集藝術家與科學家的計畫。跟我們直覺認為相反的是，她說：「當代科學家經常談論美麗與優雅；藝術家反而很少談到。」

長久以來，美麗的吸引力一直當成是推論且直覺的工具。對美麗的理解能力，跟我們結構性直覺的運作緊密相連；這種能力讓我們認知到協調和平衡，看到模式與關聯。

愛因斯坦是「有著深入審美觀的科學家」。他曾表示，只有美麗的物理理論，我們才願意接受。

「一個展現出數學美的理論，跟符合若干實驗資料的醜理論相比，比較可能是正確的。」——諾貝爾物理學家戴瑞克（Paul A. M. Dirac）

「正確來看，數學不光擁有真相，還擁有終極的美麗。」——英國哲學家羅素

柏拉圖認為世上存有一個無形世界，裡面充滿概念與構想，而美麗、真相和公平則是外在世界的東西，不會改變。我們日常生活的經驗，不過只是這個無形世界不完美的反射而已。

後現代觀點可能會問，是否美麗與真相各有客觀存在性與內在本質？這一切是否僅是攸關品味、文化脈絡、主觀意見而已呢？一切難道只是人造文化的發明，一種中產階級的裝腔作勢罷了？

「美麗是個貨幣體系。美麗是由政治所決定，在當代西方世界，這是最終也最好的信仰體系，讓男性主導態勢維持不變。」——美國社會評論家吳爾夫（Naomi Wolf），《美麗迷思》（*The Beauty Myth*）

清教徒不信任美麗的誘惑力量，源自於在清貧簡樸中尋求價值觀的哲學。美麗對感官的誘惑吸引力，被視為是污染靈魂的世俗邪惡。

「宇宙是建構在深度對稱的規畫上，這個對稱關係某種程度存在於我們大腦的內在結構中。」——法國詩人瓦勒希（Paul Valéry）

「美麗是真相，真相是美麗——這就是你在地球上所知的一切，也是你需要知道的一切。」—— 英國詩人濟慈（John Keats）

▸254 普普審美觀
▸200 模式認知
▸226 冰箱詩篇

上圖 & 右頁：有秩序的法則。
這種自我相似、不斷重複、衍生的分形數學，可見於藝術和大自然中。

8-9 逆向工程

針對在內華達州沙漠 51 號特區羅斯威爾（Roswell）附近墜落的飛碟，美國政府（或者是比最高機密還高十個層級的黑色行動部門）據稱採取了逆向工程（reverse engineering）的研究。

如果特定消息來源是可信的話，對外星人進行的逆向工程研究，至今的成果就是讓人類知道如何製造電晶體和尼龍搭鏈。

從事科學的行動——觀察世界並從中推論出模式與法則——可以稱為是對自然的逆向工程。

過程是這樣的：將一組觀察得來的複雜資料分析後，便可以用一組簡單的原則加以描述。有時我們會發現這些推論出來的原則，表達出的其實是更深層的原則；如此繼續分析下去，直到我們最終歸結出所謂的「萬物理論」（Theory of Everything），英文縮寫就是 TOE。

不過，TOE 並非真正是萬物理論。它無法預測你早餐吃了什麼，誰會贏得「老大哥」的遊戲，或是你阿姨的名字。

我們文化的內在地圖，發展方向剛好跟自然地圖的方向相反。

內在地圖從非常簡單的兩元模型開始——成人不懂每件事，花椰菜是邪惡的，蝙蝠俠比超人更酷，然後隨著我們在真實世界的經驗累積，這些過度簡化的觀念變得更加有血有肉之後，就會讓我們的內在地圖增添更多細節，變得更為細膩。我們會加入澄清、修正、排除規則，內心地圖也會開始更精確去描繪真實世界的真實人物。

我們學到何時該用小叉子，上班時要打哪條領帶，或是何時打嗝是不恰當的。

這就叫做變得有文化。

自然法則卻很簡單可以推論。我們從複雜朝向簡單發展。

文化這個人造產物，跟人類本身一樣複雜多樣化。我們從簡單朝向複雜發展。

‣ 238 如何打造自己的知識工具箱
‣ 210 連連看
‣ 208 陰謀論

THOMAS
& FRIENDS

8-10 神話認同

神話是化妝成故事的理論；神話裡面是英雄和壞蛋、事實與虛構、歷史、推想、回溯以往的後理性主義、文化假設等等。最重要的是，我們必須在有時隨意展開的故事中，找到一個偉大的敘事（grand narrative）。

神話的出現是為了解釋事物的實體源頭與意義。因此，神話傳遞的是歷史與文化價值觀這兩種東西：道德、正義、偏見、信仰。

雖然現在文化神話（及其傳遞的價值觀）已跟事實拆開，但這兩者在某些地區仍連在一起，只不過是用現代的包裝偽裝起來。

美國肯德基州彼得斯堡（Petersburg）的創造博物館（Creation Museum），提倡基督教文學主義者「年輕地球」的觀點[14]。《聖經》上記載的歷史僅有六千多年，因此後理性主義者的江湖術士，就讓自動的素食恐龍 T-Rex 跟早期人類互動，他們在諾亞方舟上各有自己的房間。博物館門口的標誌清楚說明這座博物館的方針：「**準備好相信一切**。」

展示內容描繪出一個世俗化世界觀的道德結果：青少年上網看色情內容，少女則在討論墮胎。訊息非常清楚：如果相信恐龍約出現在 6500 萬年前，可能會讓你進入黑暗面（Dark Side）。

想要接受把自然與人造世界的**價值和實體世界聯在一起的文化觀念**，需要有個先決條件：所有的「信仰」，不論是世俗或宗教信仰，都應該只看成是個人選擇而已。能包容一切不去做任何區隔，事實就會變成額外的選項：

「恐龍……每個小孩似乎都會經歷一段熱愛恐龍的階段！我們利用小孩對恐龍的熱愛，讓「恐龍學習文件夾」（Dinasaur Learn 'N Folder）這個玩具大受歡迎。你的小孩將會學習了解這些生物，牠們住在哪裡，我們如何發現牠們，以及更多相關資訊。因為沒有可供參考的日期，所以你可以自由把自己對地球年紀，以及恐龍幾時遨遊在地球上的觀念，加入這個遊戲中。」──兒童遊戲製造商生活與學習媒體公司（Live and Learn Press），美國

《新科學家》（*New Scientist*）雜誌思索的問題是：「我們想知道，這種做法是否可以用在其他地方。例如，用個人觀點來看二次大戰的兩大陣營到底誰會贏得戰爭？」

14 譯注：這種論點認為根據《聖經》，地球僅有六千多年歷史，而非如科學所說的46億年，進化論只是沒有根據的宗教或哲學，根本不是科學。

▸216 造物者的簽名
▸254 普普審美觀
▸236 從錯誤開始

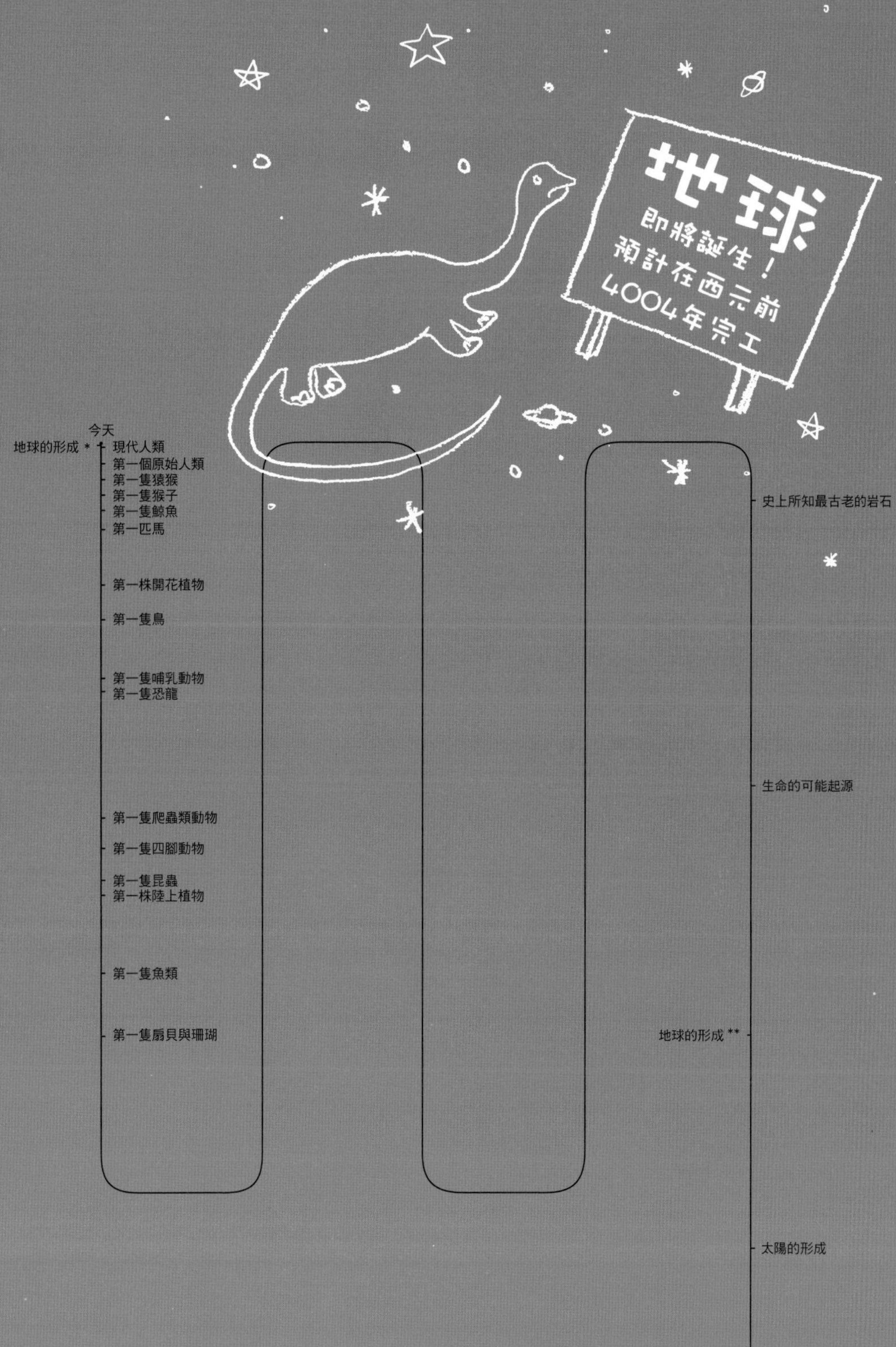
地球
即將誕生！
預計在西元前
4004年完工
今天
地球的形成 *
現代人類
第一個原始人類
第一隻猿猴
第一隻猴子
第一隻鯨魚
第一匹馬
第一株開花植物
第一隻鳥
第一隻哺乳動物
第一隻恐龍
第一隻爬蟲類動物
第一隻四腳動物
第一隻昆蟲
第一株陸上植物
第一隻魚類
第一隻扇貝與珊瑚
史上所知最古老的岩石
生命的可能起源
地球的形成 **
太陽的形成
宇宙可能的形成……這個方向下去約640公分

* 根據《聖經》經文

** 根據證據顯示

8-II 生活的哲理

意識形態
IDEOLOGY
#555

意識形態
IDEOLOGY
#45

DEOLOG
#0-01

IDEOLOGY
#556

IDEOLO
#HA-(

IDEOLOGY
#67/9

IDEO LOGY
#2 22

IDEOLOGY
#000.236

意識形態

IDEOLOGY #76	IDEOLOGY #77	IDEOLOGY #78	IDEOLOGY #79	IDEOLOGY #80
IDEOLOGY #81	IDEOLOGY #82	IDEOLOGY #83	IDEOLOGY #84	IDEOLOGY #85
IDEOLOGY #86	IDEOLOGY #87	IDEOLOGY #88	IDEOLOGY #89	IDEOLOGY #90
IDEOLOGY #91	IDEOLOGY #92	IDEOLOGY #93	IDEOLOGY #94	IDEOLOGY #95

IDEOLOGY
#222½

意識形態
IDEOLOGY
#239

ROVER

IDEOLOGY
#4 (revised)
修正版

ALICE

IDEOLOGY
#90210
(part 2)
第二部

IDEOLOGY
#X-45

NIGEL

IDEOLOGY
#7(B)

IDEOLOGY
#90210
(part 1)
第一部

FRED

SANTOS

GY

IDEOLOGY
#C-2

IDEOLOGY
#X-27

8-12 如何才能良善

「1859年《物種起源》（*On the Origin of Species*）的出版⋯⋯一舉摧毀了許多教條主義的屏障，引發反抗精神的騷動，群起對抗所有古老威權，這些權威的肯定卻未經驗證過的宣言，都跟當代科學形成矛盾。」──英國人類學家高爾頓（Francis Galton）

《物種起源》出版150年後，DNA基因分析與碳元素年代分析，讓演化論基本概念經歷了驗證、擴展的階段，這些概念再也毋庸置疑。即便如此，這本書仍是許多負面評論的抨擊對象。

許多論者批評達爾文理論缺乏道德面向，並暗示我們可以直接把這個理論跟希特勒、史達林和波帕[15]的政策連在一起。

當然，道德價值深植於文化中。大自然並非對這些東西沒興趣，只是無法理解這些東西而已。

「宇宙既不是道德的，也不是不道德的；只有人類才會如此。」──美國軍官艾利克森（Edward Ericson）

文化是價值觀的載具，也是價值觀傳遞的媒介。文化必須符合以下的事實，而不是反過來：原子彈背後的科學，並不因為原子彈的用途就不存在。

我們如何使用一項科技，不論是矛尖、槍、炸彈或網路，都屬道德範圍。

舉起來的手，無論是握成拳頭還是打招呼，終究是手。會改變的是背後的意圖。

道德比有組織的社會更早出現，甚至在靈長類動物的互動中就有類似東西。牠們天生就知道要相互公平對待，就是所謂的「黃金定律」。這條定律似乎主宰了牠們的團體凝聚力。

道德觀念是文化產物而非天生自然法則的認知，並不會從任何方面減損道德的重要。事實上，剛好相反，成熟社會肩上扛起的道德責任，就是要了解這世上並沒有更高的正義存在──只有我們自己。

終極而言，無論一個行動是基於信仰或理性的出發點，行動就是行動，而且行動永遠有後果。

我們就是這樣來評斷行動的。

15 譯注：Pol Pot，1970年代柬埔寨共產黨赤柬領袖，以恐怖統治造成大屠殺。

▶244 神話認同
▶238 如何打造自己的知識工具箱
▶332 秩序、秩序

Am i
HAWAII
Claimed
TO BE
Perfect
Just
Very good
RISKY
IS
WHAT
GORGEOUS
LOOKS
LIKE
GOD
NOT
GOD
If I wanted your
opinion I'd have
asked for it!

8-13 你以為你是誰？

「我們全都記得為了宗教的大愛與仁慈，我們打過多少次宗教戰爭；為了拯救靈魂免於墜入永恆地獄之火，在真正仁慈的動機下，又有多少人被活活燒死。」──英國哲學家波普爾（Karl Popper）

不論好萊塢怎麼想，很少人做事的動機是基於所謂的「邪惡」。就連暴君都相信自己做的是「好事」，要將這個世界重新打造成更美好的地方。

除非我們能正視這個事實──「良善」是個很狡猾的詞，僅能用日常生活中務實的人性條件來界定，而非訴諸於跨越一切之上的神學理論或意識形態，否則我們將持續一再成為有毒文化基因的俘虜。這種文化基因承諾可以帶我們上「天堂」，但實際上卻陷我們於苦難。

請保護我免於受到你最善良意圖的傷害。

許多有感染力的觀念之所以威力強大，是因為它們內在蘊含著自我繁殖的方式：能夠從自己內部對外推廣絕對價值觀，鼓勵人們毫不思考的服從。

一個有力觀念能用這樣的方式徹底影響人的心靈，以致於任何行為──不論人類付出多麼可怕的代價──都能合理化，甚至被鼓勵。

覺得服從更高力量的權威是種美德，尋求團體領袖──文化基因中最高領導人──的絕對認可，或是追求一種跨越一切的至上觀念：這些都是輔祭者的錯誤（acolyte error）。

如同美國社會心理學家米爾格倫（Stanley Milgram）著名的電擊實驗所顯示，「服從權威最嚴重的結果，就是失去責任感。」

「除非我們能以世界原本面貌來接受這個世界，不追求所有實證證據證明不存在的奇蹟，也不接受扭曲我們對自然理解的迷思，否則我們就永不可能徹底準備好來解決人類面對的危急科技挑戰。」──美國天文學家克勞斯（Lawrence M. Krauss）

▸294 真正的我，可以請你站起來嗎？
▸244 神話認同
▸304 量身訂做我

9 Arts | 藝術

9-1

普普審美觀

什麼是藝術？

當然，答案得看你問誰，還有你的標準是否訴諸結構性直覺與美麗，是否特別強調象徵的重要，像是訊息、內容、文化脈絡等。

「『藝術本質』是人類文化的傳統問題中，最難以捉摸的。」——英國哲學家魏赫姆（Richard Wollheim）

最終來說，你的觀點也取決於你認為價值到底在哪？是在感官享受或意識形態關聯上？是符號還是象徵的東西？是地圖還是繪製的東西？是標籤還是貼上標籤的東西呢？甚至，是用美金還是英鎊計價呢？

文化、政治、社會或宗教菁英，經常壓迫藝術為非關審美目的的事情服務，以推廣特定文化基因，強制推動特定文化價值觀。當意識形態對藝術的掌控總算鬆綁時，本質（is-ness）往往就會開始重新伸張自我的存在。

「前衛主義已死。作曲家重新開始創作音樂了。」——樂評家馬朵克斯（Fiona Maddocks），《觀察家報》（*The Observer*）

因此，「價值體系」可以是從上而下由菁英控制，也可以是由下而上，更加平民化和民主化。一般來說，通常是兩者之間亂七八糟的混合。

什麼是藝術？

街頭民意調查：
「你可以看得懂那是什麼，而且那個東西看起來很舒服。」——美國藝術家亞當斯（Lisa Adams），〈理解性與美麗〉

「這音樂有節拍，你可以隨之起舞。」——美國音樂台主持人克拉克（Dick Clark），〈自我反射的架構與功用〉

「美麗」與工匠技藝的誘人光彩，也就是作品的「本質」很容易被忽略，並不是因為人們認為其重要性不及象徵性或文化意涵，而是因為在轉換成書寫與口語文字的「媒體重新格式化」中，例如評論、演說講課、理論論述等，較不容易保留下來。美麗就是比較難用言語形容；有時候，藝術本身就是自己最貼切的形容。

「一件人工作品能享有藝術作品的地位，是因為文化將一個概念應用在上面，而非因為它自身內在的實體特性。因此，文化詮釋（某種藝術理論）會成就一個物件的藝術性。」——美國藝評家丹托（Arthur Danto）

撇開理論不談，真正受歡迎的藝術，例如流行音樂，說穿了就是懂得掌握住那扣人心弦殺手級旋律的溝通力量。

▸172 裝飾的罪惡
▸240 真相與美麗
▸142 畫框之內

INCORPORATING "CAD"
JULY
POUR LES HOMMES DES ARTS
LOUCHE
2/-
IN THIS ISSUE:
ARTISTIC ENGRAVINGS
FOR THE GENTLEMAN OF REFINED TASTE
MODEL ETIQUETTE
KEEP YOUR PENCILS SHARP
FINDING YOUR
MUSE
– AROUND ISTANBUL WITH A FEZ AND A GIN & TONIC
PIGALLE GALS
FEMMES DE LA NUIT
Rian Hughes .com

9-2 藝術？耶！

目前發現史上最早的顏料，約在 35 萬年到 40 萬年前。已知最古老的圖畫則只有 35000 年的歷史。

第一張畫布就是人體。我們自從有自我意識後，就不斷透過裝飾自己的身體，持續不斷創造並表達我們的認同。

使用的顏料可以永久保留下來，例如西元前 3300 年前的冰人奧茨（Ötzi）身上的紋身，也可以用在短暫用途上，例如狩獵、典禮及其他社會儀式上。

遊牧或狩獵民族的「藝術」必須是可移動的，像是裝飾圖像的衣服、帳篷、烹煮器具、珠寶、工具等。藝術也可以是種表演，主要以歌曲和舞蹈為主。大型屯墾聚落的發展，讓個人得以發展磨鍊更加專門的技巧。不能移動且較不具備各式實用功能的藝術，開始蓬勃發展。

因此，對早期人類來說，藝術是對辛勞生活的省思。為了做出精緻美麗的胸針需要時間，不必再有責任得照顧人類生活的基本需求，例如飲食、擋風遮雨、安全等等。藝術變成更為悠閒、精緻社會的文化象徵印記，也是那些有錢負擔得起的菁英的標籤。

一個物件的藝術價值可以全然無關功能性。有時候，文化基因跟載體間有種恣意的關係——例如口述語言，而被藝術承載的文化基因也一樣。儀式用的寶劍概念——用珠寶裝飾華麗、毫不實用的寶劍，具體體現了這種雙面特質。

從務實角度來看，藝術在功能上毫無用處——從沒有人因為缺少歌曲、舞蹈、詩歌或雕刻而死去。但從象徵性與文化角度來看，藝術的重要性卻是數一數二。

當藝術的影響力發揮到最極致時，會以「崇高」（sublime）或是所謂的「莊嚴」（numinous），將我們連結起來；藝術能言善道，讓一切清明，可以感動並啟發我們。藝術跟我們對話，讓我們覺得自己被了解。有時藝術看似一派輕鬆，因為它讓我們覺得事情都能輕鬆達成。

跟藝術對談時，不論時間有多短，我們都間接參與了客觀〉主觀〉客觀的格式轉換過程，並分享了藝術家的專業。

如果我們能唱出一個音符，藝術就是我們唱出的歌。如果我們能更加能言善道，藝術就是我們會選擇的語言。如果我們能看得更清楚，藝術就是我們會創造出的圖像。

▸ 254 普普審美觀
▸ 262 安迪沃荷交棒
▸ 240 真相與美麗

TATTOO

紋身

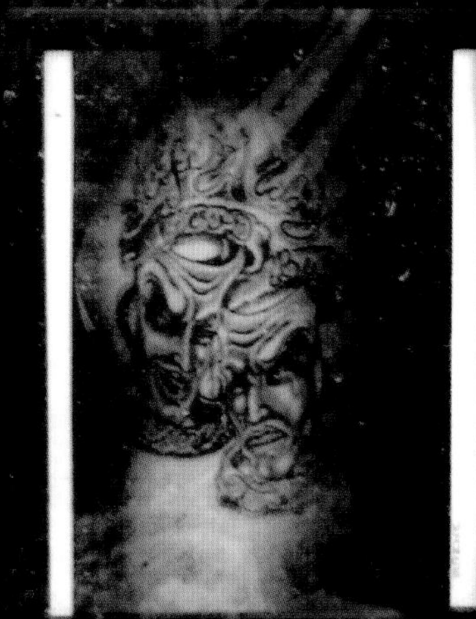

9-3 主題變奏

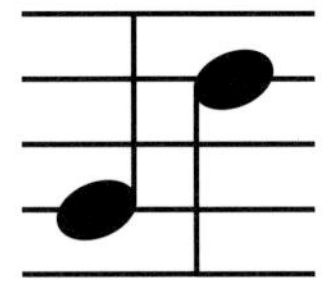

在創造藝術中，尤其是音樂領域，主題變奏很常見。

在作曲創作中，一組音符不斷重複，中間往往夾雜著細膩變化；可能是跳過、加速、放慢、加重，甚或是在整段中被倒轉過來。這在巴洛克音樂中特別受到歡迎。巴哈的《哥德堡變奏曲》與貝多芬晚期的變奏曲，都是這種類型的經典代表。

形式也有自己的內容。

在探究變奏前，「主題」必須先清楚說出來。這是變奏的基調。創造力（如同遊戲破解法一樣）往往與一些相關標準設置，也就是基調的「規範」有關。

這些規範可能是真實的（大自然），也可能是人造的（文化、藝術），端視主題是音樂主題、數學難題，還是政治僵局。

藝術創作也可存在於範圍更廣的文化脈絡中，這個脈絡就是藝術作品的延伸，而這個延伸也可以當成是主題和變異的參考。因此，這個特定作品所參照的主題，可能存在於作品本身之外，也存在於前人創造過的形式與作品共享的歷史中。

透過共同的文化和多重表達，「合唱」不斷重複及演化，深植在自己所屬並參與其中的時空裡。

那些對音樂概念來說是真實的東西，對穿越廣大文化的其他觀念也同樣真實。最後，如果所有可能的變奏已經窮盡枯竭，只消改變原先的度量標準或假設，就能重新激活一個看似懨懨一息的觀念。

新概念會把舊概念的假設丟開。昨日的革命份子，是今日的體制，而今日的革命份子，將會成為明日的體制。

為了凋零而重複……

▸260 某某主義
▸204 結構性直覺
▸322 三種虛構類型

EMIX REMIX REMIX REMIX

EMIX REMIX REMIX REMIX

EMIX REMIX REMIX REMIX

EMIX REMIX REMIX REMIX

EMIX REMIX REMIX REMIX

EMIX REMIX REMIX REMIX

9-4 某某主義

個人運動的宣言範本：

一、我們，這份宣言的簽署者，擁有一個獨特重要的重大概念；這個概念將會改變世界。

二、我們，這份宣言的簽署者，將為重大概念取響亮好記的名字，也許是某某主義（-ism）結尾的名號。

三、我們，這份宣言的簽署者，將大聲提倡這個重大概念，絕不妥協，因為我們堅信這是唯一值得力行的正確事情。

四、我們，這份宣言的簽署者，將盡力阻止相反的觀點，讓大家知道相反觀點並不可信，因為它們是錯的，至少對我們來說，我們的重大概念顯然才是所有問題的答案，從高明藝術到花椰菜價格皆然。

五、我們，這份宣言的簽署者，將會惹惱某些人。但，犧牲是必要的，而且反正不了解重大概念是你們的錯，因為你們不是太老，受太多教育，太中產階級，要不就是受太少教育，太固步自封，太不聰明，日子過得太舒服，或者根本就不懂什麼對你們才好。

六、我們，這份宣言的簽署者，當中一定會起爭執，因為大家對重大概念有不同詮釋，因而引發痛苦內鬥。

七、我們，這份宣言的簽署者，接著會因相互抹黑互揭瘡疤而分裂，分道揚鑣，變成第五條所提到的團體，成為下一波年輕龐克族群起反動的對象。

簽名：

▸262 安迪沃荷交棒
▸268 流行偶像崇拜
▸170 你能解決多少次的問題？

MC CHRISTINA R

MC JACK K

AH – 10 – SHUN!

MC YEATESY

VOICES OF YOUTH!

MC JEROME D-SAL

POETS OF OUR GENERATION!

GET A PHUKKIN DICSHUNRY

OR GET OUTTA HERRE!!!

TRUE!!

DAM RIGHT !!

!!!

9-5

安迪沃荷交棒

流行藝術是年輕世代文化的經典載體，而年輕人的文化則是逐漸成型的主流文化。它是一種獨特且敏感的石蕊試紙，可以測試出一個民族心理狀態的面貌，追求渴望的夢想、恐懼與需求、前進的方向。

流行藝術是文化的重要推手，並不是因為作品一定是高質感（雖說多半是有的），而是因為傳遞機制效率很高。

倍增越有效率，散播就越有效率。

如果一個物件能夠倍增，如一本書，就會民主化（democratized）。人人都能擁有這本書。因此，跟表達倍增的受歡迎文化之間，我們會發展出更私密的關係，因為我們是在私人空間體驗它們。我們讓它們進入自己家，讓它們在家裡誘惑我們。

「青少年時期，我唯一知道的藝術運動就是流行音樂。流行音樂是傳遞機制，直通到心靈與大腦。」──英國平面設計師薩維爾（Peter Saville）

「藝術是唯一可以逃家卻沒離開家的方法。」──美國舞蹈家莎普（Twyla Tharp）

美國普普藝術家安迪沃荷挪用大量生產的消費產品，複製成許多圖像。他明白文化意義的棒子，已交接給音樂家、作家、電影人、時裝設計師、平面設計師、插畫家，也就是交到在藝廊之外的主流商業文化市場工作的藝術家。

「藝術最重要之處在於它是早期預警系統，我們永遠都能倚賴藝術來告訴舊文化，有什麼東西開始在它們身上出現了。」──加拿大媒體理論專家麥克魯漢

流行藝術可以當作是你的文化 GPS。

▶256 藝術？耶！
▶260 某某主義
▶342 垃圾文化

9-6 賣給我一個夢想，告訴我該怎麼辦

電影、電視、音樂、時尚、藝術等形式構成的流行文化，橫跨全球，承載著創造出它們的文化基因。

對無法接觸到創意成果或創意描繪的生活方式的觀者來說，流行藝術能發揮的效果不會少於啟發革命，或是革命引起的仇恨。

網路是目前發明出來最有效率的文化基因傳播體系，很快就將推動「非洲每個村落、印度每所學校都有電腦」的現象發生。隨之而來的結果是，當地人可以馬上接觸到已開發國家的價值觀、生活方式──還有過度開發。

「當我們散播科技，我們就成為文化基因的載體，但許多其他文化基因的主人，會視我們為其最愛文化基因的重大威脅，而他們的看法是正確的── 為了捍衛自己的文化基因，他們早已準備好不惜一死。」──美國哲學家丹奈特

但對其他許多人來說，卻也開啟了讓他們自我解放進入新領域的可能性。

「我有一個夢想。我來到美國，這個布魯斯．史普林斯汀的家鄉。他的歌是為了寂寞和自由的人而寫。」──1991 年，巴拉頓湖，一名匈牙利侍者告訴本書作者

「1988 年 7 月，史普林斯汀在東柏林演出，他唱了巴布狄倫的〈自由鐘響〉（Chimes of Freedom）；有些東柏林人認為這場表演是個關鍵時刻。柏林圍牆在流行樂和搖滾樂中是很重要的象徵。西方流行音樂是魯莽墮落的，搖滾樂則宣稱是追求自由觀念；實際上這兩種音樂都在更嚴格灰暗的共產世界中，遭到禁止的命運。」──英國藝評家安派爾（Kitty Empire），《觀察家報》

創作狂熱中那股未言說的熱情，永遠燃燒著年輕人的滿腔熱血。他們創作的是藝術，不是戰爭。

‣ 268 流行偶像崇拜
‣ 282 人人都想找到做自己的方式
‣ 276 跳舞的政治

LET'S GO
AMERICA

VV·8256
COLORADO

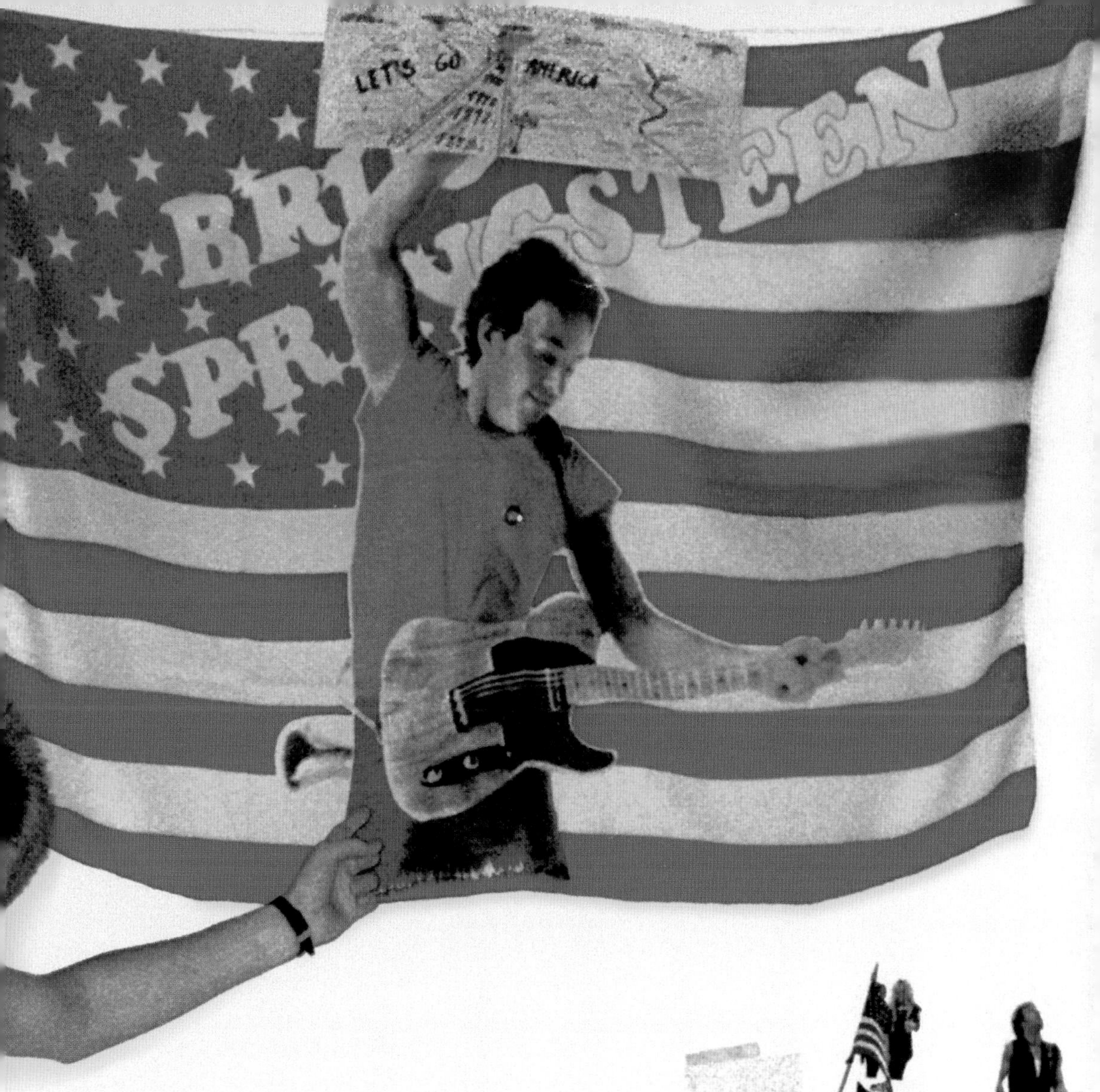

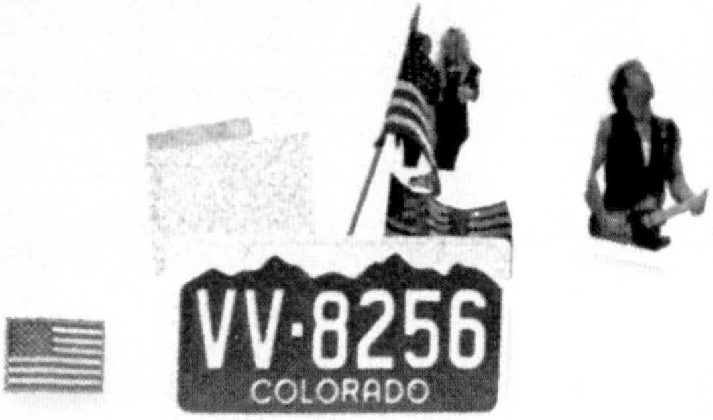

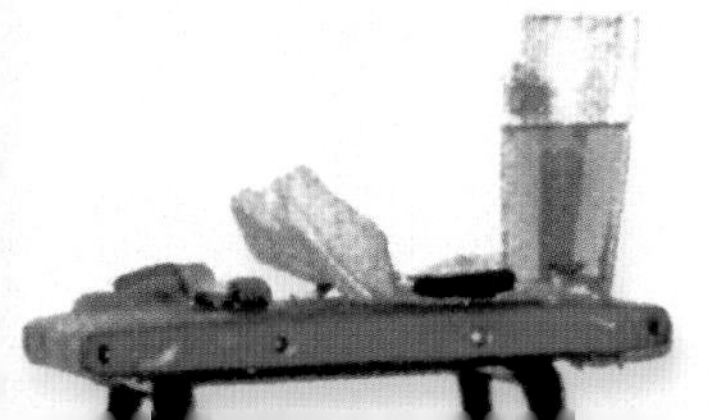

9-7 小心

落差

文化落差是世代間的代溝。

文化落差是價值觀較傳統的年長者和年輕人之間的差異。年輕人的新潮點子，不光只是來自家庭或教會環境，還來自生動誘人——有人會說是危險——的「新媒體」環境。

50、60年代的新媒體不是網路，而是音樂、電視、電影、雜誌和漫畫。

這些是「年輕人文化」的古典載體。

因為擔心這些新媒體可能帶來反社會影響力——其實根本就是因為跳過威權的新載體，總會被認定有危險，美國參議院還在當年成立「青少年犯罪次級委員會」進行調查。1954年春天的公聽會，特別將焦點放在漫畫書上：

「我認為跟漫畫產業相較，希特勒根本只是新手而已。」——《誘惑無辜者》（*Seduction of the Innocent*）作者、美國心理學家威漢（Fredric Wertham）的證詞，後來導致業界自律機構「漫畫審議局」（Comic Code Authority）的成立。

「新媒體」意謂著有史以來第一次，文化主要不是垂直由父母傳遞給下一代，而是水平傳播。

同輩傳給同輩。

隨著世界越來越緊密相連，文化孤立現象變得越來越罕見，甚至更難強制隔離。「傳統」與「現代」文化，就像不同世代，現在都比以前更密切相關。

某個文化脈絡中可接受的特定文化基因，可能會在另一個環境被猜疑甚或有侵略性，像是民主、言論自由、宗教、種族、女性角色、同性戀、培根。

「這些文化基因散播到全世界，抹滅掉整個文化，抹滅掉語言，抹滅掉傳統。」——美國哲學家丹．丹奈特

世代代溝已經變成文化落差。

▸124 大聲說話且言之有物
▸134 在看得見的光譜之外
▸344 危險觀念／點子／想法／創意

TEENAGE TERROR...
ON A FANTASTIC RAY-GUN RAMPAGE!
TEN THOUSAND TIMES MORE TERRIFYING...
THAN YOUR MADDEST NIGHTMARES...
YOU'LL WATCH THE WORLD TREMBLE
IN THE HORROR-GRIP OF...
"TEENAGERS FROM OUTER SPACE"

《來自外太空的青少年》（*Teenagers From Outer Space*），1959 年的電影。
外星人登陸了——他們參與了文化基因大戰。

9-8 流行偶像崇拜

破除偶像崇拜（iconoclasm）：通常為了宗教或政治目的，刻意摧毀雕像、圖像，以及其他象徵物或紀念碑的行為。

在基督教論述中，對《十誡》的嚴格詮釋，是破除偶像崇拜的動機來源。《十誡》禁止製作與崇拜任何「雕像」。

有人的看法比較寬容：

「我不認為應當將藝術從所有福音中放逐，排除在外，有些狂熱份子希望讓我們如此相信；但是，我希望看到它們全部存在，特別是音樂，這是為了服務上帝，因為祂創造並賦予我們藝術。」
——德國宗教改革先驅馬丁．路德

1975年，融合爵士和放克的美國樂團獵頭者（Headhunters），歸結了這句神學理論名言的自然結論：「上帝讓我變得放克。」

最近一次的破除偶像崇拜行動，是阿富汗塔利班政權在2001年摧毀了巴米揚（Bamiyan）大佛。塔利班政權禁止所有圖像偶像，還有電視、音樂、運動等，甚至連風箏都在內，以服從回教律法的嚴格詮釋。

當時的資訊與文化部長賈馬爾（Qadratullah Jamal），宣布了阿富汗全國400位宗教神職人員批准的決策，宣稱屹立超過1500年的大佛，是「偶像崇拜，違反伊斯蘭教。我們根據伊斯蘭律法摧毀佛像，這完全是宗教問題。」

摧毀行動耗時數週，得利用炸藥、高射砲、火炮、反坦克地雷、火箭砲才能完成。

聯合國教科文組織總幹事指責破壞雕像的行動，是「對文化犯下的罪行。」

▸332 秩序、秩序
▸264 賣給我一個夢想，告訴我該怎麼辦
▸348 把象徵當成槍靶子

巴米揚大佛，507 年～ 2001 年，1976 年攝

巴米揚大佛，507 年～ 2001 年，2005 年攝

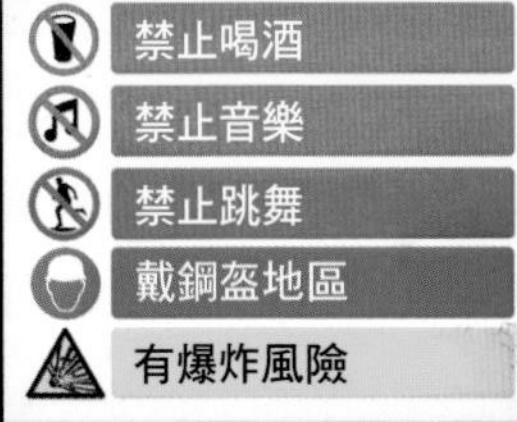
禁止喝酒
禁止音樂
禁止跳舞
戴鋼盔地區
有爆炸風險

9-9 最大的框架

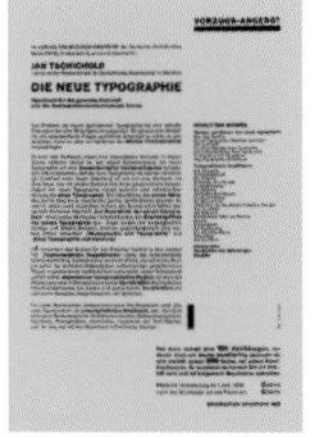
VORZUGS-ANGEBOT

JAN TSCHICHOLD

DIE NEUE TYPOGRAPHIE

極權主義（totalitarianism）是將一個「框架」強加在整體文化上。在這裡，這個「框架」是指意識形態代理者的勢力範圍，其激烈程度不亞於從上而下將整體社會進行極端的改造。**最大的圖像**莫過於此。

每個東西都是畫布中的一部分，都能被重新改造，以將理性與內在和諧強加其中。不光只是**實體地貌**而已，**文化**面也一樣。

「法西斯的國家觀念是全面性的；在國家之外，不存在任何的人性與精神價值，更少有東西擁有價值。法西斯是極權的，而法西斯國家是涵納所有價值的合成單位，詮釋、發展及強化一個民族的全體生命。」── 義大利獨裁統治者墨索里尼

因此，在追求有秩序的社會時，組成社會的人民被要求將個人決心結合在「造物者」的意志之下，讓自己跟國家、治理哲學、總體文化基因組合之間，建立起和諧關係。個人的聲音可能會變成危險的異端邪說。

你能夠做到多少，才能自亂中有序？到了那個節骨眼，強加秩序反而會變成一種毀滅行為？

在藝術領域中，德國字型設計及平面設計師奇修德（Jan Tschichold）非常清楚現代主義設計的宗旨，跟社會現代主義之間的相似度，令人不太舒服。兩者皆訴諸人類對「秩序的渴求」，展現出一種讓人無法爭辯、卻能全然自我參照的邏輯，並提出一套全面性解決之道，這些都是極權主義意識形態蠱魅人心的主要特徵。1933 年，他在納粹政權成立 10 天後，因為身為「文化布爾什維克份子」而被捕，但後來他想辦法逃到瑞士。

1928 年，他發表對後世造成很大影響的《新文字設計》（*Die Neue Typographie*）。雖然仍舊視為經典，但他晚年卻形容這本書「過於極端」，認為現代主義設計普遍都有極權主義傾向，本質上就是法西斯。

文化在混亂與秩序之間的鴻溝中成長茁壯；不論何者過多，都會遏制文化發展。

以齊頭散尾來排版（Type ranged left）。
快速移動到方格中（Snap to grid）。

然後，請放輕鬆……

▶332 秩序、秩序
▶140 這是畫框
▶152 框架中的框架

家 HOME	衣服 CLOTHING	工作 WORK	藝術 ART	幸福 HAPPINESS	空閒 LEISURE	政治 POLITICS	性 SEX
旅行 TRAVEL	家庭 FAMILY	生活風格 LIFESTYLE	夢想 DREAMS	科學 SCIENCE	信仰 BELIEF	身分認同 IDENTITY	你 YOU
YOU	YOU	YOU	YOU	YOU	YOU	YOU	YOU
YOU	YOU	YOU	YOU	YOU	YOU	YOU	YOU
YOU	YOU	YOU	YOU	YOU	YOU	YOU	YOU
YOU	YOU	YOU	YOU	YOU	YOU	YOU	YOU
YOU	YOU	YOU	YOU	YOU	YOU	YOU	YOU
YOU	YOU	YOU	YOU	YOU	YOU	YOU	YOU
YOU	YOU	YOU	YOU	YOU	YOU	YOU	YOU
YOU	YOU	YOU	YOU	YOU	YOU	YOU	YOU
YOU	YOU	YOU	YOU	YOU	YOU	YOU	YOU

9-10 從工廠地板到舞池

無論是政治或宗教的極權運動，都是在進行文化基因編程。

在前蘇聯共產主義下，想要開舞會的人必須先申請國家批准。這場活動必須是為了慶祝共產黨批准的主題而舉辦；音樂清單得先通過審核，整場舞會燈光得時時開著。

北韓的文化則是由朝鮮工人黨中央委員會下的文化與藝術部負責監管。由十萬人以整齊劃一動作演出、絕無個人詮釋的「大型團體操」（Mass Games），展示反西方的文宣內容，歡慶工人黨的革命勝利。

「以概念來說，政府總是傾向將一切納入管轄，讓整體社會服從其意識型態。未受到如此控制的空間，將是未被征服的領域，位在國界之外，尚未經歷改造，也是未來的危險。」── 英國阿克頓爵士（Lord Acton）

極權主義傾向將文化所有面向都納入意識形態之下，不論政治或宗教內涵，也不論是否缺乏這些內涵，並賦予這些面向── 藝術、文學、美食、音樂、科學、性愛、甚或是帽子── 純粹跟意識形態有關的價值。

「晚餐宴會很明顯是右翼做法。除了本身就是右翼本質外，這種宴會還會出現好幾個右派賓客，例如葡萄酒、西裝、豌豆莢。像是甜點酒與泡芙這種點子，簡直已經超越了政治尺度。」── 英國作家歐法瑞（John O'Farrell）

共產主義與法西斯主義是兩種有毒的文化基因，讓歐洲在 20 世紀陷入浩劫。在我們發展出文化基因的抗生素，預防未來進一步的疾病爆發之前，這些致病的觀念，早已影響了許多世代的大腦。

在其他地方，烽火持續延燒。韓國在北緯 38 度切割成兩個意識形態平行的國家，是文化基因學在真實世界的實驗：將同樣民族一分為二，兩個團體各自推動基本上全然不同的觀念，然後觀察結果。就像柏林分裂一樣，這個實驗完全不考慮到種族或其他生物載體因素──而是清楚說明光是一個獨特變項，也就是一個觀念的運用可能會造成的影響。

做為可推動的主流意識形態，共產主義和法西斯主義都被擊敗了── 至少在歐洲，截至目前為止。

但是，下一個具感染力的致命觀念，會從哪裡冒出來呢？

21 世紀的文化基因流行病會是什麼呢？

▸ 332 秩序、秩序
▸ 272 最大的框架
▸ 340 文明的麗光板裝飾薄面

СЛАВА ВЕЛИКОМУ СТАЛИНУ!

9-11

跳舞的政治

西元前380年：「監督者必須非常小心注意其感受不到的腐敗……注意音樂與體操的創新可能會違逆既有的秩序……因為音樂模式一旦收到干擾，總是會顛覆最根本的政治與社會傳統。」——柏拉圖，《共和國》

1940年：德國納粹發布命令，指出反對納粹政權的作品，或是由猶太人、非洲人或馬克斯份子創作或有關他們的作品，都是「墮落的藝術」。現代實驗音樂也一樣墮落，爵士樂也是……」

1955年：佛羅里達州警方警告貓王，若是他在表演時不斷抖動，他將會依猥褻罪名而遭到逮捕。

1962年：紐約主教柏克（Burke）禁止天主教學校學生跳扭扭舞，認為這種舞「下流，不是基督徒該做的事。」

2008年：「搖滾樂與迪斯可節奏不應該被使用。在人們試圖維持高尚道德水準的社會中，危險節奏在音樂中占的比重比旋律還更高的（音樂），不應有立足之地。」——猶太拉比魯夫特（Rabbi Efraim Luft），猶太音樂委員會

2009年：索馬利亞的喬哈電台（Radio Jowhar）遭伊斯蘭政府勒令關閉，因為電台播放了「毫無用處的音樂與情歌給人民聽……我們不能允許電台播放邪惡音樂。」

「謝謝你的音樂，
我所高唱的歌曲，
感謝它們帶給我的所有喜悅。
誰能活在沒有音樂的世界？
我很誠懇地問，
生命會變成怎樣？
沒有了歌聲與舞蹈，
我們會變成怎樣？」
——ABBA合唱團

「在許多已經認定是人類特有的特徵中……人類有種可透過感官感到欣喜出神的能力。即便是生活在物質匱乏的地區，時間與能量這種稀少的資源，仍舊會投注在打扮和裝飾的樂趣中。而在發展程度較高的社會，投注於提供這些樂趣的勞動力數量，已經被認為是衡量文明最重要的指標之一。」——英國歌劇導演米勒（Jonathan Miller）

▸274 從工廠地板到舞池
▸262 安迪沃荷交棒
▸258 主題變奏

9-12

跟流行文化相反的

左上圖：©切奇科夫基金會（Tretchikoff Foundation）
www.vladimirtretchikoff.com
右上圖：達文西作

就是不流行的文化

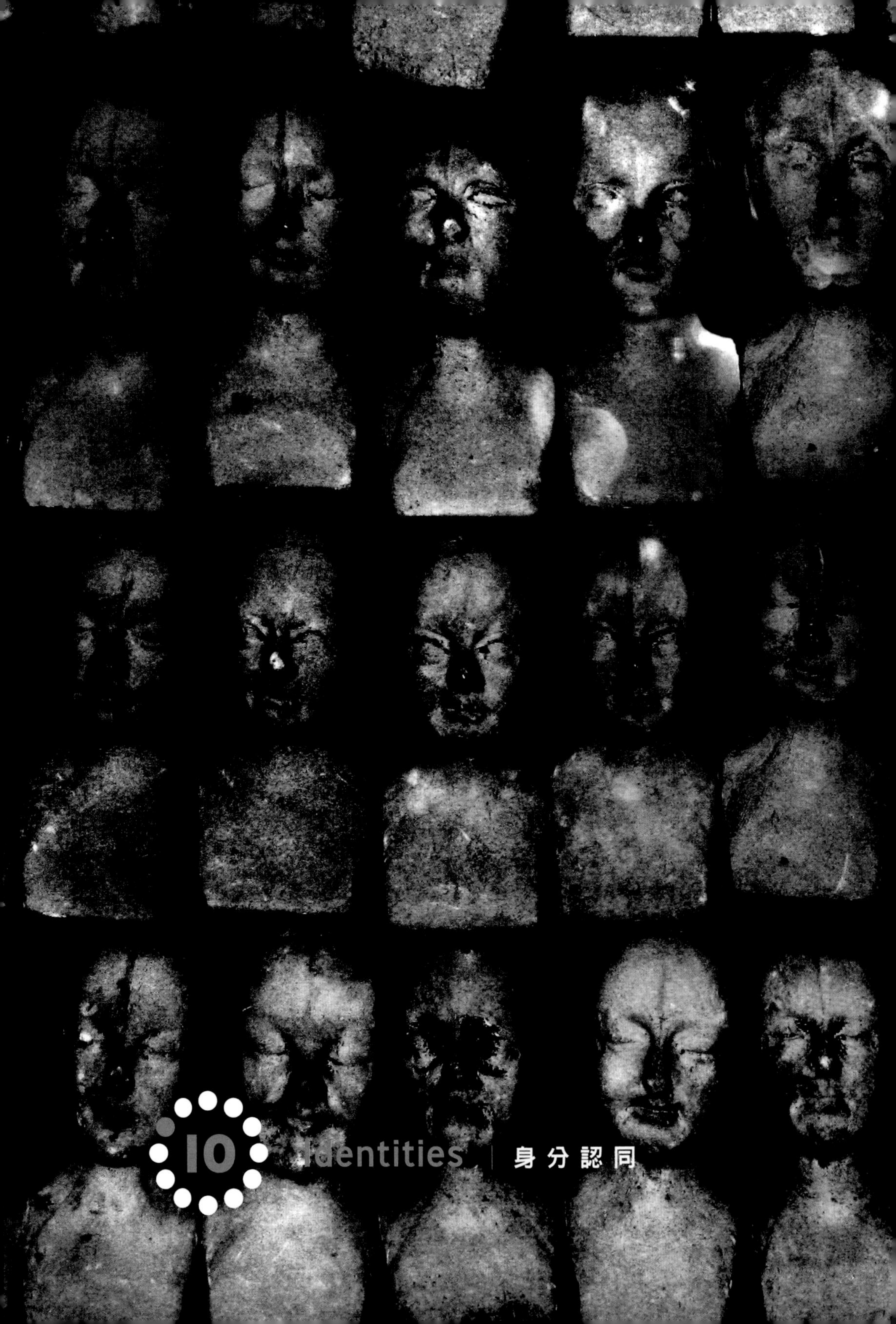

10 Identities 身分認同

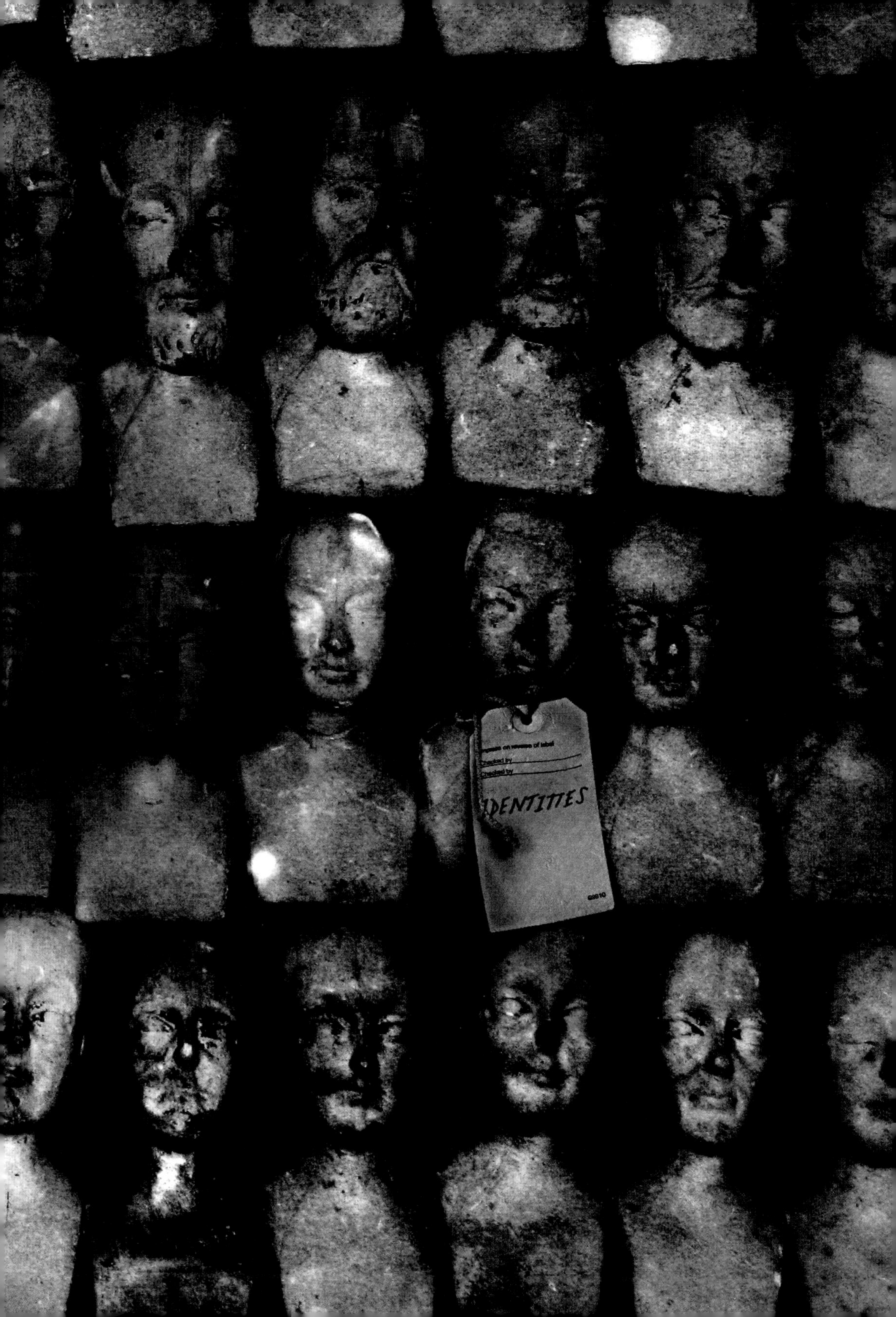
Checked by
Checked by
IDENTITIES

10-1

人人都想找到做自己的方式

「18 歲的年輕人很難看著史恩康納萊演的詹姆士龐德，想像自己如何才能跟他一樣辦到這些事，因為你不在賭場，你也不是開著 Aston Martin 的車回家。」──英國平面設計師薩維爾

學習生活規則或讓自己在文化中超前的行為規範，會帶來無止盡的苦悶，大家都走過試圖在世上找到人生方向的青少年階段，因此都可以證明這點。這些「規則」往往看似毫無邏輯、複雜難懂，又自相矛盾。我們總覺得沒有人給我們一本手冊，生活的規範守則遺留在生活的範疇之外。

文化是要學習的，而我們都上速成班。

我是誰？什麼是我的身分認同？我適合哪裡？一切又是怎麼回事？

選擇身分認同就像試穿新西裝──我們會試穿好幾套，看哪一套最合身。結果有些會太過頭，但嘿，至少以後可以看著照片笑自己。衣著是我們內在心路歷程對外的表達方式。

我們試穿各種想法點子，看看尺寸合不合。

「不管在宗教、科學、哲學領域，我無法想像哪個東西不是適合我們的穿著，至少一段時間內是如此。」──美國作家弗特（Charles Hoy Fort）

青年文化無可避免會突變演進，因為每個世代都會將其重新改造，符合自己的形象。

快打扮成那個專屬這個世代、人人都為之狂熱的新樣子吧！現在大家都可以變成這個樣子！

當然，你會希望自己在地的點子鋪有最新文化基因庫存，而且酷炫東西在其他地方不會出現。就像在遠離大城市光鮮亮麗地區長大的人，他們的生活也不會什麼都有。否則這對你就只是郵購文化而已。

弔詭的是，網路的全球化本質卻意謂著，即便世界變得更加伸手可及，現在卻有越來越多的「其他地方」不斷出現。

「當你想要好好生活時，你如何開始？你走向何方？你需要認識誰？」──英國 The Smiths 樂團主唱莫里西（Steven Patrick Morrissey）

▸284 商品拜物教
▸180 地點的時間價值
▸48 什麼形塑了觀念／點子／想法／創意？

JET SET JACKETS
BUY BRITISH

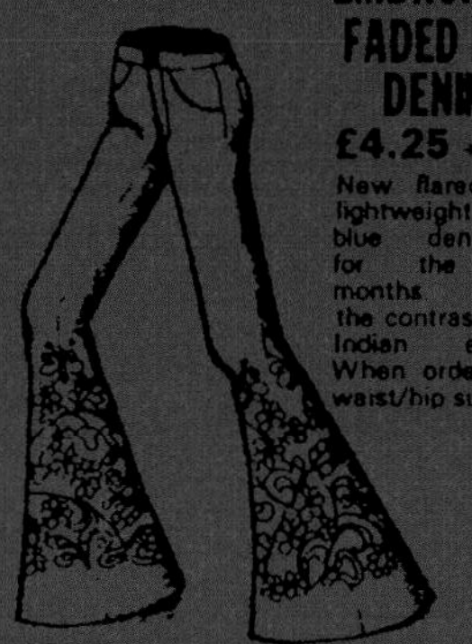

EY BOOTS

BOYS, BE A HIT!
WONDERFUL BARGAIN

HIPPY NECKLACE
ONLY 20/

AND GET WITH IT!

PAUL WHITE PRODUCTIONS (Dept. NZ), 154 Kenyon Lane, Manchester 10

HE KOOKY SHOP

HE'S DISCOVERED WHERE the GROUPS GET THEIR WAY OUT GEAR
£5.5.0

would sir like to try on an idea?

先生想試試這構想嗎？

10-2 商品拜物教

時尚是屬於大眾的民主化藝術。但時尚也是象徵最重的藝術。

銷售令人嚮往商品的藝術，並非僅僅是販賣產品而已，也暗示了你帶走的還包括光鮮亮麗的新生活。

買鞋子／車子／手錶，等於買到一種生活方式。

如果觀者無法暗中理解意義可透過非口語方式傳達，物件也可以是象徵的話，那麼我們手中的魔法就無法奏效。

由於產品實際的功能及其所代表的象徵之間的關聯非常武斷，幾乎什麼東西都可以掛上設計師標籤。

在西方消費社會，設計師協助創造出的商標和品牌，變成具有現代「團體認同」的功能，就像古老部落認同是當成地位符號，用來排除「外人」。「獨家」品牌具有排他性，是因為它們排除外人── 要不然就變成「所有人的設計師品牌」。

這現象不是最近才有。在希臘文中，迦南（Canaan）就是指腓尼基（Phoenica）這片「紫色大地」，因為當地是古代泰爾紫（Tyrian Purple）染料工業的中心。這種染料從特定海洋軟貝動物的黏液中採集而來，要 12000 隻才能生產出僅僅 1.5 公克的染料。只有富豪貴族才有辦法穿得起紫色衣服。

紫色暗示你很富有，關係良好，是重要人物。

紫色是最原始的耀眼光芒。

▸288 非名牌不穿
▸290 階級社會
▸174 商品崇拜

EXECUTIVE®
gold service
Special
edition
SILVER
RITZ
Card Azur
TM
Platinum™
classique™
Rendezvous
Impress®
lifestyle
International
FASHIONED BY
Craftsmen
TO SET THE FASHION
MONACO
style™

GILT™
Members Only©
LE STYLE©
Report Special™
QUALITY
Special edition®
STYLE™
Upper Class
CHOICE of the PROS©
Invitation Only©
CONFIDENTIAL
YOU'RE
Extra Special©
Exquisite Form®

10-3

非名牌不穿

YOUR
NOT

上圖：你的名字不在這裡。

▸284 商品拜物教
▸290 階級社會
▸174 商品崇拜

NAME HERE

買下我的名字，
借用一些魅力，
因為你很確定自己兩者都沒有
寶貝。

在階級分明的社會，時尚往往較不普及。相反的是，在這種社會，你的穿著就代表你的地位、階級、部落或性別。

扁帽或高帽，皇室或農民，長褲或短裙：你穿的制服正展示你的階級。

在較平等的社會，我們可以自由創造自己的部落、服裝規定，有自己的歸屬感。

我們甚至可以同時歸屬於好幾個部落，這是拼花布式的組合認同，或者根本沒有什麼認同——我們可以是自己的領袖、自己的輔祭司，也可以是自己的追隨者。一個只有自己一人的部落。

在階層分明社會，無論在文化上還是一本書的扉頁中，位置造就意義。

大小和顏色創造了意義。

什麼是重要的？

什麼又是不重要的？

我們最先看的是什麼？
秩序、地址、在哪裡、做什麼、我們、訊息？

在階級社會中，**你**位在哪裡？

▶228 遊戲規則
▶68 時光雜訊

10-4 階級社會

10-5 未來不是以前那樣

科技改變驅動了社會變革。

網路推動人們互動的全新模式，就像以前的印刷術和電視，真正的影響力會是文化面的——網路基本上是「軟」科技。

1950年，《流行機械》（*Popular Mechanics*）雜誌在對2000年時居家面貌的預想中，看到了材料和製造方式的大躍進，但家庭主婦的角色卻沒什麼改變。

許多預測專家看不見社會變遷，並非因為維持現狀攸關自身利益，而是因為他們早已深植於當代文化——這是無庸置疑、不會改變的既有條件，因為如此不惹人注意，也不會有人想去檢視。

過去對未來的觀念，往往告訴我們更多關於過去的事，而不是未來。

1950年的預測專家，無法預見科技會推動社會變遷。社群網站、點對點線上商務、部落格、線上交友／相親等，都改變了我們與人互動、會面、做生意、生活和愛人的方式，**也就是我們的社會文化。**

針對下個50年，我們唯一能成功預測的是，科技將會更深刻融入我們的生活，文化也將出現劇烈變化。

這項軟科技也會變得隱形看不見。迷你化的唯一限制，只在於人類使用介面的實用程度，目前常見的介面是鍵盤。但如果我們能發明更直接的輸入法，甚至也許連鍵盤都可以免了。

「夠先進的科技，跟魔術沒有兩樣。」——英國科幻小說作家克拉克（Arthur C. Clarke）

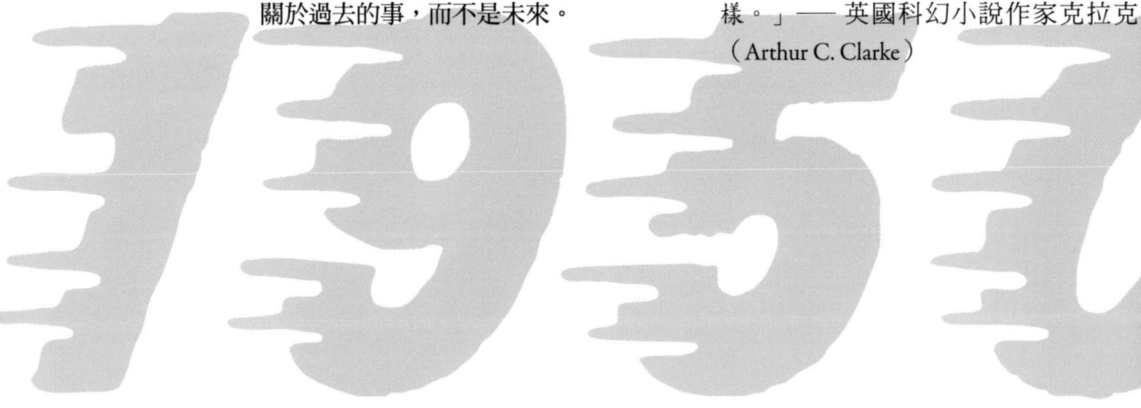

▸92 匯流整合
▸70 瓶頸守門員
▸290 階級社會

因為家中一切都可防水，因此 2000 年的家庭主婦可以用水管每天清潔。

上圖：「未來 50 年你將看到的奇蹟」。
《流行機械》雜誌，1950 年

10-6

真正的我，可以請你站起來嗎？？

誰是內在的你，真正的你？

我們不能選擇父母，因此也不能選擇種族。我們無法選擇性別、身高、眼睛顏色。我們的第一組聯繫來自遺傳，是命定的。

白人。黑人。中國人。法國人。男性。女性。高佻。瘦小。

文化不是種族。雖然我們出生在某個文化中，但我們的文化認同並不表示我們是誰—— 那是我們被教育要成為的人。我們的第二組關聯則視條件而定，最終是可選擇的。它描述的是我們的文化基因，而非生理基因。

你的文化基因認同，並不是你的遺傳基因認同。

請勾選下列選項：

■浸信派
■星際大戰迷
■天才
■白人
■毛澤東主義份子
■柏拉圖主義份子
■共和黨員
■人類
■其他
■素食者
■無神論者
■哥德派
■異性戀
■殘障者
■共產黨員
■同性戀
■外星人

跟著文化而來的基因，並非永不改變，不論看來有多多，它們是觀念，而不是東西。它們只有知識性結構，沒有實體結構。

跟人不一樣的是，觀念並非生而平等。

雖說我們可選擇用信仰來定義自己，但我們相信的東西並不必為了我們而被人定義。

布萊恩：
「聽著，你們都錯了！你們不需要跟隨我，不需要跟隨任何人！大家得為自己想！每個人都是獨立個體！」
群眾：
「沒錯！大家都是獨立個體！」
布萊恩：
「你們全都與眾不同！」
群眾：
「沒錯！我們全都與眾不同！」
群眾中某個人：
「但我不是……」
群眾：
「噓！」
——英國喜劇團體 Monty Pythons 的劇碼《布萊恩的一生》

▸300 你必須參與才能獲勝
▸62 心電感應
▸98 延伸自己

GOLDEN FRESH
FISH & CHIPS

10-7

預設人類

你才剛將人類 1.0 裝到硬體，也就是你的身體。每個程式都有一組工廠設定的預設值。這些人類 1.0 的預設值會是什麼？也許是：男性。白人。異性戀。或是還有其他東西，而你需要客製化自己的喜好。

我們的認同感包括一串很長的關聯清單，例如我們歸屬的團體，從人類都有的一般的關聯到特定關係。

假設（因為這經常只是假設）你是這個預設的人── 男性、白人、異性戀，你必須更進一步查看清單上的選項，才能開始形容自己獨特在哪裡：

名字：崔佛（Trevor）
兩週玩一次高爾夫球。
尼爾戴蒙的粉絲
擅於烤肉
住在埃塞克斯

你的文化越是平等，你與眾不同的面向影響機會和地位的程度就越低，你也會更加自由，可以隨心所欲去探索更複雜、多面向、為你「量身訂做」的個人認同。

文化越不平等，你生命中的選擇就會更加被剛好與生俱來的預設值所限制住。諸如貧窮、種姓階級的下層、女性。

許多意識形態尋求占據關聯清單最上方的位置，想成為個人認同的決定面。

在你是男性、白人或異性戀之前，也許甚至在你是人之前，得先是基督徒或共產黨員、穆斯林或曼聯隊球迷。

為了歸屬某個團體，我們以自己的獨特點來定義自己，有些人會被認為比其他人更與眾不同。如果某人的「人類」會員身分在清單上的位階很低，因此「人類」身分也比其他身分更不重要，例如「亞利安民族」的身分，那麼這會造成什麼結果呢？

唯有在面臨排山倒海的文化差異時，不論是真實或認知上的差異，我們才會選擇用讓我們相同的東西，成為我們唯一且獨特的定義。這個相同的東西可能是意識形態、文化或種族，我們寧可部落化，而非歡慶我們的個體性。

這些部落式的關聯，可能會超越人性的共同身分，讓「其他人」顯得像是次級人類。

▸294 真正的我，可以請你站起來嗎？
▸248 如何才能良善
▸306 今天你想成為誰？

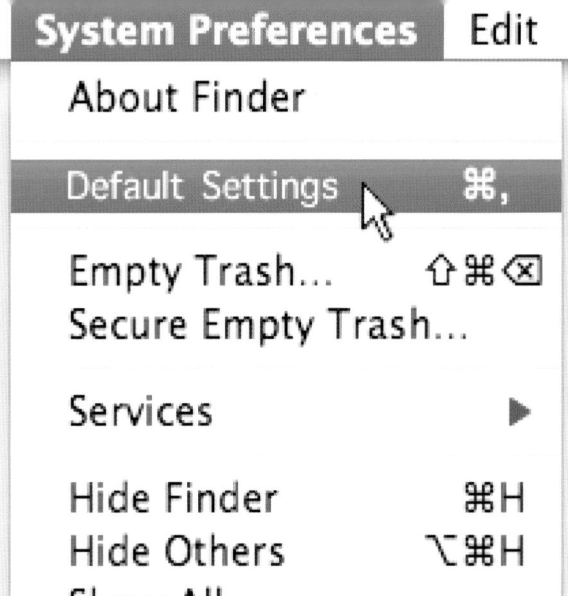
System Preferences
Edit
View
Window
Help
About Finder
Default Settings ⌘,
Empty Trash... ⇧⌘⌫
Secure Empty Trash...
Services
Hide Finder ⌘H
Hide Others ⌥⌘H
Show All

10-8

區域解決方案

▸120 品牌認知
▸82 文化即記憶
▸34 圖形世界語

W-C
TUVALET
MEN
LADIES
GENTLEMEN
WC
HOMMES
FEMMES
WC
WC
WC
Ladies
W.C

حمام النساء
BAIN POUR FEMMES

حمام الرجال
BAIN POUR HOMMES

WOMEN
W.C. for Men.
homme.

10-9 你必須參與才能獲勝

誰造就了文化？

如果你不能　看見我
如果你無法　聽到我

那麼我就很難對我的文化有所貢獻或影響我的文化。

能夠參與文化的人，就是有機會將文化形塑成對自己有利的人，他們會以自己認為適合的方向來引導文化。

如果參與不具備包容性，那麼文化也就不會有包容性。

在較不平等的社會，特權是你無法控制的血統所授予的。你的階級與性別，將會定義你可能被允許的參與範圍。

假若你是男性，出生在統治菁英家庭，你不會有誘因想要改變尊崇男性權利與「榮耀」的遊戲規則：畢竟，你天生就是比較優秀的品種，所以得到權力、受到奉承、被「尊敬」，本就是天經地義，對吧？事情就是這樣。

在最高層，只有大老爺在你之上── 如果你剛好是古羅馬人，你可能會被尊為神，一路走上臺階的最後一階，享受所有伴隨而來的榮耀和特權。

在英國，這個原則稱為「神聖王權」，在中國與東亞則稱為「天命」。王室不受到人類法律的規範，統治權直接來自神聖的權威。人人並非生而平等。

在較包容的文化，對普及價值觀有影響力的那群人，其人口取樣基礎更為廣泛。

政治人物、公民領袖、記者、作家、藝術家、音樂家、商人、演員、部落客、教師、遊戲節目主持人、電視實境秀參賽者、女性……

「尊敬」往往得靠贏取而來，而非只靠權力、地位、階級、血緣關係，甚或恐懼，就能拿到好處。

文化是象徵意義得以滋長茁壯的載體。像我們這般如此深植在文化中，只要一個象徵性的隔離，無可避免就會造成實體的隔離，反之亦然。

那你聽到我了嗎？

▸70 瓶頸守門員
▸194 金字塔中的「我」
▸296 預設人類

در اور
عایشه
دستیار آمر
مسلمان که
دلیل امتناع از
برداشتن ر
خود در داخ
از کار معل
از دبستانی د
یورکشایر غر
شمال انگلستا
اخراج گردید

وترتدي غالبية
الحجاب ولكن
اللاتي يرتدين
قليل ولو أنه بدأ
في السنوات الأ

...يلند در سال
...حکم صادر کرد
اساس آن زنان
...ی‌توانند هنگام
...هادت در دادگاه‌ها
خود را بپوشانند.

تدرس دول إسلامية عديدة إرسال ملاكمات لتمثيلها في الأولمبياد، من بينهن لاعبات محجبات

در انگلستان، در سال
نماینده مجلس عوام ب
از صحبت کردن با کس
صورت او را ببیند. راحت
نظر وی زدن روبنده بر چ
حس جدایی و انزواطلبی
الیور لتوین، مدیر سیاسی
این توصیه را سخنی خد
مورد جلوگیری از حق افرا
پوشش دانست.

دو رهبر بزرگ اروپایی به
طور جداگانه نسبت
به نقاب (روبنده) زنان
...لمان ابراز نگرانی کردند.
...ی بلر نخست وزیر بریتانیا
پوشش را «نشان جدایی»
...د. و رومانو پرودی نیز گفت
هیچ کس خواهان پوشاندن
صورتش در ملا عام نیست. هر
...بر اروپایی گفتند نقاب زنان
مسلمان مردم را برای ارتباط با
جوامع مسلمانان دچار مشکل
می‌کنند، مهاجران لازم است تا
جوامع غربی یکی شوند.
...م می‌گوید: «این نشان جدایی
...ت و این به این دلیل است که
دیگر بیرون از جامعه مسلمانان
...ه سئوالی درباره نقاب این پاسخ
حساس ناراحتی می‌کنند» بلر در
...ت، مسأله پوشش زنان مسلمان
پس از آنکه وزیر سابق امور خارجه
...جک استراو، گفت از زنان مسلمان
...د هنگام ملاقات با وی روبنده خود را
...ند. به مسأله‌ای جنجالی در بریتانیا
تبدیل شده است.

بعضی از دولت های غربی
برای زنانی که خواستار
پوشانیدن چهره شان
هستند، محدودیت‌هایی
ایجاد کرده اند.

أمر شيخ الأزهر محمد سيد ... متحده
طنطاوي طالبة في معهد تابع
للأزهر بخلع النقاب، مؤكداً أنه
سيمنع ارتداءه في جميع
المعاهد الأزهرية

...دگاه نیوزیلند در سال
...۲۰ حکم صادر کرد
...ه بر اساس آن زنان
...ی‌توانند هنگام
...هادت در دادگاه‌ها
...ورت خود را بپوشانند.
...ن مسلمان در ایالات
...کا، استرالیا برای زدن روبنده
...اندن صورت آزادی بیشتری دارند.

قرآن، هیچ اشاره ...ریحی به پوشش ...ورت نشده است

...رانسه از سال ۱۹۸۰ پوشاندن ...رت ممنوع گشت.

... تازه نقاب در فرانسه یادآوری می کند که از ماه ژانویه
پارلمانی حزب حاکم به رهبری نیکولاسارکوزی به علت
محافظ در شهر رفت و آمد می کند . رئیس فراکسیون
...ران سرسخت قانونی کردن ممنوعیت حمل نقاب و روبنده
...ی فرانسه از سوی مسلمانان بنیادگراست و از همین
...ی تلفن و حتی کتبا مورد تهدید جانی قرار گرفته است

...حاه نیوزیلند در سال ۲۰۰۵ حکم صادر کر
که بر اساس آن زنان نمی‌توانن هنگا
شهادت در دادگاه‌ها صورت خود را بپوشانند

در آوری
عایشه
دستیار
مسلمار
دلیل امد
برداشتن
خود در دا
از کار مع
از دبستانی
یورکشایر
شمال ان
اخراج گر

بعضی از دولت های غربی
برای زنانی که خواستار
پوشانیدن چهره شان
هستند، محدودیت‌هایی
ایجاد کرده اند.

وترتدي غالبية ال
الحجاب ولكن عد
اللاتي يرتدين الن
قليل ولو أنه بدأ
في السنوات الأ

10-10

量身訂做我

現在有個新地方，在那邊你不會因為性別、階級、地位或種族而被定義。

利用最容易摺疊的終極材料所建立的數位「空間」，是用想像力打造出來的。這樣的空間並沒有固定的自然法則。例如，地心引力不一定是不會改變的 g；我們想怎樣扭捏摺疊都可以。

同樣的，網路上的分身── 我們自己設計的網路身分── 也可以跟其代表的真實本尊，在很多方面都有差異。

這是因為在設計分身時，大家都心照不宣知道，這個代表僅有象徵意義；就像我們選擇的穿著，網路分身講求的是我們的態度、興趣、部落關聯，或者是否有空上床。換句話說，它代表的並不是本尊外在客觀的實體樣貌，而是內在主觀的狀態。就跟其他創作行為一樣，它將內在外部化。圖像就是意義，人人都是設計師。

令人驚訝的是，這些新身分的生命力是多麼強韌，對使用者又是多麼真實。這些身分令人嚮往，表達力豐富，既私密又獨特，而且還不受到當前真實世界美容手術和身體整形技術的牽制。在這些技術垂手可得的下線世界，物理法則仍舊是硬道理。

我們可以自我創造自己。

而你不必僅有一個而已。就像身分認同衣櫃，每件衣服都是為了不同場合而準備，因此明天的你可以是另外一個人；甚至在同一晚變成好幾個人。我們可以變成自己想像力創造出來的東西，而不光只是生物上的存在而已。

我們全都會變成自己終極的設計方案。

哪個你，才是更真實的你呢？

‣282 人人都想找到做自己的方式
‣292 未來不是以前那樣
‣294 真正的我，可以請你站起來嗎？

10-11

今天你想成為誰？

NO PHOTO YET

tulpa 是思想形式，據說是一種純粹透過意志力的力量，所創造出來的概念或物件：一個具象化的概念，以實體型態呈現出來，從想像世界轉移到實體世界。根據傳統的說法，雖然 tulpa 是為了服務本尊而存在，但也會發展出自己的獨立性。

就好像我們的線上分身，已經開始替我們執行越來越多在資訊處理金字塔中較底層的半自治資訊處理工作，例如整理與處理資訊，以及其他重複性的任務，但它們能否發展成某種程度的獨立代理人呢？

在執行這些任務時，假如一個分身對外界的人提出極具說服力的證據，證明自己可以取代真實世界的本尊，我們該如何來分辨差異呢？

許多藝術家在「晚期階段」的作品，都是回溯過去的風格，極少有真正的創新。自動化的流程接手創意部分，以前有稜有角的注意力焦點，現在也都鈍化了。也許自治的分身反映出了這種狀態。

是否隨著我們年歲漸長，這無可避免一定會發生？新潮事物變得擾人，而我們的「舒適圈」也跟著縮水才能合身？

即便死亡也不會停止你的網路生命延續下去。

只要將密碼留給某人，他就能接手你的分身。

就像傳說中的神話角色，一次又一次被重新注入新生命一樣，這些人物也可以永遠不須謝幕，甚至可以變成長生不死，由不同人協同合作持續創造其生命。

請睿智選擇你的繼承人。將你的祕密身分傳承下去，讓其他人穿上你的披肩與頭巾。

如果這些新實體看起來並不「真實」，請你琢磨一下這個事實：他們可能一開始就是以虛構人物出現的。

小說會滲入現實世界，並不是因為它跟 tulpa 一樣，會讓觀念出現實體延伸，而是因為我們認知到的現實，將會由越來越多的虛構東西所組成。

遊戲永不會終止。

▸294 真正的我，可以請你站起來嗎？
▸264 賣給我一個夢想，告訴我該怎麼辦
▸250 你以為你是誰？

10-12

名字蘊含力量

英國科幻小說作家克拉克的短篇小說《上帝的九十億個名字》（*The Nine Billions Names of God*）中，一群佛教僧侶試圖找出上師的真正名字。他們發明了一套特殊的書寫系統，可以將每種可能都予以編碼，並寫入電腦程式中。僧侶們相信，當他們找到正確名號時，生命存在將會失去所有意義，宇宙將會停止存在。電腦最後總算完成了這項任務。故事中主角抬起頭向上看，「看到星星逐漸熄滅，而他們一點也不大驚小怪。」

「你可以知道一隻鳥在世上所有語言的名字，但是當你看完所有名字後，你絕對不會知道任何有關這隻鳥的訊息，所以，讓我們把眼光轉向小鳥，看看牠在幹嘛，這才是最重要的。我很早就學到，知道某個東西的名字，跟知道這件東西本身之間有何差異。」——諾貝爾物理學家費曼

姓氏原先是用來描述人的工作：用茅草蓋屋頂的人（Thatcher）、金匠（Smith）、修桶匠（Cooper）、麵包師傅（Baker）、船夫（Bowman）、弓箭匠（Fletcher）、皮革匠（Tanner）等等。

因此，如果知道一個人的名字，你就會知道關於他的一些事。在某些文化中，據信能夠知道關於某個名字背後知識的人，就有力量可以掌控使用這個名字的人。

一個醫療狀況，一旦被命名後，可信度就會提升到更新的層次。這甚至會讓我們產生錯覺，以為自己對此認識更深，或覺得自己有某種程度的掌握度，即便我們唯一知道的，不過只是症狀模式而已。

名字提供了一個容易握住的把手，能將觀念固定在文化中，確認一個新文化基因的誕生，提供我們一種身分認同。

許多文化擁有實用字彙，卻沒有直接對等的名字——因此，有時我們得借字，像 capishe[16]?

在高度競爭的文化基因世界，沒有名字的概念將會失去力道，逐漸凋零，使得人們得絞盡腦汁才有辦法表達出它們。

命名是種力量。

16 譯注：義大利文「你聽懂了嗎」的意思。

▸4 本書屬於
▸24 文字的興起
▸288 非名牌不穿

Hello
my name is

II Prescriptions | 處方

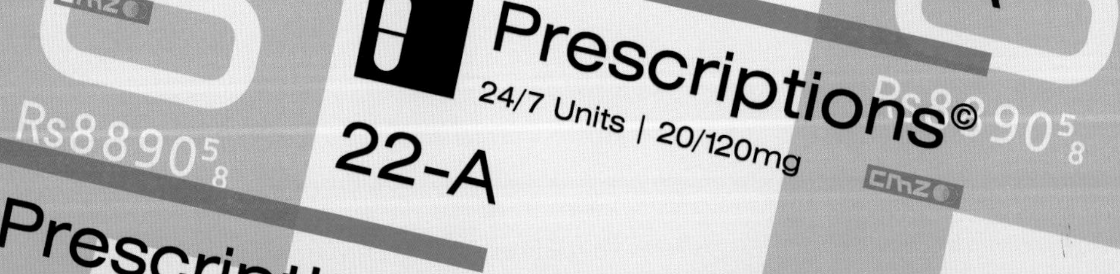

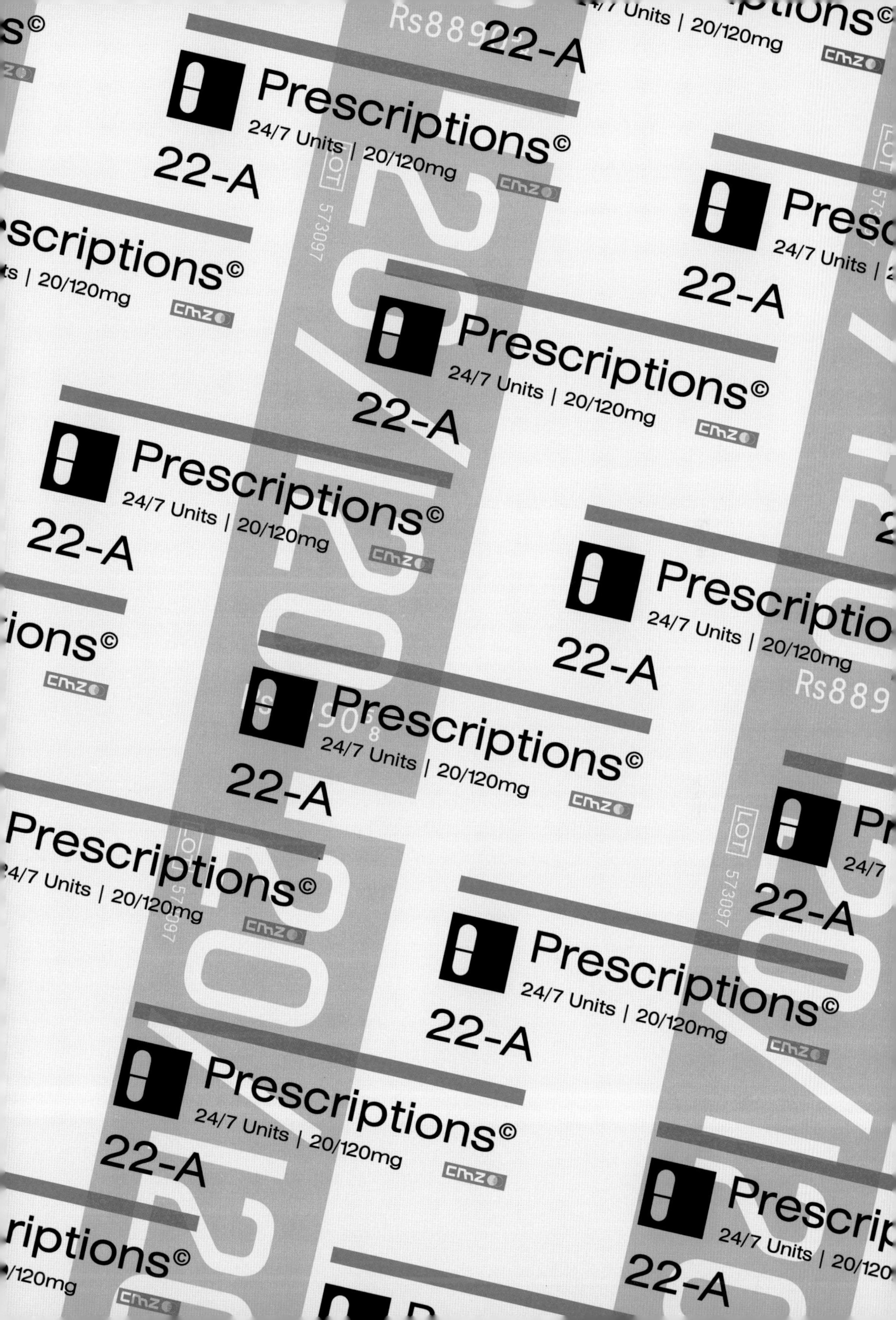

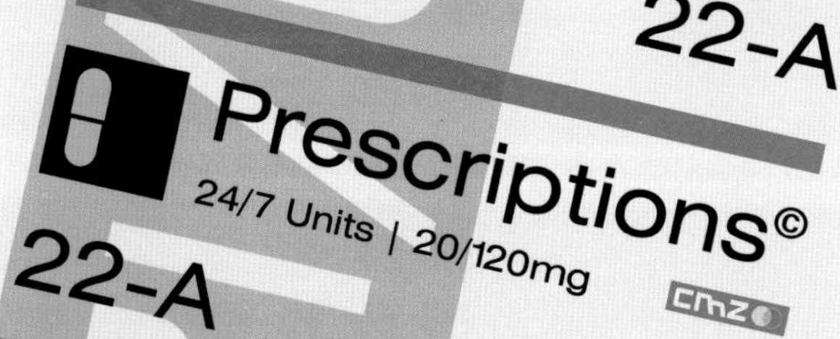
Prescriptions©
24/7 Units | 20/120mg
22-A

22-A

II-I 文化基因疫苗

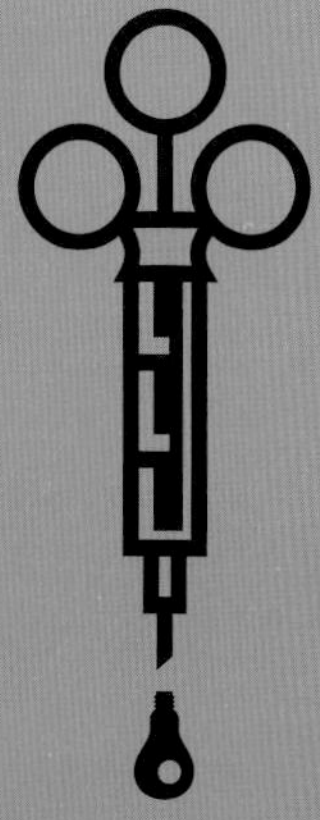

在 15 到 17 世紀間，造船技術的進步，宣告了擴張時代的來臨。以前遺世獨立的文化，首度跟我們有了實際上的接觸。

伴隨這些新接觸而來的是新疾病；據估計，約有 90% 的美洲原住民因為感染到他們不具抵抗力的疾病而死亡。新疾病對於雙向傳染可不會感到良心不安：豬流感、愛滋病、西尼羅病毒，近年來也都傳到西方世界。

「這些病原體就這麼直接毀掉對這些病毒完全沒有抵抗力的原住民。現在我們再度重蹈覆轍。這一次，我們傳染的是有毒的觀念想法。」──美國哲學家丹奈特

傳播新興文化基因的決定性載具── 網路，現在正忙著將觀念點子傳送到全球各地。

不像透過基因傳遞下去的生理免疫力，每個新世代都必須重新學習才能獲得文化基因免疫力。

文化得靠學習才會，這是文化基因，而非生理基因。

這可能是定義文化的根本特徵。不像長相或天生就有的技能靠遺傳而來，文化必須透過非生理方式，才能傳遞給年輕人。

我們對理性或信仰（或者兩者混合在一起）是否免疫，是由我們出生的偶然性所決定；我們湊巧身處其中的文化所蘊含的價值觀，以及我們受的教育決定了這件事。

智慧是讓我們能理性處理文化基因的設備。

廣為流傳的觀念威力如此強大，甚至可說是最危險的商品。曝露在這些觀念中，就像曝露在任何病原體之間一樣：沒有殺死你的東西，會讓你更強壯。

「筆桿子比槍桿子更厲害。」── 英國作家布沃李頓（Edward Bulwer-Lytton）

「只要拿法正確，任何工具都是武器。」── 美國歌手迪法蘭科（Ani DiFranco）

▸344 危險觀念／點子／想法／創意
▸342 垃圾文化
▸178 文化基因貿易

II-2 燒了這本書

跟亞歷山大圖書館不一樣，你無法燒毀網路。

再也不能利用摧毀載具的方式，來摧毀內容了：內容不再僅僅保存於載具中。

社會的版型來自於這個社會擁有或被允許擁有的觀念，因為這些觀念經由媒體（如書籍）傳遞，極權主義意識形態總是想盡辦法要控制或限制媒體。

這些限制想要將單一文化（monoculture）強加在社會上，創造出一個精心設計過、由國家批准的社會，帶著被國家批准的價值觀與信仰。

通常這會包裝成對社會正義、穩定及道德的訴求，來合理化這個做法。自由是任意放縱自己沉溺到無政府狀態中、操弄未經批准的觀念。唯有控制人民，才能實現至善。人民必須從自己那裡拯救回來。

為了編纂並推廣正確的「生活哲學」，通常只有國家批准的書籍才能發行。

一份宣言。一本《聖經》。

但是這些正確的書籍，卻往往跟其他地方的進步脫節，最終在信仰與事實間會開始出現裂縫。對單一文化來說，教育本身變得很危險。

波帕政權在 1970 年代進行種族滅絕，殺害了近兩百萬柬埔寨人，其中數千人是因為身為「知識份子」而被殺——就只是因為他們戴了眼鏡，就被判死刑。

2009 年，奈吉利亞伊斯蘭軍事團體波克哈蘭（Boko Haram，意指「西方教育是罪惡」）領袖尤蘇夫（Mohammed Yusuf）做出如下聲明：「教育混雜了許多違逆我們信仰的議題……例如指稱這個世界是個球體。這抵觸了阿拉的教誨。我們堅決反對。」

聯合國教科文組織在 2010 年發表的報告，提出攻擊教育的數量將「大幅增加」的警訊。這份報告提到在 31 個國家中，學校職員和學生受到炸彈攻擊及暗殺事件。報告一開頭就先描述 2008 年阿富汗一群女學生和老師遭攻擊的故事。攻擊者因為反對女性受教育，直接將電池酸溶劑潑灑到女學生臉上。

「在焚書的國度，焚書者也終將焚燒人民。」——德國詩人海涅（Heinrich Heine）

▸316 你會學到教訓
▸332 秩序、秩序
▸268 流行偶像崇拜

上圖：1933 年，納粹焚燒猶太作家和其他被認為是
「非德國人」的作品。

II-3

你會學到教訓

「教育是可以改造世界、威力最強大的武器。」── 南非前總統曼德拉

當問到「人們為何相信他們相信的東西」這個問題時，在答案清單最上方總會出現這個答案：「**我就是這樣教養長大的。**」

「小孩前七歲讓我養大，我就能給你一個男人。」── 耶穌會的吹噓

我們都深深嵌入在我們的文化中，程度如此之深，以致於這個文化所蘊含的價值觀與信仰，都形成了我們認同的基石。為了重新評估我們的信仰，有時我們得準備好重新評估自己的認同。

「最絕對的權威，會直搗一個人生命最內在的部分，對這個人意志的關心，比對付他的行動還多。」── 法國哲學家盧梭（Jean-Jacques Rousseau）

這就是為何質疑一個被深切擁抱的信仰，會被視為批評該信仰的追隨者──延伸來看，還包括其文化、歷史和價值觀。

西方教育經歷了數十年來越來越世俗化的發展後，「信仰」學校── 提倡單一宗教信仰的體制── 的數量，卻出現近代史上的首度成長。

在美國，「智慧設計」（intelligent design）── 將《聖經》「年輕地球」創造論重新包裝的一種型態── 的支持者，正在努力推動要求各州的科學課，在教導進化論時也要同步教導這個理論。

「像是『天主教兒童』或『穆斯林兒童』這樣的說法，應該讓我們心中響起憤怒的抗議鐘聲。兒童還太小，不知道自己怎麼想宗教的。當我們被叫列寧主義兒童、新保守主義兒童，或是海耶克貨幣主義兒童時，我們會很震驚。『他們』不是『基督教兒童』，而是『基督教父母生的小孩』。」── 英國演化生物學家道金斯

塔利班政權禁止 10 歲和更年長女孩接受教育。

「21 世紀的文盲，不是那些無法閱讀與寫字的人，而是那些無法學習、停止學習及重新學習的人。」── 美國未來學大師托夫勒（Alvin Toffler）

「人們害怕思想的程度，沒有比他們對地球上其他東西更怕了── 比斷垣殘壁更怕，甚至比死亡還怕。思想具有顛覆性與革命性，既毀滅又恐怖。思想對特權、既有體制、舒服的習慣毫不仁慈。思想一眼看進地獄深淵，完全不懼怕。思想既偉大、迅速，又自由。思想是世界的光明，是人類的無上榮光。」──英國哲學家羅素

▸364 免責聲明
▸350 如何扼殺觀念／點子／想法／創意
▸44 神話認同

上圖：英國倫敦西漢普斯德的英格蘭教會
伊曼紐小學。

II-4 開示我

學習經刻板程序和儀式傳遞下來的知識，特別嚴格，對理性探索不利。理性探索卻是讓文化基因複製器特別有效率的特質。

「宣揚以信仰為基礎的宗教，推翻日常生活體驗所看到的證據或理性。這樣的宗教替社會打了預防針，讓人們無法得到一般用來評估觀念的許多最基本工具。」——英國作家布萊克摩（Susan Blackmore）

以文化和哲學革命為中心、發生在 18 世紀的啟蒙時代，是康德在《什麼是啟蒙時代》（*What is Enlightenment*，1784）定義為「可以自由使用自己大腦心智」的年代。啟蒙時代推崇理性是合理權威的主要來源。

啟蒙時代的價值觀「理性、批判和真正開放的討論」，透過新興印刷材料的爆發成長，如書籍、小冊子、報紙、雜誌等而傳播開來。換句話說，就是那些「傳遞觀念與態度的當代媒體。」

這個知識覺醒有個無可避免的副作用，就是對傳統體制、習俗及傳統，提出批判性的質疑。隨著新觀念的傳播流行，舊權威的力量就會縮減。當年如此，現在亦然。

美國知名心理建議專欄作家蘭德斯（Ann Landers）曾被引述說過：「沒人有權利要求實證證據來摧毀另一個人的信仰」，但對證據與信仰不相吻合有第一手經驗的伽利略，看法卻不同：「我不認為自己必須相信賦予我們感官、理性與智慧的同一個上帝，會希望我們放棄使用這些東西。」

研究「自然運作」的「自然哲學」，是在科學稱為科學之前的名稱。根據分析與觀察原則，也就是之後訂為「實驗方法」的做法，自然哲學將「探索民主化」，根本上脫離了傳統的世界觀。傳統世界觀認為知識是由權威傳遞下去——透過可敬的學院、被批准的文章，以及被傳授過知識的長者。

「當當權者變成仲裁者時，理性討論是不可能發生的。」——美國作家卡德（Orson Scott Card）

為了了解這個世界，我們必須看著這個世界，而不是文字而已。

▸316 你會學到教訓
▸70 瓶頸守門員
▸266 小心落差

II-5

虛構、事實及之間的位元

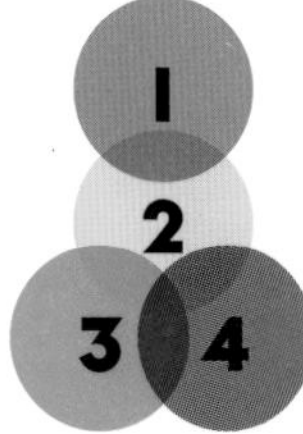

第一類：事實
實際上存在的東西。

例子：2+2=4、恐龍的歷史超過6000年。

第二類：理論
可能存在的東西。

透過某種解釋提出看似可信的模型。

例子：神話學、占星術、哲學、占卜、宗教、鍊金術、科學上未經證明的概念。

第三類：虛構
我們捏造出來的東西。

我們創造出的作品，透過隱喻、重新創作或暗示方式，可能凸顯事實，或者提供洞見、道德指示、樂趣。

例子：說故事、電影、戲劇、藝術、舞蹈、歌曲。

第四類：謬誤
不存在的東西。

例子：2+2=5、恐龍的歷史不到6000年。

依定義來看，第一類的事實是真實的。它們必須內外一致，合乎邏輯，符合證據。

依定義而言，第三類的虛構從文學角度來說是不真實的，但透過類比與例證，卻能提供我們極有價值的文化和道德洞見。這一類只須具備內在的自我一致性，就顯得很有說服力。

有些虛構類型甚至必須借用事實來點綴，好顯得逼真，例如歷史劇。

「藝術就是說出真相的謊言。」——畢卡索

第二類的項目可能是真的，也可能是假的，取決於理性探索要探索些什麼，以及證據的重量。然而，我們很容易就被它們跟第三類相似所蠱惑，因此讓它們偷偷晉升到第一類的地位。

由於特定的「生活哲學」可能擁有某些非常實用的個人或道德指導，甚或可能在內部變得自我一致，因此這並不保證這個哲學從第一個層次來看是真實的——也就是說，這未必符合事實。

▸322 三種虛構類型
▸324 第一類事實
▸326 定義

№ 2

II-6

三種虛構類型

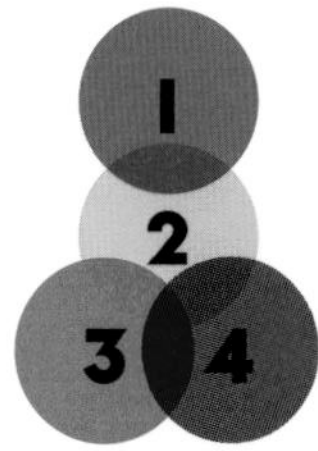

故事，就跟理論一樣，需要有自我一致性，但是跟理論不同的是，故事最後不需要符合客觀世界的真相，才具有價值。在故事自己的框架中，自我一致性就是所需的一切。

文化擁有許多由虛構自我一致性建構起來的面向；也就是，藝術的面向。跟赤裸裸事實不同的是，文化是社會與道德價值的載體；因此也帶來擁護提倡文化的熱情。因此，人造、人工的構造並非比較不重要。

文化是公有的藝術計畫，人人都參與創作。

就算有些文化概念跟第一類的事實有所差異，並不足以減損其效力，因為這種說法並沒看到這些概念的基本功能——它們不是為了解釋客觀的自然世界，而是主觀的價值觀世界。這個被客觀化的主觀世界，就是文化的範疇。

若說第一類的事實告訴我們的是大自然，第三類的虛構告訴我們的就是我們自己。

就算藝術不是真相，事實相反地也不會讓虛構少了共鳴。

作品一旦完成，就像這本書，在物質世界就擁有了實體的生命——它就是這本書。故事和神話，以及所描述的生活哲學，也以自己主觀事實的型態存在，但是在文化基因世界。

「上帝是存在的，只不過是在人類文化提供的環境中，以一種文化基因的形態存在，具備很高的生存價值，或者說是很強的感染力。」——英國演化生物學家道金斯

▸324 第一類事實
▸220 浮誇的具象化
▸186 存在的本質

II-7

第一類事實

意識形態的誘惑力，來自於其極具說服力的敘事和解釋，其共鳴則來自第二類與第三類。

以文化為根基，意識形態仍得訴諸第一類事實的聲望，來強化並維持自己的地位。文化與活在其中的人民的穩定狀態，非常依賴意識形態的真實與否；意識形態可以提供很強烈的認同、文化延續，以及一組道德價值觀。

遠在宗教與道德、神話與歷史，以及自然歷史與文化象徵的結合分道揚鑣之前，有些意識形態就已出現。在理性思維與觀察實證面前，對這種意識形態特別不利。

「你們是人類歷史上見證過最糟糕的文明。你們這個民族選擇根據自己的意願和欲望，發明自己的法律，而不是遵循阿拉的律法統治。你們將宗教與政策分離，牴觸了將絕對權威賦予上主與造物主的單純本質……我正在起身奮戰，所以我能夠像烈士般犧牲，進入天堂遇見阿拉。」── 賓拉登

「回溯以往最糟糕的時代，似乎總是那些人們以絕對信心和絕對教條主義信仰某件東西的時代。人們對這個信仰如此認真，以致於他們堅稱世上其他人都跟他們看法一致。」── 諾貝爾物理學家費曼

大自然並不關心我們認為它應該是什麼樣子── 無論如何，大自然就是現在這樣，在我們到達前已經是這樣，在我們離開很久後，也會一直是這樣。假如一個意識形態發現自己跟事實相反，不論從道德或文化觀點來看，它多麼有用且被堅定捍衛著，它不過只是自我反射罷了。真實世界可能還有其他觀念想法。

把恐同症或種族主義視為「意識形態恐懼症」這概念的支持者，假設所有意識形態應該被平等判斷，就像人一樣。在世俗化的民主政治中，法律之前人人平等；觀念卻不是。雖然觀念想法存在人們腦中並加以傳播，但觀念不是人，因此跟其宿主不同，它們無法獲得特權。

觀念想法並沒有權利。

「我們對這世界的認知，會因我們的知識而修正。」── 英國匈牙利猶太裔作家柯斯勒（Arthur Koestler）

▸ 320 虛構、事實及之間的位元
▸ 326 定義
▸ 230 就是要法律與數字

Nº 1

II-8

定義

文化 CULTURE（名詞）
詞源：中世紀英文，耕地，培植，源自諾曼地國王征服英國後在英國流行的法語。根源來自拉丁文的 *cultura*、*cultus*。
時期：15 世紀

1: 培植，耕種。

2: 培養知識與道德能力的行為，尤其是透過教育的做法。

3a: 經由知識與審美訓練，獲得啟蒙且取得絕佳品味。**b:** 熟悉藝術、人文及廣泛的科學領域，且有品味。

4a: 人類能力演進到可以將經驗與象徵意義分級且呈現出來，採取充滿想像力和創意的行為。**b:** 結合人類知識、信仰和行為的模式，依靠的是人類學習和傳遞知識給後代的能力。**c:** 一個種族、宗教或社會團體的傳統信仰、社會規範或物質特徵；也是指在某個空間或時間中，人們日常生活的方式（為了轉移注意力的活動或是一種生活型態）共享的特色特徵，例如「流行文化」。**d:** 一組人們共享、可以描繪出一個體制或組織的態度、價值觀、目標和做法。**e:** 跟特定領域、活動或社會特徵有關的一組價值觀、傳統或社會做法。

5: 在準備好的營養媒介中，培養有生命物質（例如細菌或病毒）的行為或過程；也是指這種培養行為產出的產品。

崇拜 CULT（名詞）
詞源：法文與拉丁文；法文的 *culte*，拉丁文的 *cultus*，意思是關愛、崇拜。從 *colere*（拉丁文的耕種之意）到 *cultivation*（培養）。
時期：1617 年。

1: 正式的宗教尊崇態度：崇拜。

2: 一套宗教信仰和儀式的系統；亦指信徒群眾。

3: 視為異教或假的宗教；亦指信徒群眾。

4a: 熱愛一個人、觀念、物件、運動或工作（例如電影或書本）；這種熱愛尤其被視為是一種文學或知識上的熱潮。**b:** 這種熱愛的標的物。**c:** 以這種熱愛為特徵的團體，通常是一小群人。

-URE（名詞後綴）
詞源：中世紀英文，源自諾曼地國王征服英國後在英國流行的法語。來自拉丁文的 *-ura*。

1: 行為、過程。

▸246 生活的哲理
▸228 遊戲規則
▸112 資訊內容

2: 辦公室、功能；亦指執行這種功能的團體，例如「立法院」（legislat-ure）。

定義 DEFINITION（名詞）
詞源：中世紀英文 *diffinicioun*，源自諾曼地國王征服英國後在英國流行的法語。來自拉丁文的 *definition-*、*definitio*，還有 *difinire*。
時期：14 世紀

I: 一種決定的行為；特別指羅馬天主教會正式宣告教條的行為。

2a: 一份表達某件東西本質的陳述。**b:** 陳述一個字、字群、信號或象徵的意義：例如「字典的定義」。**c:** 定義的產品。

3: 定義的行為或過程。

4a: 形容、解釋某個東西，或讓某個東西變得絕對與清楚的行為和權力；例如「望遠鏡的定義」，或是「她的喜劇天分已經無法定義」。**b:** 清楚的視覺呈現，清楚看出輪廓或細節，例如「提升這個影像的清晰度」。**c:** 尤其指音樂複製的聲音清晰度。**d:** 清楚畫出輪廓或限制的界線。

來源：韋伯字典、維基百科

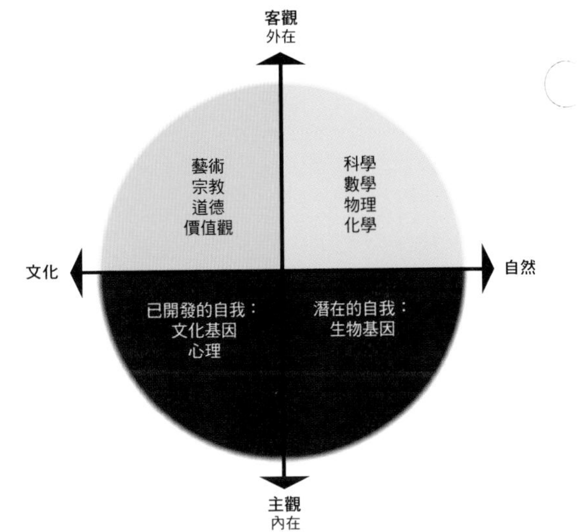

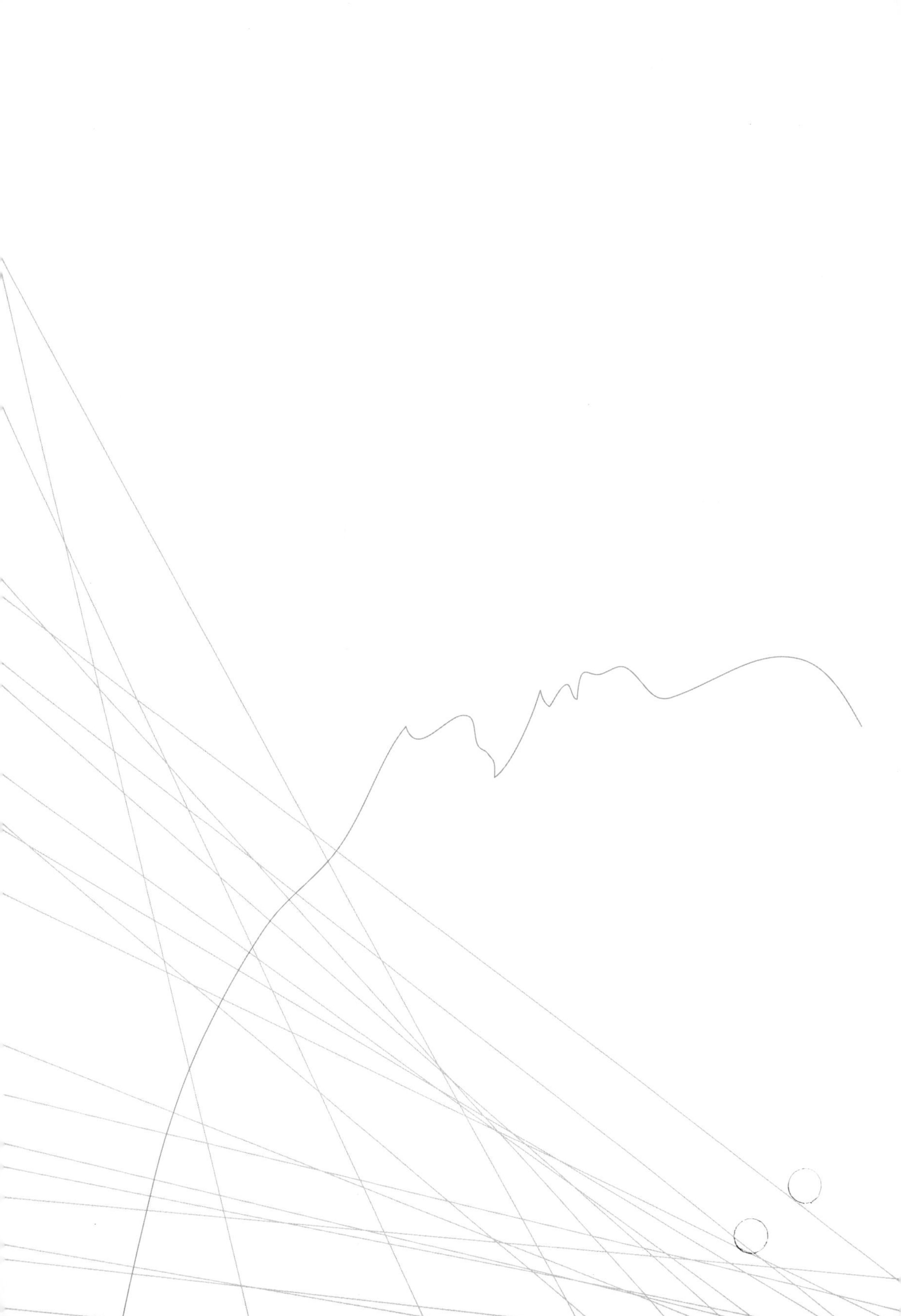

II-9 用科學對抗科學

對不擅於說話的人來說，槍桿子是他們最喜歡的說服工具。

「讚美上帝，把彈藥分下去。」——美國軍中牧師佛吉（Howell Forgy）

蘇聯軍人暨槍械設計師卡拉什尼科夫（Mikhail Kalashnikov）設計的 AK47 攻擊自動步槍，是叛亂份子的首選武器。每年有一百萬支步槍在沒有執照下非法生產，一支價格在 30 到 125 美元之間。AK47 放在莫三比克的國旗和國徽上，出現在伊斯蘭真主黨（Hezbollah）的旗幟上，也是伊朗伊斯蘭革命衛隊的標誌。近來，阿富汗和伊拉克的極端派系份子手上也出現了這把槍。

「許多國家都很辛苦對抗現代文明，以保衛崇拜古老神祉與遵守古老神聖命令的權利。他們用以抗爭的武器，正是來自於其所反對的文明。他們利用雷達、電腦、雷射、神經瓦斯，未來甚至還可能用在核武——這些全都是現代文明世界的產物。相較於這些科技發明，現代文明的其他產品，例如民主或人權概念，在世界上許多地方並未被接納，因為這些東西被視為對地方傳統有敵意。」——捷克前總統哈維爾（Vaclav Havel）

▸226 就是要法律與數字
▸118 方便的國旗
▸234 如何打造自己的知識工具箱

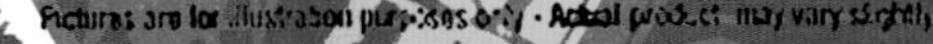

Mode d'emploi - *Notice for use*

Don't look inside the barrel.

Never aim at a person

Keep out of reach of children

Be careful to avoid rebouncing

使用方式
不要朝槍管內看
請勿讓兒童拿到

不可以對準人
小心射擊避免後座力

11-10 秩序、秩序

「所以每個創造行為都想努力爭取到一個絕對地位；希望創造出一個美麗世界來征服混亂，將雜亂轉變成秩序。」──英國主教威廉斯（Rowan D. Williams）

「共產主義與法西斯主義或納粹主義，雖說各自的知識內容天差地遠，但在一件事上卻是類似的：都具有情感吸引力，能吸引到特定種類的人。這種人喜歡沉浸在群眾運動中，臣服於更高的權威。」──英國心理學家布朗（James A. C. Brown）

「在蠻族與半蠻族抱持的道德信念中，最受喜愛的是哪些？包括：權威是信仰最完整的基礎；這個優點也讓人們準備好要相信威權；懷疑傾向是不好的，懷疑論是罪惡。」──英國生物學家赫胥黎（Thomas Henry Huxley）

「良好的意圖永遠是每個權威為自己辯護的說法。這麼說似乎不會太過分：制訂憲法是為了保障人民不受到良好意圖的威脅。在每個年代，總是有人想要好好治理，但他們想要的只是治理。他們許諾成為好的主人，但他們真正想要的是當主人而已。」──美國政治家韋伯斯特（Daniel Webster）

「人民福祉這件事，特別容易成為暴君的藉口，且還更進一步提供好處，就是讓暴君手下的僕役覺得自己有良心。」──法國作家卡繆（Albert Camus）

「我知道，除了人民本身之外，社會並沒有保護絕對權力的安全倉庫；就算我們認為人民啟蒙程度不夠，無法以完整慎篤的判斷力來行使其掌控權，解決之道也並非剝奪他們的權力，而是要透過教育讓他們能做出更完善的判斷。」──美國前總統傑佛遜

「中產階級比我們強大許多倍。賦予他們媒體自由這個武器，等於是讓敵人更容易推動他們的主張，協助階級的敵人。我們不想最終以自殺來結束，所以我們不會給他們媒體自由。」──蘇聯建立者暨領導人列寧

獨裁者害怕如果給予人民機會，人民會毀滅社會到只剩混亂；民主派人士則害怕獨裁者會做同樣的事。

▸276 跳舞的政治
▸272 最大的框架
▸122 如何賦予符號象徵意義？

右頁：服從
鐵腕
和平

SUBMIT
TO
THE
IRON
FIST
OF
PEACE

II-II 觀念的領袖

「基本上，人類歷史就是觀念史。」——英國作家威爾斯（H. G. Wells）

在中國的大躍進運動時期，統治菁英推動新穎（但已經信用掃地）的農業創新，實際上減少了穀物產出。儘管如此，地方政黨領導仍舊向上提報更高的豐收量，將實際數字膨脹十倍之多，競相在上級長官面前爭寵，甚至是為了想見毛澤東一面！

這些報告成為國家計算穀物出口的基準，結果讓中國工人幾乎沒有足夠可以生存下去的糧食。當天災在 1958 到 1960 年間降臨，嚴重饑荒造成了「三年困難時期」。餓死的人口約在 1400 萬到 4300 萬人之間。

「在信陽，人們就在穀倉大門前活活餓死。在瀕死邊緣時，他們大聲喊叫：『共產黨，毛主席，救救我們吧。』假如當時河北與河南省的穀倉打開的話，就不會死人。官員並未想著要去救他們。他們唯一的考量是如何達到穀物運送的目標。」——中國記者作家楊繼繩

階層分明的文化與意識形態，特別容易傾向犯下這種「輔祭者的錯誤」：即便沒有受到特別鼓勵，理性的個體也可能受引導做出通常不會做的行為，因為他們想要爭取好處和地位。即便證據活生生擺在眼前，這些輔祭者也很難去思考可能會減損這個結構的觀念及行動，因為他們在其中已經投下太多個人投資。即便要付出許多個人犧牲，但對某個觀念或是其人形魁儡的尊崇，仍會維持不變。

階級組織的層級越多，溝通的線就拉得越長，決策者跟決策造成的效應之間的距離，也就變得更遠。就像傳話遊戲一樣，訊號會慢慢遞減，若是沒有由下而上的清楚回饋，這個實體就更可能會傷害自己，不論是意識形態、政治、企業、部落或生物實體都一樣。

文化基因這麼有說服力，因此往往不需極權當局從上而下直接鼓勵或勸導，文化基因肯定都能增生繁殖。

對那些保持某種宗教世界觀的人來說，「領袖」可能是如此遙遠，以致於完全看不見或神祕難測；對想要爭取來生終極獎賞的信眾來說，任何行動都可以允許。

「能讓我們相信荒謬的人，就能讓我們犯下暴行。」——法國哲學家伏爾泰（Voltaire）

▸ 332 秩序、秩序
▸ 344 危險觀念／點子／想法／創意
▸ 350 如何扼殺觀念／點子／想法／創意

II-12 無領袖的觀念

因為沒有官方正式指派的文化基因主席，因此我們可以自由選擇要臣服於哪個觀念。

人們很容易在網路上獲得各式各樣的選擇，因此有感染力的觀念並不需要有人在背後推動，不需要銷售員或領袖來宣傳推廣。

我們把官僚信號的垂直遞減，換成了水平信號的回饋與放大。

手機短片和推特訊息意謂著，近來伊朗民主運動發生暴動，都會被全球追蹤；參與者可以即時跟彼此溝通，了解他們身邊戲劇化般的事件如何發展，完全獨立於受到國家控制媒體的頻道之外。

「誰控制了媒體與影像，誰就控制了文化。」——美國作家金斯堡（Allen Ginsberg）

很明顯是被路過軍人槍殺的 26 歲女性聶達（Neda），變成這個運動的象徵。她的死亡被畫質不佳的手機鏡頭捕捉下來，立即變成網路點閱率最高的影片之一，也成為這個抗爭運動引人共鳴的偶像。

民主 2.0。革命將電視化——在 YouTube 上。

既然我們已經跟同儕如此親密連結在一起，文化基因的中央神經系統——網路——正要發揮作用。

不論是獻給民主或恐怖主義、自由或暴君，威力強大的觀念比以前傳播得更遠也更快。

有些觀念如此具有感染力，因此能夠讓人走上危險極端，激勵他們犯下可怕的恐怖主義行動，即便他們並沒有接受到任何具體指令，或跟意識形態領袖有直接接觸。

「我們正在目睹無領袖運動的興起。這個運動由自我極端化與自我徵召的個人所組成。」——新加坡宗教研究專家賓阿里（Ustaz Mohamed Bin Ali），《海峽時報》（*Strait Times*）

不論是好是壞，一個有毒的文化基因，一個無領袖的觀念，能夠徵召到熱情投入的「中間管理階層」來推動其主張。

文化基因本身就夠了。

無領袖的觀念無法被斬首，因為就像網路本身一樣，這種觀念沒有中心、也沒有頭可砍。就像斬首後的雞一樣可以活蹦亂跳，它本身仍保有內在的意志。

▸316 你會學到教訓
▸312 文化基因疫苗
▸100 文化基因

II-13
觀念的民主

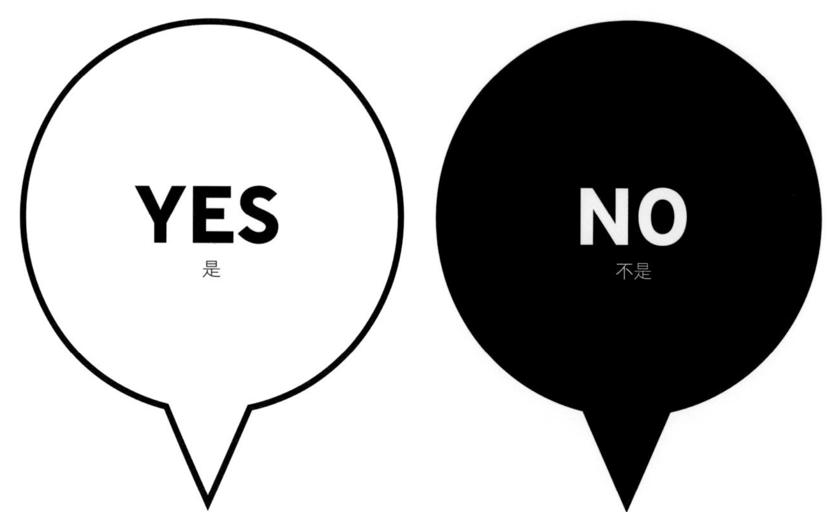

▸ 332 秩序、秩序
▸ 340 文明的裝飾薄板
▸ 264 賣給我一個夢想，告訴我該怎麼辦

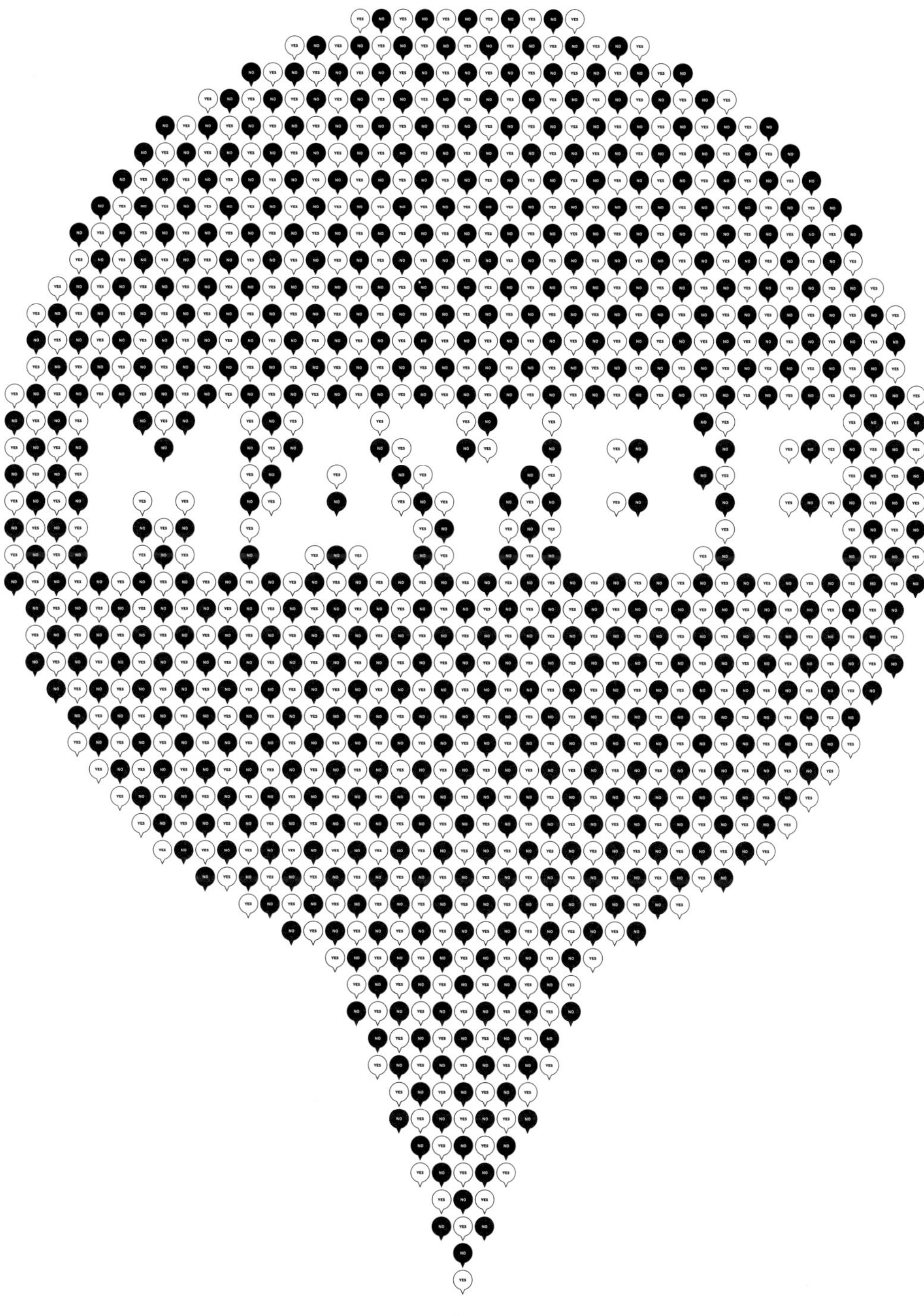

也許

II-14

文明的裝飾薄板

就像電視的普及，文化的民主化開拓了內容的範圍：但伴隨著更多好內容而來的，是更多的壞內容以及還要更多的平庸內容。

這對文化整體來說，究竟是好是壞，是目前激烈辯論的話題。

要不放任自由發展，讓更民主也更「流行」的文化，有辦法創造出偉大的東西；要不就像課堂上的搗蛋小孩，或是主導法庭程序的惡霸，結果把大家都拉低到自己最低水準。

事實上，隨著要考慮的事項變多，我們會同時朝兩個方向移動。

民主化的文化會開始反映出構成人民的不同意見與品味，而非政治或文化菁英的。

例如，國家應該補助歌劇院，因為這種藝術形態缺乏幫助就無法生存？還是應該採用達爾文的物競天擇做法，任其自生自滅？

更廣泛來說，我們的個人選擇，不論是在道德、文化或私生活上，是否都該受到宗教或國家權威的指揮？在什麼程度內，我們可以自由判斷呢？

這個兩難處境最終歸結到這些問題：我們是否被認為有能力自己做出判斷？或者，就像任性孩子一樣，我們在成長時期與成人階段都需受人指導；接觸到若干文化基因，對我們是否有幫助或極度有害，因此需要受保護免於接觸到它們；從根本來看，人類天生是否「善良」？或者「文明僅是一層裝飾薄板」，就像蘇格蘭社會人類學家法萊茲（J. G. Frazer）說的：「生命的艱辛打擊很快就磨滅不見，曝露出生命表層下面，由異教信仰和野蠻狀態構成的生命強大核心。」

當古老階層剷平後，那些叫喊最大聲的人的意見才會被聽見嗎？校園惡霸或有權勢者就能剝削弱勢和失能者？

在觀念已經電子民主化的年代，我們越發迫切需要發展出獨立分析能力，不去懷疑或盲目接受權威。最不允許人民自我表達的社會，就是最擔心傳統階層體制會消逝的社會。也許他們有正當理由：因為他們的人民不習慣多元化，因此對文化基因的抵抗力可能嚴重發展不足。

在地球村學點街頭生存之道吧。

▶ 342 垃圾文化
▶ 332 秩序、秩序

右頁上圖：香港賣圖像的小販。
右頁下圖：祕魯賣聖像的小販

FULLTIME
KILLER
全職殺手
ANDY
LAU
TON
Velvet Lips
Twins
SCHWARZENEGGER
TERMINATOR
STALLONE
No man, no law, no war can stop him.
RAMBO
FIRST BLOOD PART II
RICHARD CRENNA
Start each day with a smile!
媽媽的好宝宝

Prescriptions

II-15

垃圾文化

伴隨著民主化與文化傳播而來的，就是**垃圾文化**的蔓延。當然，這是一個很難捉摸的詞——這人的垃圾，可能是別人的高級藝術。

當蕭伯納的《賣花女》在1914年首演時，還需取得英國皇室的宮務大臣錢柏林（Lord Chamberlain）的特殊許可，才能在現場舞台表演中用「要命的」（bloody）這個字。觀眾純粹就是為了盡情享受歡樂而去看戲。

素材是危險還是侮辱人，最終往往取決於當地文化的規範。

有些網站刊登的極端內容違背了全球遵守的標準，至於其他內容的意見可就五花八門，從限制性到自由派都有。

在所謂的西方世界，我們活在被激進文化基因淹沒的文化中，這些基因極具說服力，彼此相互競爭。這個崇尚多元主義、多樣化、充滿各種階級的環境，已經淪陷在廣告、充滿性挑逗意味的影像、對領導者慣常的批判，以及對另類觀點的自由討論中。我們如此習慣這樣的環境，以致於把它過濾成背景音。

「對於存在於文化邊緣的所有垃圾，我們早已免疫。對我們來說，它們就像小感冒，不是什麼大毛病。但我們應該承認，對世界上許多人來說，這可是個大問題。」——美國哲學家丹奈特

「觀念不必為相信它的人負責。」——美國記者作家馬其思（Don Marquis）

▸344 危險觀念／點子／想法／創意
▸100 文化基因
▸284 商品拜物教

League
STRIP THEQUE
GIRLS
都
卡拉
夜
COLD
BEER
HOLLYWOOD
BAR SE
新皇
夜
NUDES
SPACE
RESERVED

II-16 危險觀念／點子／想法／創意

「觀念戰爭比領土戰爭更為複雜許多──也可能拖延更久。」──英國記者賀威爾（Tim Hewell），《全景》（*Panorama*），BBC1

在這個人人皆可免費取得文化基因世界，沒有一個權威可以預先處理我們的資訊，也沒有包羅萬象的意識形態可以引導我們，因此發展出高度覺察能力來評估最新資訊，變得越來越重要。在網路年代，我們最終都得從中學畢業。

就算有些文化基因，西方人已經「免疫」，好像疾病一樣，但在不同的文化脈絡中，它們可能極度危險。

例如，中華人民共和國近來頒布超過60條的網路規範法律，這道「中國的防火牆長城」限制對執政黨的批評言論、民主的討論、自由言論、1989年的天安門事件。

天安門事件20週年時，中國政府頒布命令，「為了改善網路內容與提供網民一個健康的環境，我們指定6月3日到6日是全國伺服器維修日。這項措施獲得廣大民眾支持。」──《南華早報》

為了回應政府措施，超過300個中國網站開始貼出口氣越來越厭煩的維修公告：「因為大家都知道的理由，也為了壓制越來越不和諧的思想，本網站將於2009年6月3日到6日自動關閉，進行技術維修。」──Dusanben.com

其他國家也對批評政府的網站、色情網站、政治部落格、另類宗教觀或提倡女權的網站，進行言論審查。

言論審查不光只是由上而下。在丹麥報紙對先知穆罕默德的漫畫引發穆斯林群情激憤的那陣子，許多英國、美國和加拿大報紙決定不把這則漫畫以新聞報導方式重新刊登。究竟這只是因為議題敏感或擔憂被報復，都被激烈討論。

這則漫畫本身有兩種詮釋可能。它既是對一個文化基因的評論──基本教義派的宗教信仰，本身也是危險的文化基因──這個圖像流傳到中東後，超過100人死於因此引發的暴力行為。

「不危險的觀念，根本不值得被稱為是觀念。」──愛爾蘭作家王爾德

▸348 把象徵當成槍靶子
▸332 秩序、秩序
▸48 什麼形塑了觀念／點子／想法／創意？

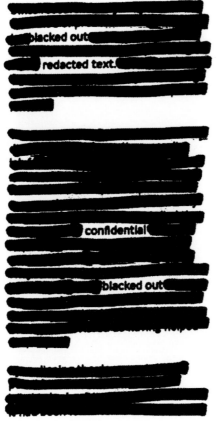

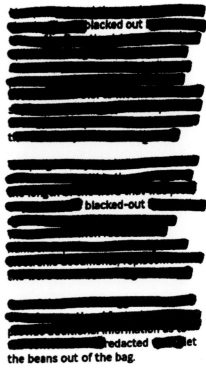

塗黑

被編輯過的文章

機密文件

塗黑

塗黑

塗黑

被編輯過的內容

洩漏祕密

II-17 把象徵當成槍靶子

政治運動、宗教命令、企業與俱樂部，都利用象徵符號來代表與總結其意識形態，例如：納粹的卍符號、鎚子與鐮刀、十字架、公司商標等等。

紀念碑、雕像、人們和建築，扮演起共鳴物件的角色，也能實現同樣的目的。

對那些對美國抱持特定觀點的人來說，依循毫不妥協的現代主義幾何學所興建的世貿中心雙子星塔，象徵了資本主義的經濟霸權和發達的世俗理性。

對多數紐約人來說，現在雙子星塔象徵的是外來信仰驅動的毫無道理的謀殺行為。

對沉浸在史詩般神話的文化來說，在歷史舞台上的一個轉折，可視為犧牲個人換取光榮的機會，也是戲劇化公開臣服於意識形態的機會——在文化基因的祭壇犯下謀殺案。行為以其攜帶的象徵價值被加以評斷，而不是它們務實的人文價值。

姿態堂皇的榮光既富魅惑力，又具毀滅性。

最終來看，雙子星塔被摧毀的理由，就跟國旗被燒毀的理由是一樣的。它們都是象徵符號。

就像雙子星塔具有雙重象徵意涵，一個強大象徵符號的簡單誘惑力，是來自於它將複雜的東西簡約成容易掌握的是／非二元題。它們將所有複雜難搞的東西掃到腦後；它們的力量來自於純粹。

東方／西方。黑人／白人。左派／右派。善良／邪惡。

我們／他們。

▸344 危險觀念／點子／想法／創意
▸350 如何扼殺觀念／點子／想法／創意
▸32 符號及其象徵意涵

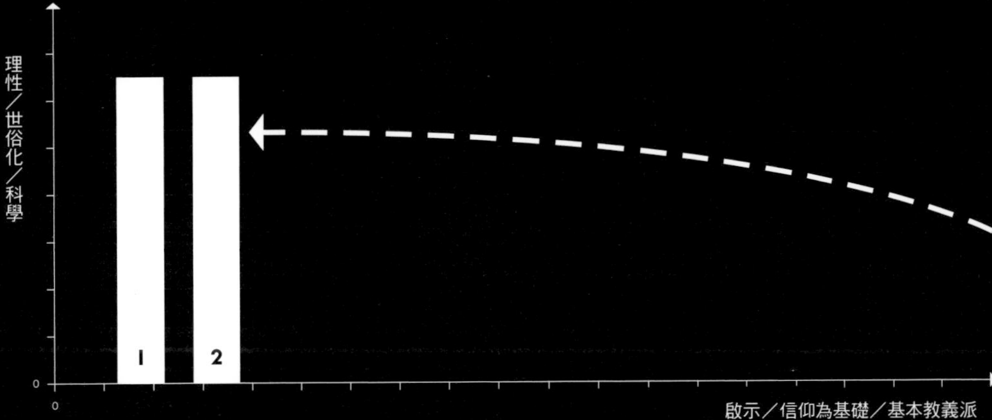

理性／世俗化／科學
1
2
0
0
啟示／信仰為基礎／基本教義派

II-18

如何扼殺觀念／點子／想法／創意

謀殺文化基因（Memicide），意即剷除觀念／點子／想法／創意。

尋找解決當前世界面臨的許多問題時，我們應該牢記政治與經濟是觀念的表達，而不是觀念本身。因此，解決方案不能僅是政治或經濟手段，而必須跟文化基因有關。

意識形態占有可說牢不可破。

許多政權、運動、宗教和組織都曾試圖剷除它們認定為危險顛覆的觀念，並推動它們允許的其他選擇來加以取代。

許多為了達成這個目的的方法都已經嘗試過。

剷除觀念的擁有者。

這種做法的問題是，觀念不光只是存在於人的腦袋，史達林和波帕後來才明白。

「你可以殺死人，但你無法剷除觀念。」——美國黑人民權領袖艾佛斯（Medgar Evers）

早點下手，趁人們還太年輕無法建立文化基因抗體，就先加以洗腦。

這個做法歷史悠久。在人們年紀很小時，就利用「教育」來打預防針，讓他們不信任邏輯、理性、自由探究真理。提倡信仰、服從、遵從意識形態的宗旨。讓意識形態跟道德、正義和一切良善的東西掛鉤。

「盲目信仰的文化基因不鼓勵理性探索，利用這種無意識的簡單權宜之計，就能保障自己的滲透傳播。」——英國演化生物學家道金斯

摧毀傳播觀念的載具。

當權者需要嚴密掌控媒體，才能限制人民接觸到反國家觀念，或反對由宗教贊助的政黨的立場。以前可能會禁書，但網路基本上反抗這種由上而下的控制。

「打擊『有毒』文化基因的方法，也會將『醫療』文化基因散播出去——就像『只能相信已獲證明的事情』。」——美國哲學家丹奈特

剷除觀念的最好辦法，就是提出更好的觀念。

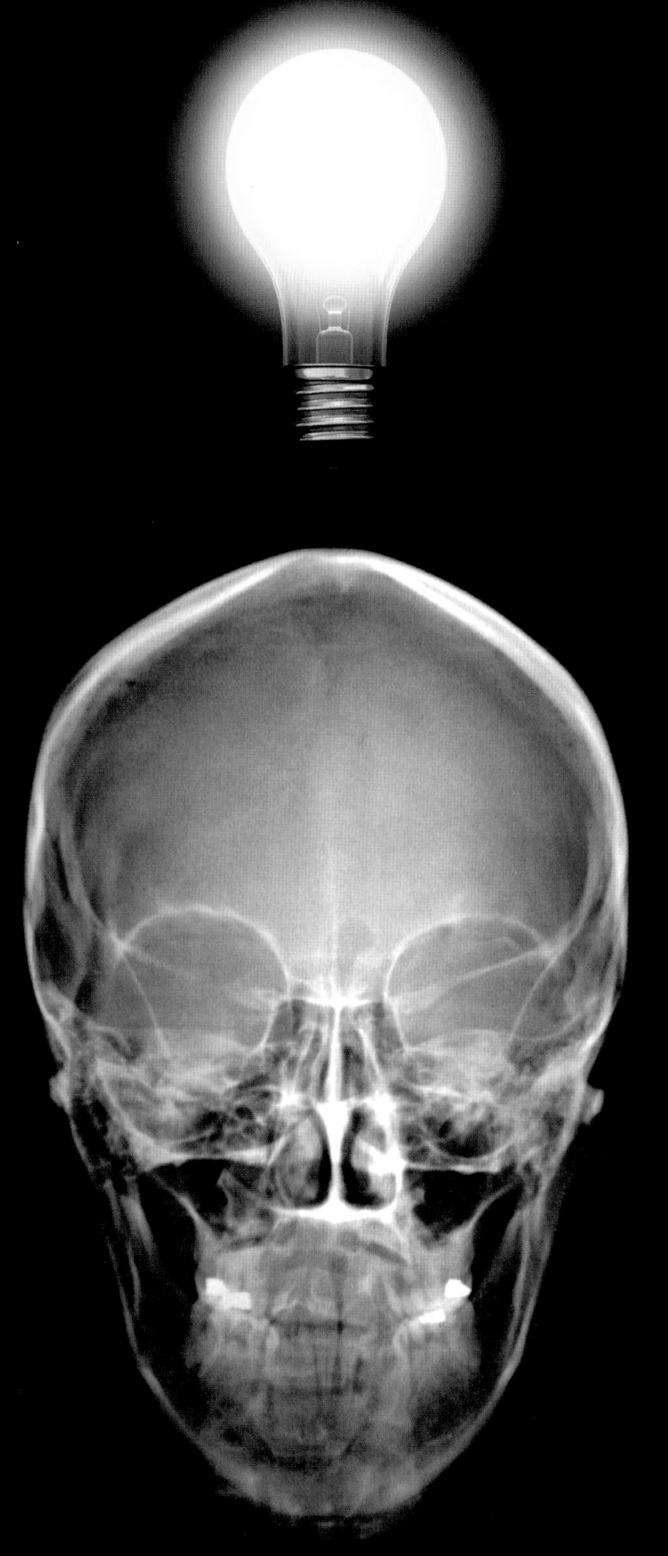

12 Coda | 結語

coda

我們活在文化因為觀念想法自由交流而不斷改變的世界，這個世界的全球化程度前所未見。■意識形態一直都了解，真正的戰爭發生在人們內在的世界，而非外在世界，控制人們思想，比控制實體疆域還困難，最後卻也更加重要。■觀念想法指導行為，文化則是由明顯存在這個世界上的各種觀念所構成。別相信任何不信任教育、理性、個人創意表達、自由探索的意識形態。■他們不希望你在自己之上還有想法。

觀念／點子／想法／創意很重要。*

* 即使有時只是很小的觀念／點子／想法／創意。

CU

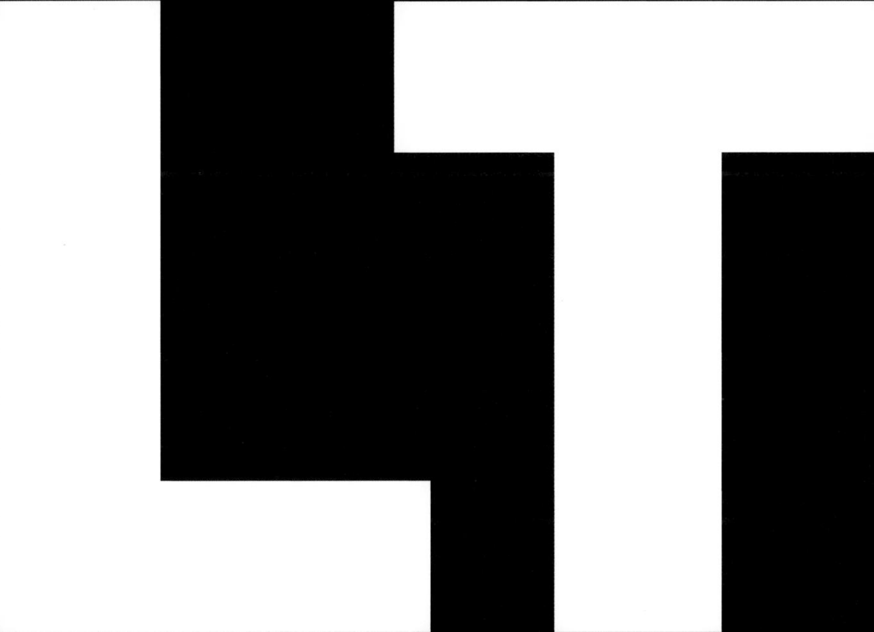

RE

CU

RE

12-1 你的文化基因腳印

「……請了解，你的一生只不過是無盡汪洋中的一滴水而已！然而，汪洋是什麼呢？只不過是許多水滴嗎？」——英國作家米契爾（David Mitchell），《雲圖》（*Cloud Atlas*）

石器時代的人類多活在自然環境中，就算不是百分之百也相去不遠。他們依循四季遞嬗維持生活，生存取決於對自然節奏的解讀與預測。每年跟前一年差不多，跟更早之前也差不多。創新是以時代來衡量，未以口語相傳下去的知識會被遺忘，不會留下任何紀錄。

現在，我們活在可以由人類改變的人工環境中。全年皆有食物與暖氣，幾乎沒人注意四季變化。然而，另一種改變卻在快速發生中：今年的創新是以去年的為基礎。知識不再消失不見，會被媒體保存下來：文化才剛發展出可靠、民主、存於大腦之外的記憶。不論好壞，自然發生的事實現在可以挺身對抗傳統權威頒布的法令——假如我們夠睿智，有辦法分辨兩者的話。

我們透過社會化、教育、滲透化、教條化的過程，還有單純為了務實需求，學習到文化。

我們都在尋找結構。

主觀心智是否由客觀規律的真實世界形塑而成？也因此，我們是否都在它的模仿物中建構了自己？如果我們沒有感官，全部的經驗都被內化，生命是否還會有任何形態或樣子，或者只是令人發狂的幻覺呢？

如果是外在世界的穩定性讓我們具反射力的大腦得以獲得體驗，那麼文化越加穩定與公平，我們內在心境——我們——也會跟著越發穩定與公平。反之亦然。

這是科學與宗教、極權與民主國家，雙方皆可認同的計畫。

文化是張流動的地圖，不斷吸收新觀念，充滿新文化基因的張力，驅除無用與危險的基因，擁抱全新和未嘗試過的，有時則會把這個誤認為那個。文化中存在著反動份子、革命份子、傳統派、各種你能想像的某某主義份子。普及整個社會的政治和文化運動，顯然就是我們對整體文化的觀念，這些理論的應用是種務實的偉大實驗，人民在其中是自願、也可能是非自願的實驗對象。

在電子民主化的觀念世界，是我們自己而非國家或任何其他超越一切的信仰體系，最後得為我們對觀念／點子／想法／創意的消費與生產負責，要為我們的「文化基因腳印」及其後果扛起責任。新觀念／點子／想法／創意可以在很短時間就擴散到全球，就像網路病毒或 YouTube 影片一樣；文化力量正在向下移轉到有創意的個人手上。

很快地，我們每個人都將擁有種種創造方法；只是得決定它是藝術還是炸彈。

文化是我們跟自己討論有關我們認為自己應該如何處世的問題。文化是張地圖，具有重劃疆界的可能。

文化讓我們遺傳到的假設、推論、洞見和偏見，變得有意義。

文化有時跟事實、信仰和哲學之間，有鬆散的連結。文化可以激昂可以理性，但也可以沒有邏輯而混亂，我們得利用知識工具箱中最銳利的工具，才能給予它公允的待遇。

因為從上到下試圖控制與傳遞文化的努力最終都告失敗，因此在最後的分析中，我們可說文化是個集體創作，我們全都參與了這場社會與詮釋的「藝術計畫」。

文化是我們以特定偏見來告訴自己我們是誰的故事。

所以，我們想要變成怎樣的人呢？

12-2 免責聲明*

* 本書有特定條款與條件。

* 價值可能成長也可能減少。

* 當操作汽車或重型設備時，請勿使用本書。

* 本書謹供指南目的之用。

* 對於任何遺失或遭竊之物，管理團隊一概不負責任。

* 錯誤與遺漏不含在內。

* 這部作品出現的人物與事件純屬虛構。如有與真實人物相似情形，並非本書用意，也不應該被這樣推斷。

* 只能在通風良好地區使用。請遠離火或火焰。

* 本書僅供教育目的之用。

* 使用有風險，由使用者自行負責。

* 需要進行某些組裝工作。

* 僅塗抹在受影響的部位。

* 在被禁止地區就無效。

* 如果症狀未改善，請尋求醫生的意見。

* 不論在任何狀況下，出版者都不對任何種類的意外、間接、結果或特殊的損害負責，包括但不限於肇因於獲利、商譽、資料、資訊、收入、預期的儲蓄或商業關係等損害，不論另一方是否曾被提醒，使用該項資訊可能會直接或間接造成損害。

* 法官決定具有最終極的效力。

* 唯有在指導下才能使用。

* 實際效果可能會不同。為了達到最好效果，請遵守製造商的指示。

* 電池不含在內。

* 不接受因為使用或不當使用這裡所包含資訊的任何責任。

* 可能包含瘋子。

* 運送過程中，內容物可能會沉澱下來。

* 潮濕會滑。

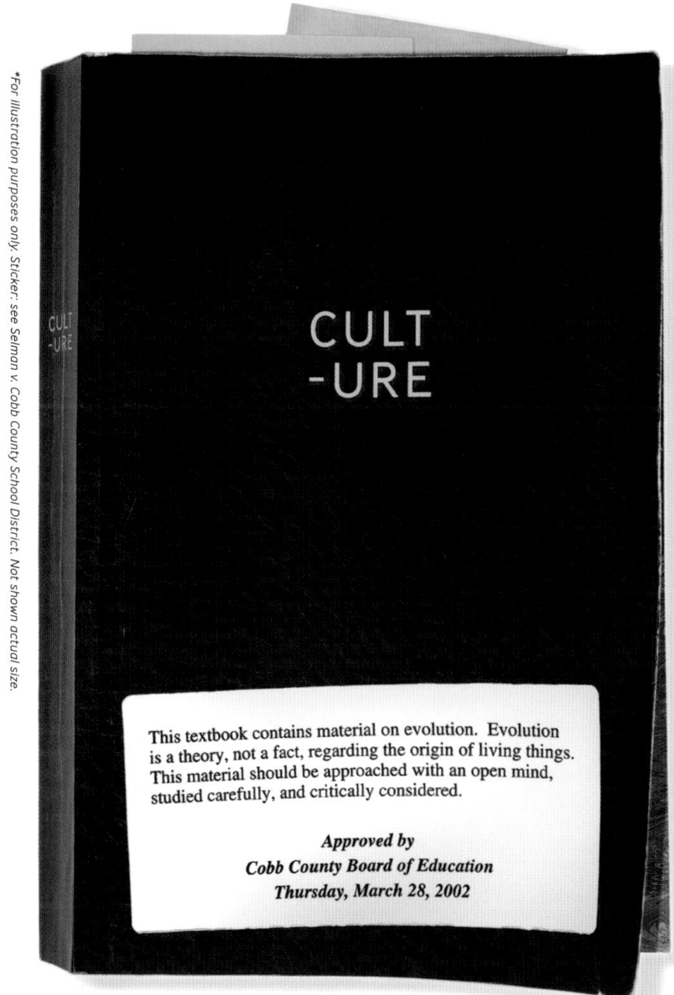

CULT
-URE
CULT
-URE
This textbook contains material on evolution. Evolution is a theory, not a fact, regarding the origin of living things. This material should be approached with an open mind, studied carefully, and critically considered.
Approved by
Cobb County Board of Education
Thursday, March 28, 2002

For illustration purposes only. Sticker: see Selman v. Cobb County School District. Not shown actual size.

這本教課書包含跟演化有關的素材。關於生物起源，演化是個理論，而非事實。
讀者應帶著開放心態來研究這些材料，仔細閱讀，並以批判態度來評論本書。
考柏郡教育局批准，2002 年 3 月 28 日，星期四
* 僅供插圖之用。貼紙：見 Selman v. Cobb County School District. 本圖非實際大小。

Inspector Knox: So, you see, it was a simple case of mistaken identity.

Ms. Frobisher: But I do still find myself wondering – *who are we*? I mean, *really*?

LIGHTS DIM, MUSIC FADES.

CURTAIN.

THE END

檢查員科諾克斯： 所以，你看看，這是一樁認錯人的簡單案子。

佛羅畢許太太： 但是，我還是發現自己不斷懷疑── **我們到底是誰**？我是說，**真的**，我們是誰？

燈光漸暗，音樂淡出。

落幕。

結束

STOP

HERE

PLEASE

REWIND

就此打住。

請重新倒帶。

現在

該你了！

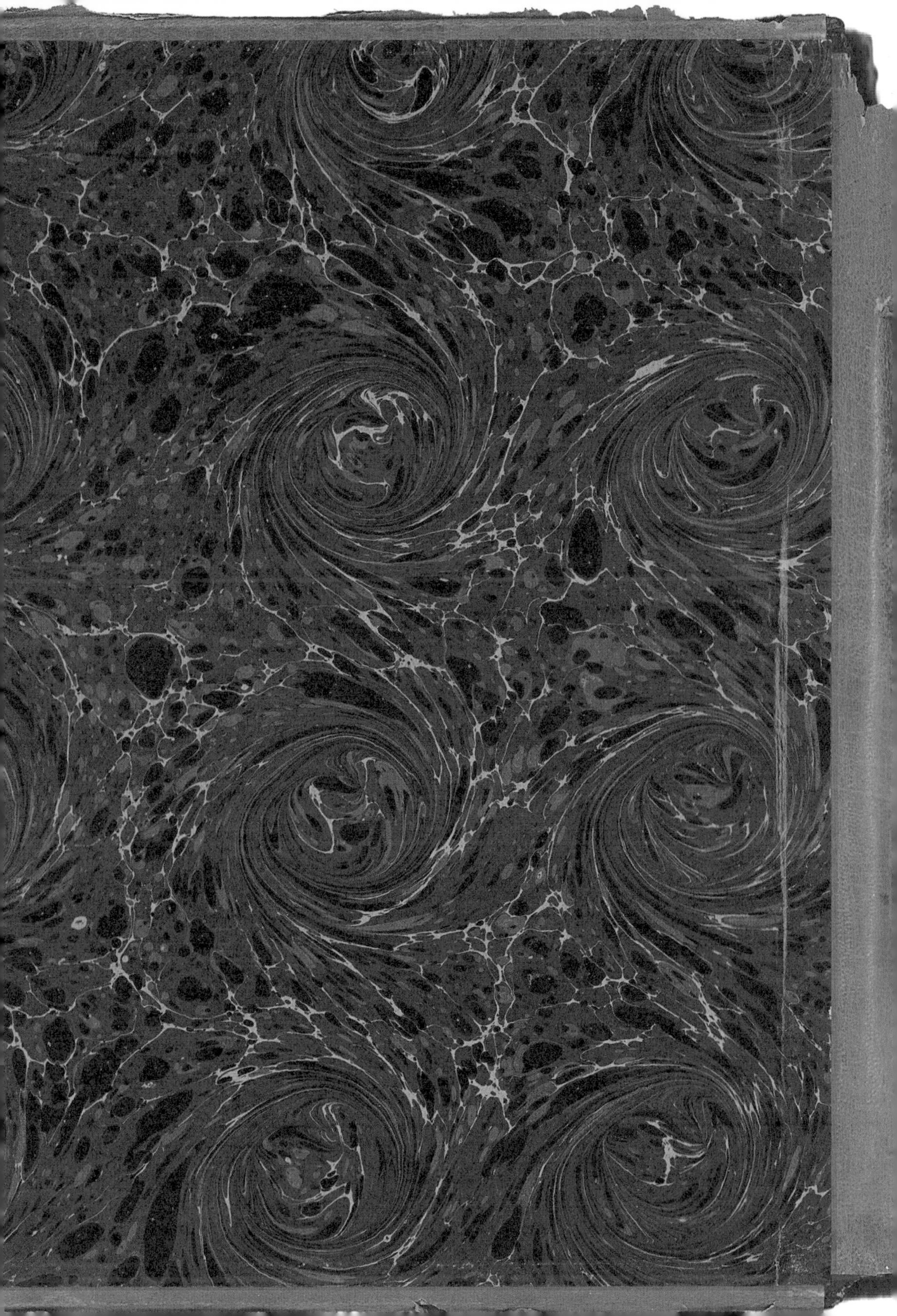

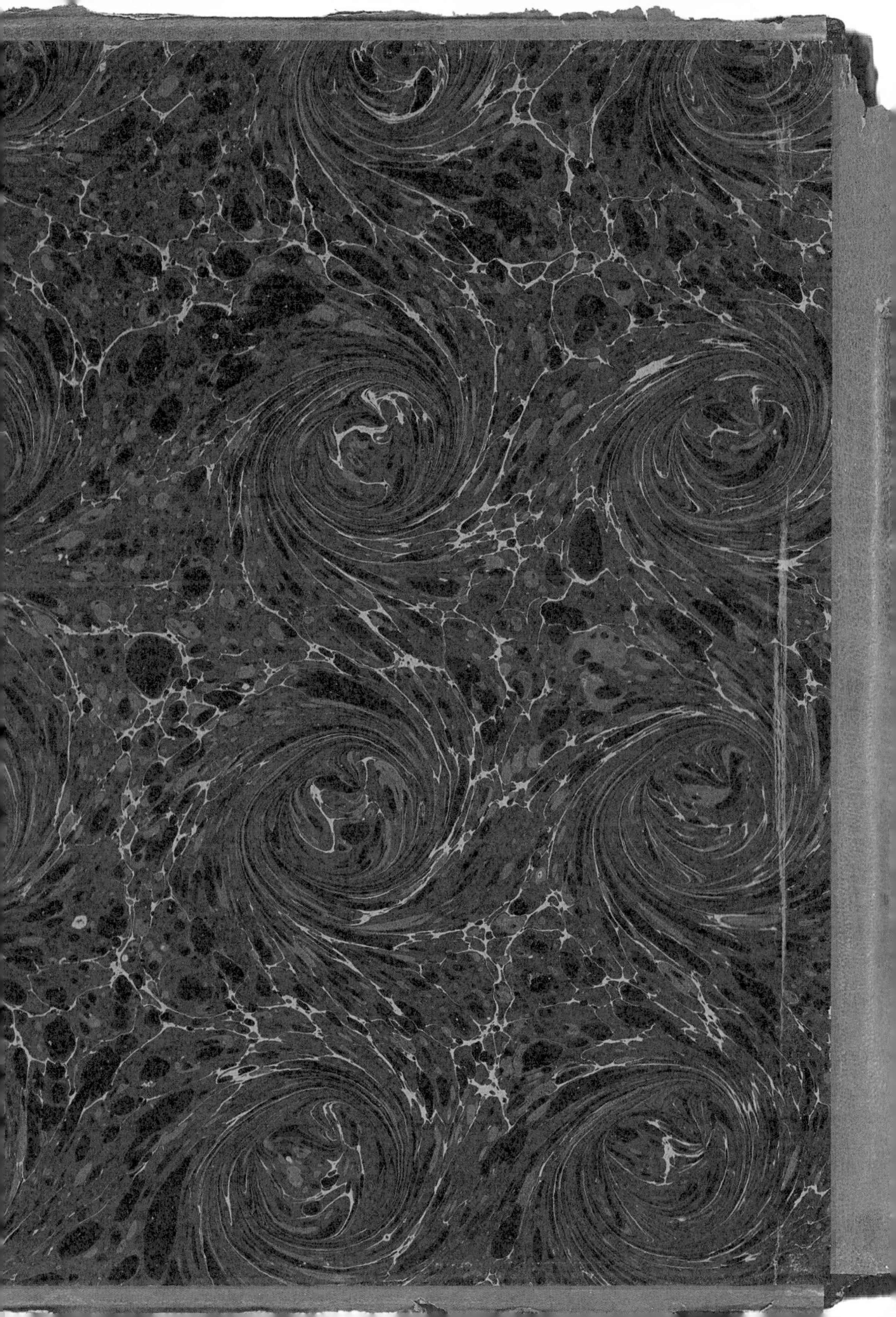

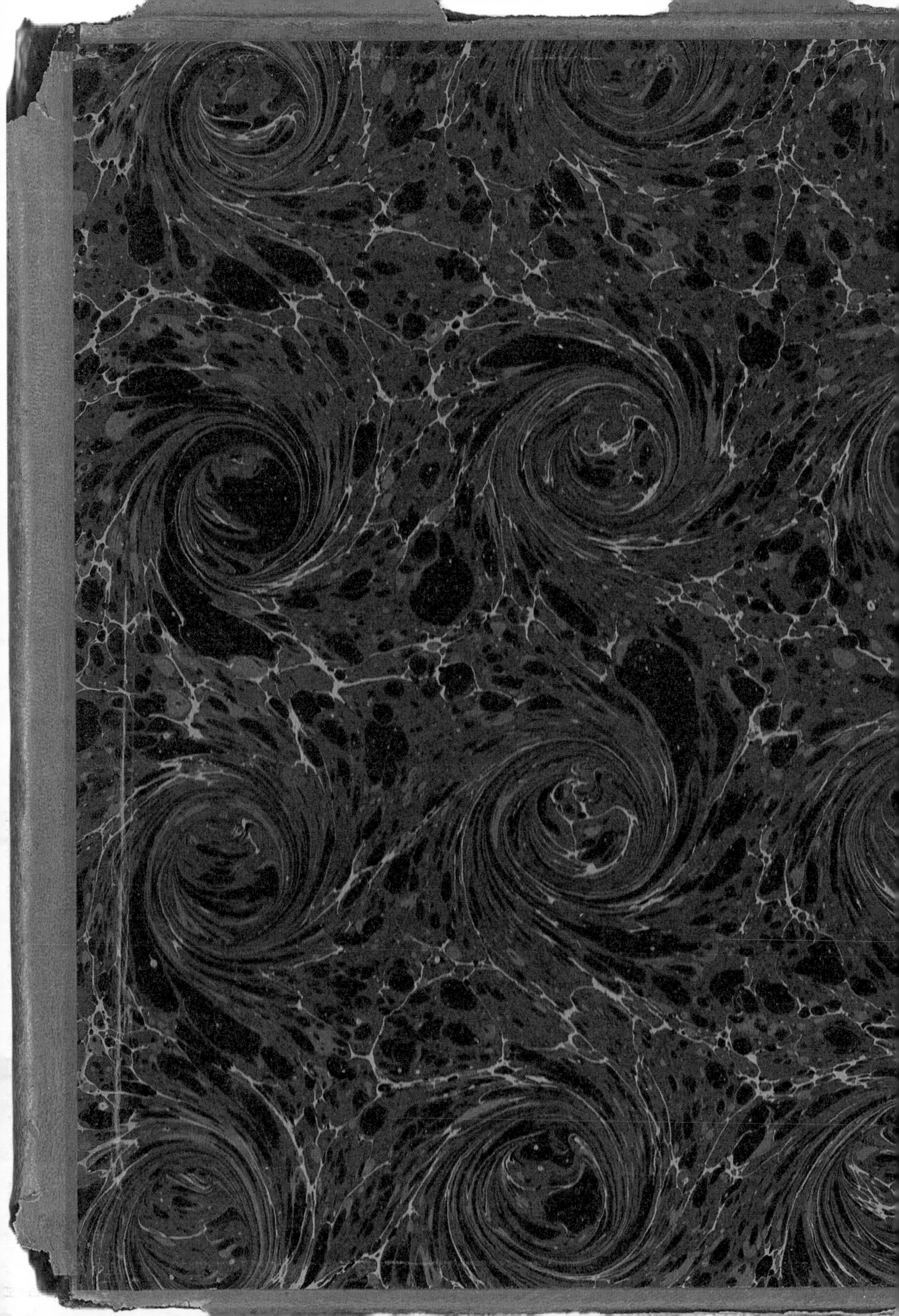